［最新ビジュアル版］

冠婚葬祭 お金とマナー 大事典

主婦の友社編

そもそも「冠婚葬祭」って何だろう？

冠

人生の節目のお祝い

古来の男子の成人の儀式（元服《げんぷく》）の際に冠（烏帽子《えぼし》）をかぶったことから、成人のお祝いを意味しました。現在では、成人式をはじめ、入学、就職、出産など、人生の節目のお祝いをさします。

- 成人祝い
- 入園・入学祝い
- 就職祝い
- 出産祝い
- 初節句
- 七五三
- 還暦（長寿祝い）

など

「冠」のポイント

それぞれのお祝いにふさわしい贈り物を

節目のお祝いなので、時期を逃さずお祝いの気持ちを伝えたいもの。贈るものも、それぞれのお祝い事にふさわしい品や適切な金額があるので、それを踏まえて準備しましょう。

婚

結婚がらみのお祝い

かつて結婚は、家同士の結びつきという意味が強く、仲人を介した縁談や結納などが昔ながらのしきたりで行われていました。現代では簡略化される傾向がありますが、一生に一度のことなのでたいせつに考える人も多いようです。

- 縁談
- お見合い
- 結納
- 結婚式
- 披露宴

など

「婚」のポイント

親しい相手の式でもマナーはしっかり

結婚式に招かれるのは、新郎新婦が末永いおつきあいを希望してくれているあらわれ。「親しき仲にも礼儀あり」で、なじみの友人や親戚でもしっかりとマナーを踏まえた対応をしましょう。

葬

葬式・法要の儀式や行事

人が臨終を迎えたあとは、通夜、葬儀・告別式、火葬など、数日の間にさまざまな儀式が行われます。参列者、遺族それぞれのしきたりやマナーがあるので、いざというときに困らないよう、最低限の知識はもっておきましょう。

- 通夜
- 葬儀・告別式
- 法要

など

「葬」のポイント

悲しみの場で非常識なふるまいをしない

故人の冥福を祈り、遺族の悲しみを思いやる態度がたいせつ。たとえ気持ちがあっても、マナー違反の言動ではそれが伝わらないことも。悲しみの場で非常識なふるまいをしないよう注意。

祭

季節折々の年中行事

元来の意味は「祖先の霊をまつる」ということで、法事やお盆などの祭礼をさしました。広義では、親類縁者が集まって絆を深める祭礼・年中行事をいいます。

- お正月
- 節分
- ひな祭り
- 母の日
- 父の日
- 七夕
- お彼岸
- お盆
- 敬老の日
- 大晦日

など

「祭」のポイント

日が決まっているのであらかじめ準備を

年中行事は、日程が決まっているものがほとんど。あらかじめ日程や祝い方を把握して、行事の準備や贈り物の用意を。母の日、父の日、敬老の日など、身近な人に感謝する日も忘れずに！

そのほか

- 病気見舞い
- 災害見舞い
- お中元・お歳暮など贈答のマナー
- 訪問や手土産のマナー
- 手紙のマナー

などの日常的なマナーもしっかり押さえておきましょう！

恥をかかないための「マナーとお金」4つのポイント

慶弔のお金やマナー、年中行事それぞれのポイントが、一からわかるのがこの本です！

point 1 タイミングをはずさない

時機をはずさない対応で、祝福や哀悼、相手をたいせつに思う気持ちが伝わる

お祝いは時機をはずすと、祝福の気持ちが伝わりづらくなります。日程や時期を把握して、お祝いや贈り物の準備をしてジャストタイミングで祝うことで、祝福の気持ちや「前々からあなたのことを考えていました」ということがしっかり伝わります。弔事の際にもすみやかに対応することで、「とるものもとりあえず駆けつけた」といった、故人を悼む気持ちがあらわれます。

point 2 最低限の「常識」は知っておく

常識が目に見えてわかるので場に適した服装やふるまいを押さえたい

「どう装うか」「どうふるまうか」、慶弔に合わせた服装や言動は常識が最もあらわれやすい部分なので、しっかり押さえておきたいところ。非常識を大目に見てもらえない年齢だと、なおさらです。ポイントを押さえてふるまえば、相手に誠意が伝わり、気持ちよいおつきあいにつながります。年中行事については、「どう祝うか」というしきたりを知っていると、暮らしをより楽しむことができるでしょう。

point
3 「常識」を押さえたうえでアレンジを

しきたりやタブーを知ったうえで相手や状況に合わせて、ときには柔軟に

お祝い事の贈り物やお見舞いの品などには、それぞれしきたりやタブーがあります。定番を知っておくのも大事ですが、相手の好みや状況に応じて検討しましょう。また、結婚式のスピーチやお祝いの手紙、お礼の手紙などは、場にふさわしい言葉、文章の基本を押さえつつも自分らしい表現にするのが、気持ちが伝わるポイントです。

point
4 贈る金額は「高ければいい」わけではない

年齢が高いほど&相手との関係が近いほど金額の目安は上がる

結婚祝い、香典はもちろん、各種お祝いのときに贈る金額の目安は、年齢や相手との関係などで変わってきます。一般的には贈る側の年齢が高いほど、また相手との関係が近いほど、金額が高くなる傾向がありますが、相手が負担に思うこともあるので、高額ならいいというわけではありません。ふさわしい金額を贈ることが、相手への誠意を示すことにつながります。

●困ったとき、迷ったときは巻末「お助け索引」を活用して！（250 ～ 255ページ）

意外と知らない 神式 神社参拝と 仏式 線香をあげる作法

神式 神社参拝の作法

初詣、受験合格などの祈願、あるいは旅先で訪れるなど、神社にお参りする機会は意外と多いものです。ポンポンと手を打って軽く礼をするだけではなく、まず心身を清め、感謝を込めて拝礼や拍手を行う、正式な作法を覚えておきましょう。

1 鳥居をくぐり、社殿に進む

「参道の中央は神様の通り道とされる『正《せい》中《ちゅう》』なので避け、左右の端を歩く」という説もありますが、正式な決まりではありません。

2 手水舎（てみずや・ちょうずや）で手と口を清める

① 左手を洗う

右手でひしゃくをとって水盤の水をくみ、左手にかけて洗う。

② 右手を洗う

ひしゃくを左手に持ちかえ、再び水をくんで、右手にかけて洗う。

仏式 線香をあげるときの作法

親戚や知人の弔問のときなど、仏壇に線香をあげる機会はつきものです。そもそも線香は故人への供養のためにあげるもの。正しいあげ方も重要ですが、故人を思う気持ちをたいせつにしましょう。宗派によって線香の本数や立て方などが違うので、確認すると安心。

① 仏壇の前に座り一礼

仏壇の前に座り、遺影に一礼する。

弔問の場合、遺族に一礼してから遺影に一礼する。

② 線香を持ち、火をつける

数珠は左手に持ち、右手で線香をとって、ろうそくで火を移す。

線香の本数は宗派によって異なるので確認を。

❸ 口をすすぐ

再びひしゃくを右手に持ち、左手に水をとって口をすすぐ。

ひしゃくには口をつけない。

❹ 左手を再度洗い、ひしゃくを置く

ひしゃくに残った水は左手に流す。ひしゃくを元の位置に伏せる。

3 拝礼（二礼、二拍手、一礼）

※神社によって異なる場合もあります。

❶ お賽銭《さいせん》を入れ、鈴を鳴らす

神前に進み、賽銭を静かに賽銭箱に入れる。鈴を2～3回振り動かして鳴らす。

賽銭は放り投げず、ていねいに入れる。

❷「二礼」2回おじぎ

一歩下がって姿勢を正し、腰を90度まで折る深い礼を2回行う。

両手は太ももの前に置き、膝に向けてすべらせるように下ろす。

❸「二拍手」手を2回打つ

姿勢を正して立ち、胸の高さで両手を合わせ、手を2回打つ。

右の指先を少し下にずらして。

❹ お祈りして「一礼」

右手を戻し、両手を合わせて祈る。最後にもう一度、②と同様に深く礼をする。

神様への感謝と「応援してください」という気持ちを込めて。

祈願をしてもらう場合は申し込む

社務所（神社の事務所）に受付窓口があるので、初穂料（祈願料）を差し出し、所定の用紙に祈願の内容や住所・氏名を記入して提出する。

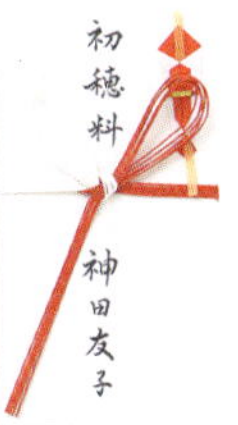

❸ 左手で線香をあおぎ、火を消す

線香に火がついたら、左手に持ちかえて右手であおぐか、下にスッと引いて火を消す。

息で吹き消さない。

❹ 線香を立て、合掌して一礼

線香を香炉に立て、合掌する。最後に遺影、遺族ともに再度一礼する。

線香を寝かせる宗派も。

［最新ビジュアル版］

冠婚葬祭お金とマナー大事典

もくじ

Part 1 表書きと贈答のマナー

Part 2 結婚のマナー

本人・親族編

Just marriage

Part 3 人生の祝い事

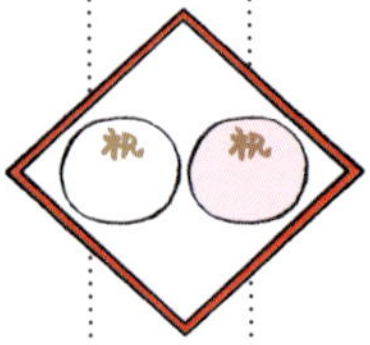

Part 4

暮らしの歳時記

Part 5
日常のおつきあいのマナー

Part 6
葬儀と法要のしきたり

Part 7 手紙のマナー

PART 1

表書きと贈答のマナー

●慶弔の表書きと水引がひと目でわかる
●冠婚葬祭・ケース別表書きの書き方
●贈答金の目安はどれくらい?

祝儀《しゅうぎ》・不祝儀《ぶしゅうぎ》袋の基本

目的や金額に合わせて袋を選ぶ

現金を贈るときは、半紙《はんし》で中包《なかづつ》みをし、さらに奉書紙《ほうしょがみ》で上包《うわづつ》みをして水引《みずひき》をかけるのが正式です。現在では市販の祝儀・不祝儀袋を使うのが一般的ですが、贈る目的や金額に合わせて選びましょう。

水引の色は慶弔《けいちょう》によって異なり、一般に慶事《けいじ》には紅白、弔事《ちょうじ》には黒白。結婚式には金銀、金赤、金一色、弔事には双銀（銀一色）、双白（白一色）、黄白なども使われます。

結び方は、「結び切り」と「蝶結び」の2種類。結び切りには「二度とないように」との意味が込められ、結婚や弔事、病気見舞いなどに使われます。蝶結びは何度くり返してもいい慶事に使います。

祝儀袋の右上にはのしがついています。

祝儀袋

のし

のしは「のしあわび」の略で、昔、おめでたい贈り物に酒肴を添えていた名残。弔事やお見舞いには不要です。また、慶事でも贈り物が海産物などの場合には、生ものが重複するためつけません。

不祝儀袋

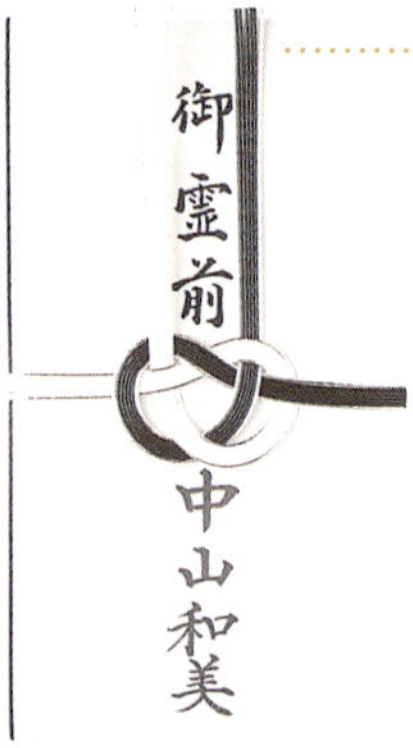

水引

慶事と弔事では水引の色が異なります。また、目的によって結び方も変わります。

色

慶事：紅白や金銀など

弔事：黒白や双銀、双白、黄白など

結び方

蝶結び：出産や入学など、何度あってもいいお祝い事に

結び切り：結婚のように一度限りのお祝い事や、くり返したくない弔事に

金額によって袋を使い分ける

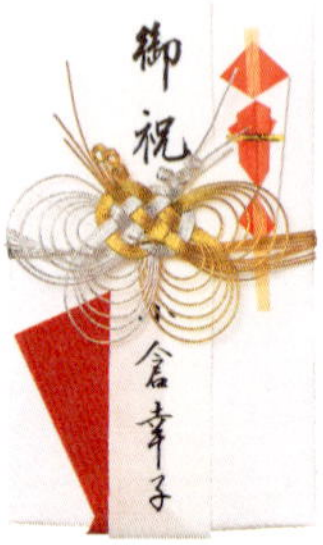

豪華な水引のものは高額なお祝いの場合に使いましょう。結婚祝いなら5万円以上を包むときなどに。

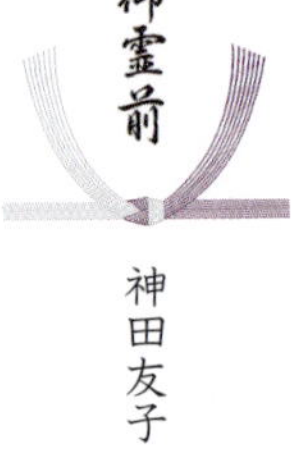

1万円以下の少額の御礼などは水引が印刷されたものでかまいません。

上包みの裏側にも注意

慶事と弔事では写真のように上包みの折り方が異なります。「喜びは上向きに、悲しみは下向きに」と覚えておきましょう。

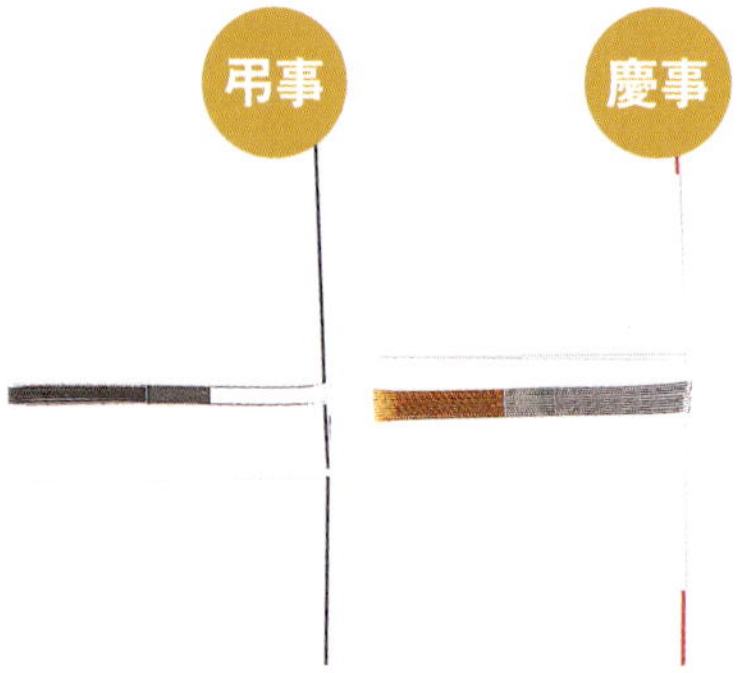

祝儀・不祝儀袋の基本

ふくさの包み方

弔事のとき

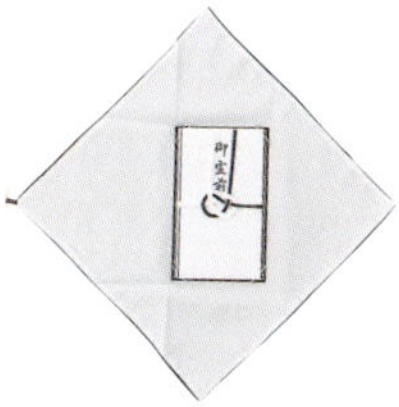

❶つめがついているものは、つめが左側にくるようにふくさを広げ、中央よりやや右寄りに表向きに不祝儀袋を置く。

❷右側の角をとって内側に折る。

❸下側の角をとり、その上に折ってかぶせる。

❹上側の角をとり、その上に折ってかぶせる。

❺左側の角をとって、かぶせるように包む。

❻つめがついているものは、かけてとめる。

慶事のとき

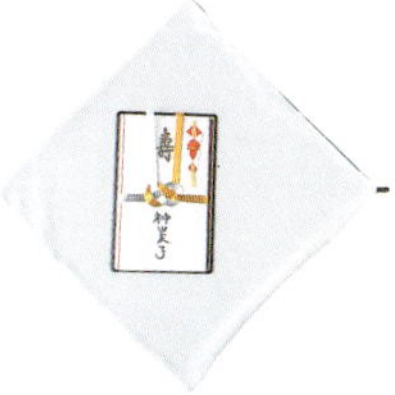

❶つめがついているものは、つめが右側にくるようにふくさを広げ、中央よりやや左寄りに表向きに祝儀袋を置く。

❷左側の角をとって内側に折る。

❸上側の角をとり、その上に折ってかぶせる。

❹下側の角をとり、その上に折ってかぶせる。

❺右側の角をとって、かぶせるように包む。

❻つめがついているものは、かけてとめる。

持参するときはふくさに包んで

祝儀袋や不祝儀袋を持参するときは、むき出しでバッグなどに入れずに、必ずふくさや小さな風呂敷に包んでいきましょう。渡すときに中身をとり出し、両手で先方に向けて渡します。

ふくさの色や包み方も、慶事と弔事では異なるため注意が必要です。赤やピンクなど暖色系が慶事用で、緑やグレーなど寒色系が弔事用。紫なら慶弔どちらにも使えて便利です。

郵送するときは

結婚式や葬儀に参列できないときや、遠方のかたへのお見舞いなど、現金を送るときは現金書留で郵送します。その場合も、手渡すときと同じようにのし袋に入れ、表書きをしてから封筒に入れます。そのとき、お祝いの言葉や、「本来なら持参すべきなのですが……」と一筆書き添えましょう。封筒に入れやすい印刷された袋を用いてもかまいません。

のし紙とかけ紙

現金以外の贈答に使われるのし紙やかけ紙（のしがついていないもののこと）も、表書きや水引、のしのしきたりは祝儀・不祝儀袋と同じです。

贈り物を控えめにしたいときは、のしをかけた上から包装するように「内のし」に、ひと目でわかるようにしたいときは「包装紙の上からかける「外のし」にします。贈り物を直接手渡しするときや、送る理由を明確に強調したいときは外のしにするとよいでしょう。

祝儀《しゅうぎ》・不祝儀《ぶしゅうぎ》袋の選び方と表書き

婚礼

「一度きり」という意味を込めて、水引は紅白か金銀の結び切り、のしつきの祝儀袋を使います。輪結び、あわじ結びなども結び切りの一種。老いの波は結納のときによく使われます。松竹梅や鶴亀など豪華に飾ってあるものは、高額の場合に使います。結婚祝いの表書きは「寿《ことぶき》」もしくは4文字を避けて「御祝《おんいわい》」「御結婚御祝」などとし、濃い墨でていねいに書きます。

お祝い

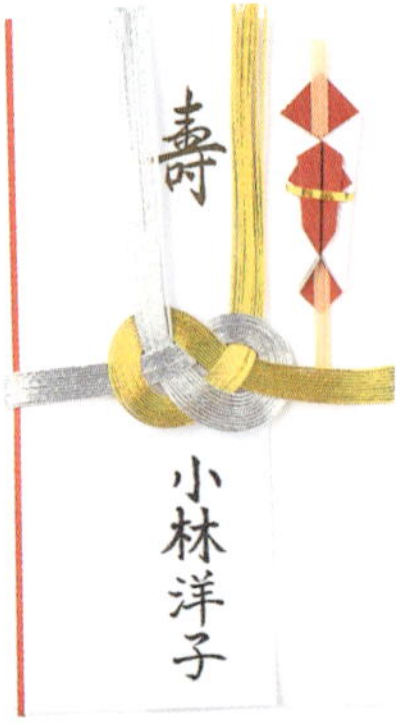

あわじ結びと呼ばれる結び切りの水引。金額が3万円くらいまでなら、あまり飾りたてないシンプルなものを。

色つきなどのものは豪華だが、フォーマルな披露宴には不向き。カジュアルな披露宴や二次会などに。

婚礼用の水引いろいろ

輪結び

老いの波

お礼など

仲人のお礼に

表書きは「御礼」「寿」とし、新郎新婦の名前、または両家連名で。正式には、式当日ではなく、後日あらためて渡す。

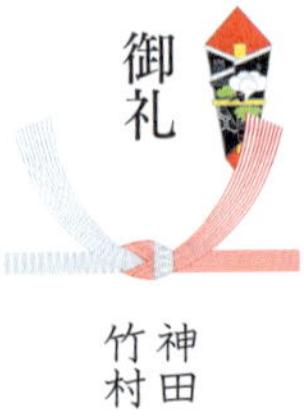

受付・撮影などのお礼に

受付や撮影などをお願いした人に。数千円ならポチ袋でさりげなく、数万円なら通常ののし袋で。表書きは「御礼」とし、両家連名で。

仲人・来賓の交通費として

仲人へは、お礼とは別に式当日に交通費を渡す。表書きは「御車代」とし、両家連名で。主賓や遠方からの列席者などへの交通費は、その人を招いた当該家の姓にする。

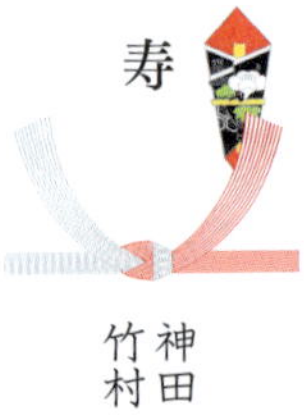

披露宴会場などへの心づけに

会場の責任者などへのお礼は「寿」と表書きし、両家連名で。「寿」は結婚関連の祝儀のほとんどに使える。

一般的なお祝い

何度重なってもうれしい祝い事には紅白や金銀の蝶結びの水引、のしつきの祝儀袋を使います。蝶結びは端を引っ張るとほどけるので、「戻る、ほどける」をいやがる結婚や、くり返したくない弔事などには使いません。表書きはP25～26を参考に、目的に合わせて選びましょう。市販の「御祝」の表書きに「御安産」「御入学」などと書き添えることもできます。

祝い事を具体的に

お祝いの内容を具体的に表書きに書き入れると、受け取る側のうれしさもひとしお。

目的を小さく添える

市販の「御祝」の表書きに、ひとこと「御安産」「御入学」など目的を書き添えても。

長寿のお祝いに

「祝還暦」「寿古稀」「祝喜寿」「祝米寿」など、表書きはそれぞれの年齢に応じて。「寿福」でもよい。

出産などの内祝い

蝶結びの水引ののし紙に、子どもの名前とふりがなをつけ、「内祝」の表書きで贈る。

一般的なお祝い事に

のしつきの蝶結びの水引なら、お祝いの内容を問わず、ほとんどのケースに使える。

七五三などの神社のお参りに

出産後のお宮参りや七五三など、神社に参拝するときのお礼。子どもの名前で「初穂料」など。

地鎮祭など

上棟式や地鎮祭でおはらいをしてもらったときは、神官にお礼を。表書きは「御神饌料《ごしんせんりょう》」または「地鎮祭料」。

上棟式などに

上棟式でお世話になった建築関係者への心づけに。表書きは「御祝儀」。建築主へのお祝いは「祝上棟式」「祝御上棟」。

スタッフへの心づけに

プロのカメラマンや美容師、着付け、運転手などに、料金とは別に必要に応じて。表書きは「御祝儀」「寿」とし、新郎新婦それぞれの姓で。

ご近所へのあいさつの品に

表書きは「寿」。夫婦二人だけの生活の場合は、新しい姓を書く。結婚して妻が夫の家族と同居する場合は、妻の名前を書き、夫やその家族とともにあいさつ回りを。

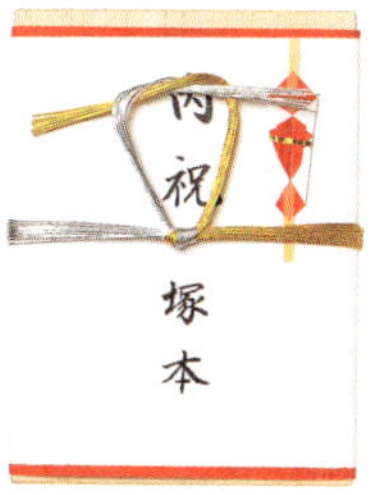

結婚の内祝い

結婚披露宴に招待できなかった人からお祝いをいただいた場合は、１カ月以内にお礼を。水引は紅白か金銀の結び切りにし、表書きは「内祝」とし、夫婦連名か、新しい姓を書く。

おつきあい

日常のおつきあいでお金を包むときにも、蝶結び、のしつきの袋が基本です。少額の場合には水引やのしが印刷された略式のものを。さらに水引が省略されたものは、月謝や心づけ用に。絵や模様のあるポチ袋は子どものおこづかいやお年玉、ちょっとしたお礼や車代などに用います。のしや水引に迷ったときは、無地の白い封筒に表書きを書くだけでも間違いではありません。

同輩か目下の人への贈答に

季節にかかわりなく贈るときは、同輩以下なら「進呈」。かなり目上のかたや神社などには「献呈」を使う。

お中元・お歳暮・お年賀

紅白の蝶結びの水引、のしつき。それぞれ「御中元」「御歳暮」「御年賀」の表書きを。

お稽古事の月謝に

月謝、入会金などは決まった袋がなければ、白い封筒に表書きして用いる。ポチ袋、和紙に包んでもよい。

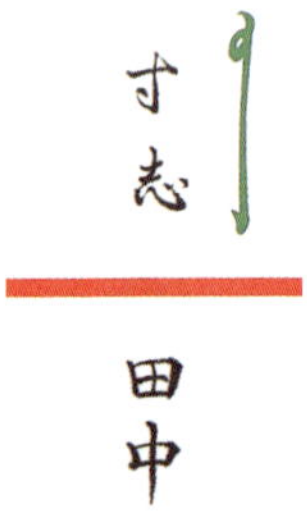

目下の人へのお礼・心づけに

「寸志」は「わずかですが」の意味で渡す、ちょっとしたお礼や心づけに。目上のかたには使わない。

お世話になったお礼に

「御礼」の表書きは、冠婚葬祭、日常のおつきあいなど、あらゆる場合のお礼に。目下の人には「寸志」「松の葉」などとしても。

一般的なお祝い事に

のしつき、蝶結びの水引の祝儀袋なら、お祝いの内容を問わず、ほとんどのケースに使うことができる。

お見舞いとお返し

病気見舞い

「再びない」よう紅白の結び切り、「伸びる」を避けてのしなしで。左端に赤線のある袋もよく使われる。白封筒でもよい。

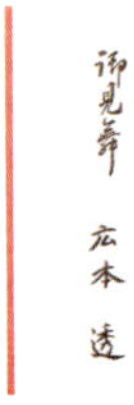

災害見舞い

白無地の封筒か半紙などに包む。水引や赤線の袋は使わない。基本的にお返しは不要で、落ち着いたら近況を連絡を。

快気祝い

病気見舞いのお返しの表書きは「快気祝」「内祝」。二度とくり返さないように結び切りの水引で、のしつき。

弔事《ちょうじ》

不幸が再びないようにとの意味で、水引は黒白や双銀、双白の結び切り。のしは不要です。地方によっては、法要に黄色と白の水引を使うところもあります。蓮の模様入りの不祝儀袋は仏式専用ですので注意しましょう。表書きは故人の宗教、宗派に合わせて書きますが、わからない場合は、「御供《ごくう》料《りょう》」か、葬儀では「御霊前《ごれいぜん》」と書くとよいでしょう。正式には薄墨か弔事用の筆ペンで書きます。

葬儀

ほとんどの葬儀に

「御霊前」は宗教を問わずほとんどの葬儀に使えるとされる。相手の宗教がわからないとき、無宗教の葬儀の場合にも。

仏式の葬儀に

表書きは「御霊前」のほか、宗派を問わずに使える「御香料」「御香典」など。蓮の模様が入った不祝儀袋は仏教専用。

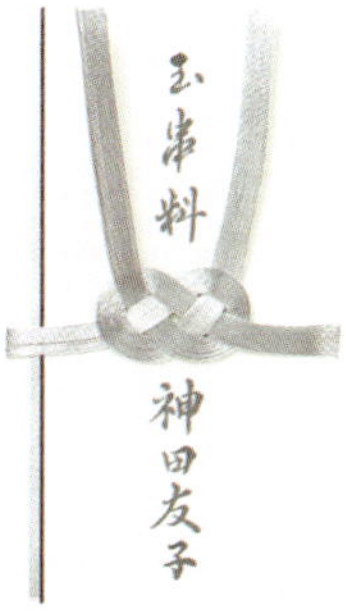

神式の葬儀・法要に

神道では「玉串料」「御榊料」「御神饌料」など。双銀、双白を使うことが多い。

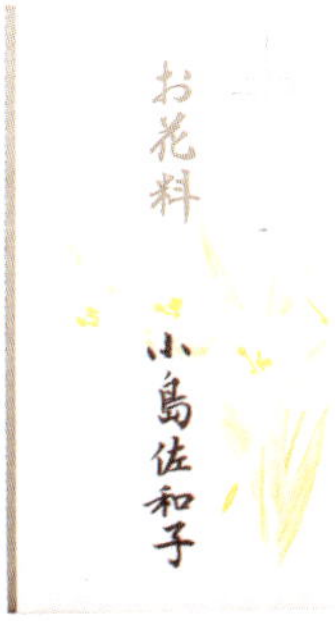

キリスト教式の葬儀・法要に

市販品で十字架や花の模様が入った袋もあるが、白い封筒に「お花料」と書いてもよい。

無宗教の葬儀に

形式について特に案内がなければ一般的な「御霊前」でよい。あるいは白封筒を使っても。「御供料」「お花料」など。

法要のときは

「御霊前」と書かれた不祝儀袋は、基本的には葬儀の香典用です。四十九日の法要以降は、仏式では「御仏前」「御供物料」「御香料」、神式では「玉串料」「御榊料」「御神饌料」、キリスト教式では「お花料」、無宗教式では「御供物料」「お花料」などにします。

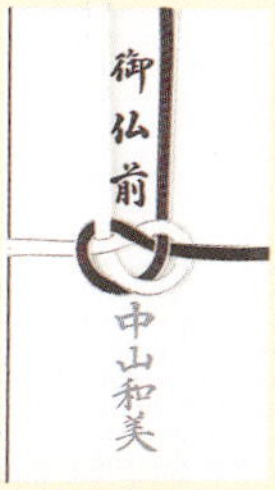

お礼など

僧侶へのお礼に

仏式葬儀の場合、お寺や僧侶へのお礼は「御布施」と書く。

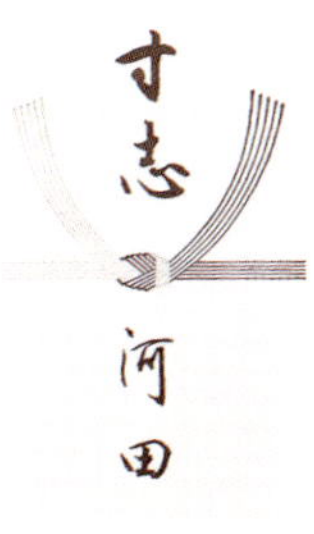

手伝ってもらった人へのお礼に

目下の人に葬儀や法要を手伝ってもらった場合は「寸志」など。目上のかたには「御礼」とする。

表書きと中包みの書き方

書き方の基本

祝儀《しゅうぎ》・不祝儀袋《ぶしゅうぎぶくろ》は、お金を入れる中包《なかづつ》みとそれを包む上包《うわづつ》みの二重になっています。上包みには贈る目的と贈る側の名前を、中包みには金額と住所・氏名を書きます。字配りやスペース配分を考えて、ていねいに書きましょう。

慶事にはていねいにすった濃い墨を、弔事には「涙で薄まった」あるいは「突然のことで墨をする時間もない」との意味で薄墨を用います。法要の場合は薄墨を使わないのが一般的です。

上包み

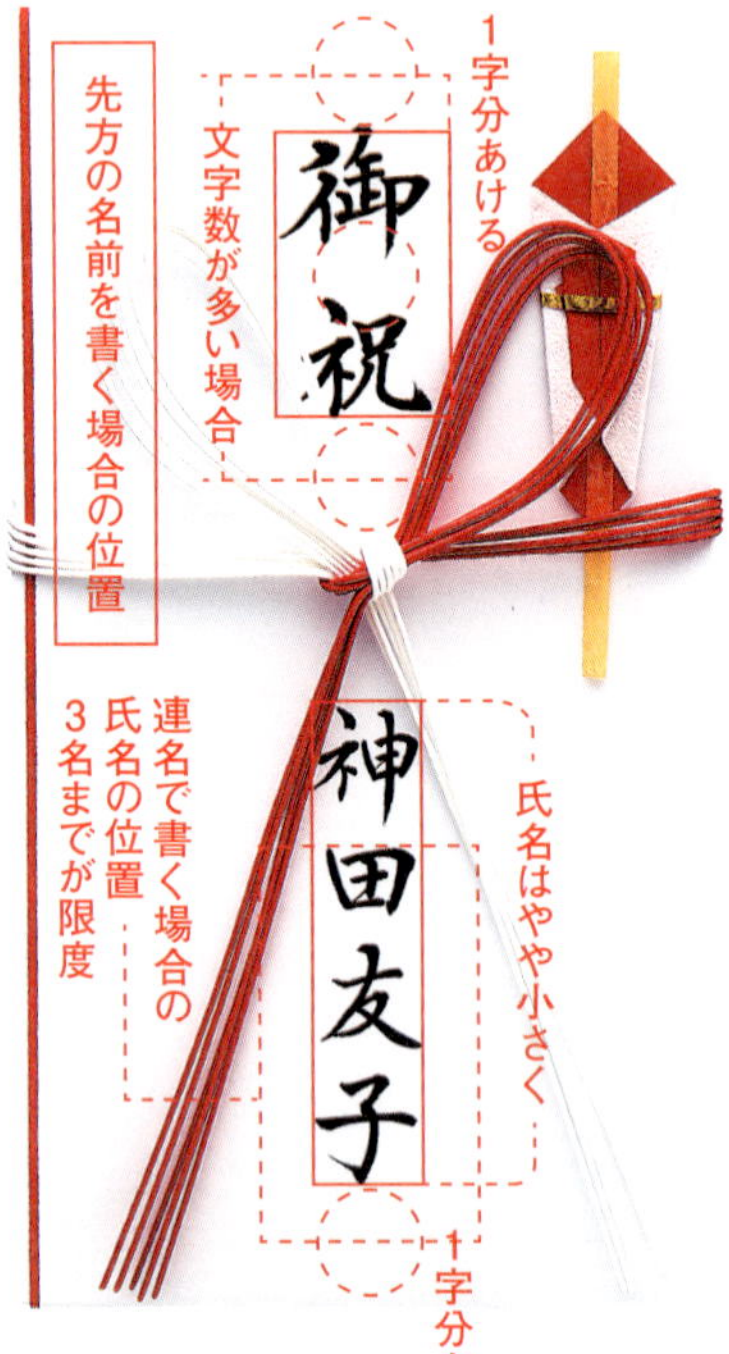

中包み

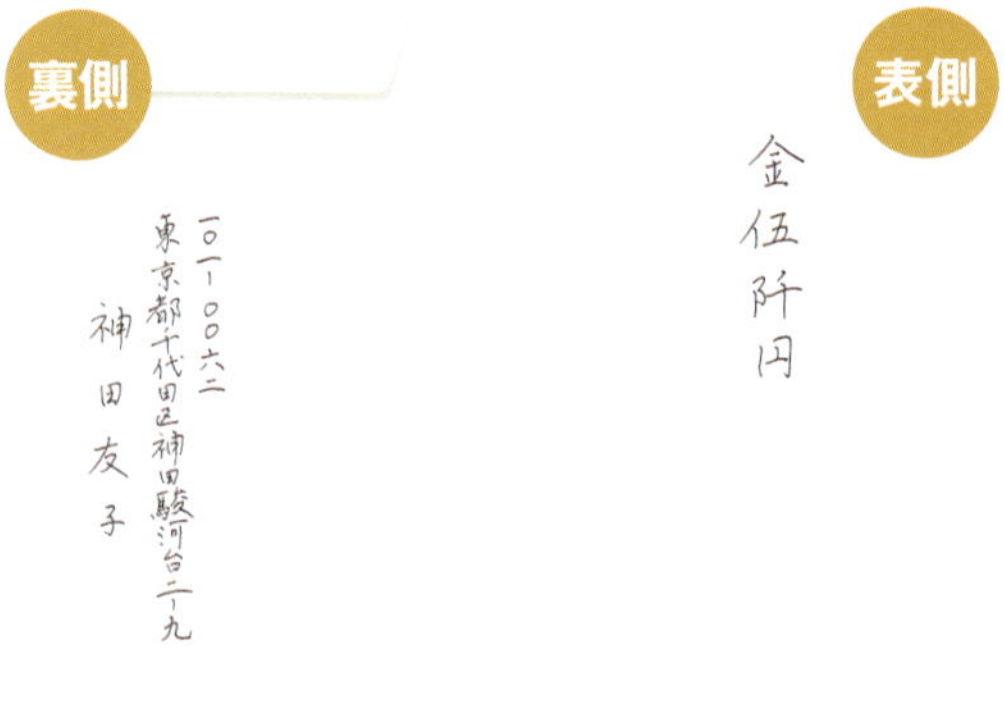

中央に金額を縦書きで書く。「也」は不要。金額の数字は正式には下の「大字《だいじ》」を用いるが、通常の漢数字でもかまわない。

左下方に贈り主の住所と氏名を書く。市販の袋で住所欄などがある場合にはそこに記入する。

漢数字	一	二	三	五	十	千	万	円
大字	壱	弐	参	伍	拾	仟（阡）	萬	圓

ポイント

1. 筆または筆ペンで書く。ボールペンや黒以外のインクは使わない。
2. 文字をくずさず楷書で書く。
3. 文字の間隔は均等にあける。
4. 名前は基本的にフルネームで、名目よりやや小さく書く。
5. 慶事は濃い墨色で、弔事は薄墨で。

お札の入れ方

祝儀袋にお札を入れるときは、お札の表（顔が印刷されている側）が表に向くように中袋に入れます。反対に、不祝儀の場合は裏向きにします。ポチ袋などに入れる場合は、お札を広げたときに表が見えるよう、右側を上にかぶせた三つ折りで入れます。

表書きと中包みの書き方

先方の名前を入れる

先方の名前は左上に書く。この場合は贈り主は左のほうが目上となる。

連名の場合

4名以上

贈り主が4名以上なら、「○○会一同」のように書くか、代表者の氏名の左横に「外一同」と書き添え、全員の氏名は半紙に書いて中包みに入れる。

2～3名

2名の場合は中央に2名の名前を書く。3名の場合は中央から左に、目上から順に書く。

御祝

吉村久
田中玲子
小林美香
小野二郎
神田友子

中に入れる別紙

中央上に「御祝」「寿」「御霊前」などの名目を書き、右から左へ、目上から順に書く。

社名を入れる場合

社名は氏名の右側に小さく書き添える。

目的を書き添える

「○○御祝」と1行で書くか、「御祝」の右側に小さく書いてもよい。

夫婦連名の祝儀袋

夫婦で招待された場合は、お祝いも2人分包む。1人3万円ずつの場合は6万円と偶数になるので、7万円とするか、5万円にして品物を添えるなどの工夫を。

お札は新札？

慶事に贈るお金は、贈るほうも贈られるほうも気持ちのよい新札で。逆に、弔事の場合、特に香典の場合は、「用意して待っていた」という感じを与えないために、新札は使いません。ただし、汚れた紙幣は失礼なので、新札に一度折り目をつけて使うことが多いようです。

冠婚葬祭・贈答の水引と表書き

結婚

	贈るとき		お返しをするとき	
	水引・のし	表書き・贈り方のポイント	水引・のし	表書き・お返しのポイント
結婚祝い	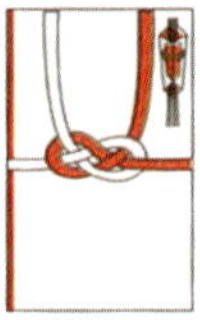 ◆紅白か金銀 結び切り ◆のしつき	**寿・御祝・** **御結婚御祝・御慶** 結婚の1カ月前。遅くても10日前ごろまでに。お祝い金は披露宴当日でも。	 ◆紅白か金銀 結び切り ◆のしつき	**内祝・寿** 半額程度を内祝いとして。
仲人へのお礼	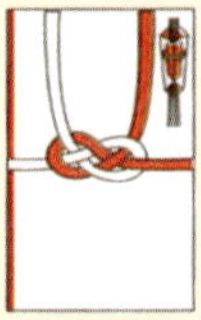 ◆紅白か金銀 結び切り ◆のしつき	**御礼・寿・御酒肴料・御車代** 両家連名で贈る。お礼とは別に「御車代」を渡すのが一般的。	必要なし。	必要なし。
心づけ	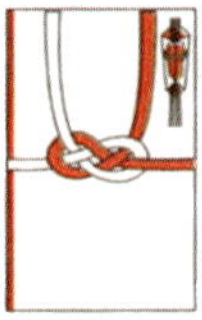 ◆紅白結び切り ◆のしつき	**御礼・御祝儀・寿** 世話役には「御礼」、会場やスタッフへの心づけは「御祝儀」「寿」。	必要なし。	必要なし。
あいさつの品	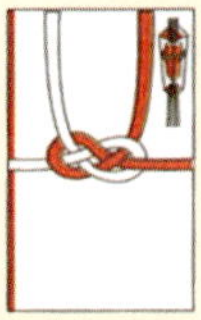 ◆紅白か金銀 結び切り ◆のしつき	**御土産・寿** 双方の実家、親戚へのあいさつは「御土産」、近所へは「寿」。	必要なし。	必要なし。
式場へのお礼 (神社)	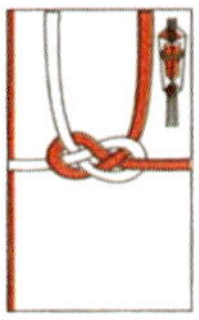 ◆金銀か紅白 結び切り ◆のしつき	**初穂料・玉串料・御礼** 挙式料のほかに、神職にお礼をするのが通例。		
式場へのお礼 (教会)	 ◆白無地袋か 白封筒 ◆のしなし	**献金・御礼** 挙式料のかわりに適切な金額を献金するのが一般的。司祭や牧師には別にお礼を。		
式場へのお礼 (お寺)	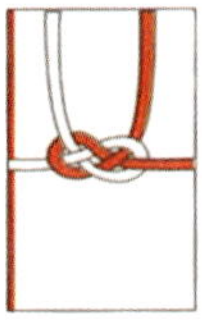 ◆紅白か金銀 結び切り ◆のしなし	**御布施・御礼** 挙式料のほかに僧侶にお礼をするのが通例。		

お祝い事

	贈るとき 水引・のし	贈るとき 表書き・贈り方のポイント	お返しをするとき 水引・のし	お返しをするとき 表書き・お返しのポイント
出産祝い	 ◆紅白蝶結び ◆のしつき	**御出産御祝・御安産御祝・御初孫御祝・御初着** 出産後1カ月以内に贈る。	 ◆紅白蝶結び ◆のしつき	**内祝・出産内祝・命名内祝** 子どもの名前で、半額程度の品を内祝いとして。
初誕生・初節句	 ◆紅白蝶結び ◆のしつき	**御初節句御祝・御祝・初雛御祝・初誕生祝・祝初誕生** 初節句のお祝い品は1～2週間前に。初誕生はお祝いに招かれた当日に。	 ◆紅白蝶結び ◆のしつき	**内祝** 招待した人には不要。それ以外の人には内祝いとして子どもの名前で。
七五三	 ◆紅白蝶結び ◆のしつき	**七五三御祝・賀御髪置・袴着祝・賀御帯解** 11月上旬(5～7日)までに贈る。祝う側の神社への謝礼は「初穂料」か「玉串料」。	 ◆紅白蝶結び ◆のしつき	**内祝** 千歳飴、赤飯を贈る。遠方の人には内祝いとして、祝い金の3分の1程度で。
入学・卒業・成人式	 ◆紅白蝶結び ◆のしつき	**祝御入学・御入学祝・祝御卒業・卒業祝・祝成人・賀社会人** それぞれの式の前に。入学は文具、成人や就職祝いは本人の希望を聞いても。	不要。親と本人から礼状を出す。	
賀寿	 ◆金銀か紅白蝶結び ◆のしつき	**祝還暦・祝古稀・喜寿御祝・祝米寿** その年の初めか、誕生日前に。当日に持参してもよい。	 ◆紅白蝶結び ◆のしつき	**内祝・還暦内祝・喜寿内祝** 祝宴の席で記念品や祝い菓子を引き出物に。
新築・地鎮祭	 ◆紅白蝶結び ◆のしつき	**新築御祝・祝御新居・御新築祝・御改築御祝・祝御上棟** 新居完成後、披露の前に。当日に持参してもよい。	 ◆紅白蝶結び ◆のしつき	**新築内祝** 新築祝いに招くだけでもよいが、記念品や食品などを贈る。
開店・開業	 ◆紅白蝶結び ◆のしつき	**祝御開店・祝御開業・祝御発展** 生花、花輪、現金などは披露当日に。あらかじめ希望の品を聞いている場合は少し前に。	 ◆紅白蝶結び ◆のしつき	**開店記念・開業記念** 引き出物として記念品を贈る。ボールペンや手帳などが一般的。
受賞(章)	 ◆紅白蝶結び ◆のしつき	**御受賞御祝・御受章御祝・祝御受賞・祝◯◯章** 受賞(章)直後か、パーティの数日前に贈る。お祝い金は祝賀当日でもよい。	 ◆紅白蝶結び ◆のしつき	**寿・内祝** 内祝いとして、1カ月くらいの間に。

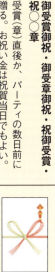

お祝い事

	贈るとき 水引・のし	贈るとき 表書き・贈り方のポイント	お返しをするとき 水引・のし	お返しをするとき 表書き・お返しのポイント
発表会	 ◆紅白蝶結び ◆のしつき	**祝発表会・御祝・楽屋御見舞** 当日楽屋に、または前日までに。チケットをいただいた場合は、チケット料金以上のお金を包む。		基本的には不要。お返しする場合は、菓子折りなどの引き出物でよい。
昇進・栄転	 ◆紅白蝶結び ◆のしつき	**祝御栄転・御栄転御祝・祝御昇進・御就任御祝** 正式発表の1～2週間後に。ビジネス関係のお祝いは職場の習慣に従う。上司に現金を贈るのは避ける。		基本的には必要なし。

日常の贈り物

	贈るとき 水引・のし	贈るとき 表書き・贈り方のポイント	お返しをするとき 水引・のし	お返しをするとき 表書き・お返しのポイント
病気見舞い	 ◆紅白結び切りか白封筒、赤線入りのもの ◆のしなし	**御見舞・御伺い** お見舞いの品は果物、菓子、花などが一般的。また、入院中はなにかとお金がかかるので現金も喜ばれる。	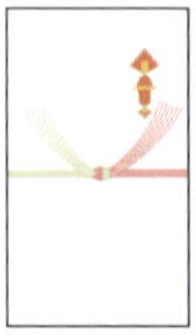 ◆紅白結び切り ◆のしつき	**快気祝・内祝・本復内祝・御礼** 快気祝いとしてではなく、お礼をしたい場合は「御礼」。
災害見舞い	 ◆白封筒か半紙 ◆のしなし	**火災見舞・出火見舞・近火見舞・災害御見舞** とりあえず必要な日用品を贈り、落ち着いたころに見舞金を贈る。		不要。落ち着いたら礼状を出す。
餞別《せんべつ》	 ◆紅白蝶結び ◆のしつき	**御餞別・御贐《おんはなむけ》・粗品** 退職の場合の水引は紅白結び切りに。「御贐」はあまりおおげさにしたくない場合に。		不要。礼状を出す。
お中元・お歳暮・お年賀	 ◆紅白蝶結び ◆のしつき	**御中元・御歳暮・御年賀** 時期をはずさないように注意して。また、海産物など、のしをつけない品物もあるので注意。		基本的には必要なし。礼状を出す。
日常の贈答（目上のかた）	 ◆紅白蝶結び ◆のしつき	**拝呈・謹呈・献呈・謝礼・謹礼** 贈る目的をはっきりさせる。目下の人に向けた「寸志」などは使わない。		基本的には必要ないが、お返しをする場合は、紅白蝶結びの水引か白封筒。
日常の贈答（一般）	 ◆紅白蝶結び ◆のしつき	**御挨拶・御礼・粗品・御土産・松の葉・みどり・寸志** ちょっとしたお礼には「松の葉」「みどり」、ご機嫌伺いは「御挨拶」。		基本的には必要なし。

弔事

	贈るとき 水引・のし	贈るとき 表書き・贈り方のポイント	お返しをするとき 水引・のし	お返しをするとき 表書き・お返しのポイント
香典（仏式）	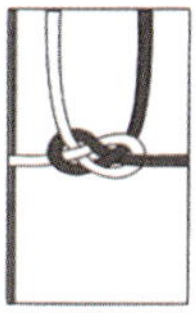 ◆黒白か双銀結び切り ◆のしなし	**御香典・御香料・御悔・御霊前** 「御仏前」は一般に四十九日の法要後に用いるもの。香典には使わない。	 ◆黒白か双銀結び切り ◆のしなし	**志・忌明志・満中陰志** 半返しが基本。最近は葬儀当日に渡す「即日返し」も。
香典（神式）	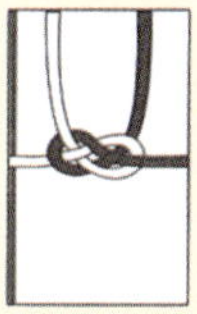 ◆黒白か双銀結び切り ◆のしなし	**玉串料・御榊料・御霊前** 神式の葬儀では、市販の不祝儀袋を使う場合、蓮の花のついていないものを選ぶこと。	 ◆黒白か双銀、双白結び切り ◆のしなし	**しのび草・茶の子・偲び草** 「茶の子」は関西で使う。ささやかなもの、という意味。
香典（キリスト教式）	◆仏式と同じか白封筒 ◆のしつき	**御花料・御ミサ料** カトリックは「御ミサ料」。「御花料」はカトリック、プロテスタントどちらにも使えて、最も一般的。	基本的には必要なし。	
香典（無宗教）	◆仏式と同じか白封筒 ◆のしつき	**御霊前・御供物料・お花料** 形式について特に案内がなければ一般的な形に。無宗教葬では献花を行うことも多いので「お花料」としてもよい。	基本的には必要なし。	
お寺へのお礼	◆奉書紙に包むか白封筒 ◆のしなし	**御布施・御経料・御回向料・御戒名料** 仏式葬儀の場合、僧侶へのお礼はすべてお布施としてよい。お布施のほかに「御車代」を渡す場合もある。		
神社へのお礼	◆奉書紙に包むか白封筒 ◆のしなし	**御神饌料・御礼** 仏式と同様に、神官に「御車代」や「御膳料」を渡す場合もある。		
教会へのお礼	◆白封筒 ◆のしなし	**御ミサ料・記念献金** カトリックは「御ミサ料」として神父に、プロテスタントは「記念献金」として牧師に。		
世話役などへのお礼	◆黒白結び切りか白封筒 ◆のしなし	**御礼・寸志** 葬儀の世話役、手伝ってくれた人、弔事を読んでくれた人などへ。「寸志」は目下の人に。		
法要（仏式）	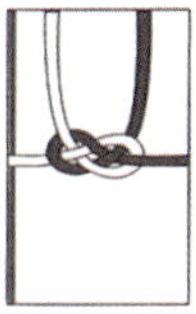 ◆黒白か双銀、黄白結び切り ◆のしなし	**卒塔婆料・御盛物・施餓鬼料・御香・御供物料・御仏前・御供** 供物や現金を持参する。神式やキリスト教式は、葬儀と同じ表書きで。	 ◆黒白か双銀結び切り ◆のしなし	**粗供養・供養志** 引き出物としてお返しする。

column

贈答金の目安

●結婚祝い➡P88へ　●香典➡P220へ
●年賀・お年玉➡P160へ　●お中元・お歳暮➡P158へ
●病気見舞い➡P162へ

出産祝い

（単位：円）

贈り先	贈る側 20才台	30才台	40才台	50才以上
勤務先の同僚	3,000	5,000	5,000	5,000
きょうだい	5,000	10,000	10,000	10,000
親戚	3,000	5,000	5,000	5,000
友人・知人	3,000	5,000	5,000	5,000
隣近所	—	3,000	5,000	5,000

主婦の友社調べ（最多回答額）

●マナーについて➡P 104へ

入園・入学祝い 親戚が贈る場合

（単位：円）

贈り先	贈る側 20才台	30才台	40才台	50才以上
幼稚園·保育園児	5,000	5,000	10,000	10,000
小学生	5,000	10,000	10,000	20,000
中学生	—	10,000	10,000	30,000
高校生	—	10,000	10,000	30,000
短大·大学生	10,000	10,000	10,000	30,000

主婦の友社調べ（最多回答額）

●マナーについて➡P114へ

卒業・就職祝い

（単位：円）

贈り先	最多回答額	第2位回答額	第3位回答額
きょうだいの子	10,000	20,000	30,000
親戚の子	10,000	5,000	20,000
友人·知人の子	5,000	10,000	—

主婦の友社調べ（最多回答額）

●マナーについて➡P115へ

PART 2

結婚のマナー

- 縁談・見合いを成功させるマナーとは？
- くわしく知りたい結納の進行
- 披露宴に招待されたときのマナー

縁談のマナー

出会いの形はさまざま

平均初婚年齢が上がってきた現代、人生の伴侶を見つける方法として、お見合いが見直されてきています。パーティ形式など新しい形の見合いや、結婚紹介所を介した出会いなども増えています。昔のように形式張らない形の場合にも、ひと通りのマナーは頭に入れておきたいものです。

縁談を依頼するとき

親戚や知人に縁談を依頼するときは、本人があいさつに行くのがマナーです。相手に引き受けてもらえることになったら、自己紹介状と写真、手土産を持参して出向きます。結婚後の仕事や親との同居などについての希望や、転勤の有無や持病などについてもあらかじめ正直に伝えておきましょう。

縁談を依頼されたら

親からの依頼の場合は、本人も承知のうえなのかを確認することが大事です。まず本人に会い、結婚についての条件を聞きます。親との同居や、扶養問題、転勤の有無や宗教などについても確認しておきます。2週間~1カ月に一度は、経過報告をして様子を伝えましょう。なかなか適当な相手が見つからないときは、3カ月程度をめどに預かった書類を返却して、けじめをつけましょう。

縁談を持ちかけられたら

見合いをする気があれば先方の書類を受け取ります。書類を見たうえで相手への質問などがあれば、世話人に確認します。書類を受け取ったらなるべく早く実際に会うかどうかの返事をします。長く書類を手元に置いたうえで断るのは失礼ですので、1週間以内をめどにするとよいでしょう。

断る場合は、書類を世話人に返却します。今回は断るけれど、また縁談をお願いしたいという場合には、本人が手土産を持って世話人にあいさつに行き、お礼とともにあらためて依頼します。

見合いの前にそろえる資料

見合いに必要な書類は、写真、履歴書、身上書、家族書などの自己紹介状です。自分を知ってもらうためのたいせつなデータなので、自筆で書くのが正式です。自己紹介状は正式な書類として相手に渡すものなので、市販の履歴書も使わないようにします。

見合い写真は2枚程度用意しますが、1枚は写真館などで撮ったキャビネット判程度の大きさで、正面全身もしくは上半身の写真にし、もう1枚はスナップ写真で、お稽古事やスポーツ、レジャーなどで素顔があらわれているものをそろえましょう。

❶ 履歴書

履歴書

田中陽子
平成○○年八月二日生（二十五才）
現住所　東京都千代田区神田駿河台二の八の九
本籍地　千葉県

学歴
平成○年三月　千葉市立中央中学校卒業
平成○年三月　私立南北高等学校卒業
平成○年三月　城南短期大学文学部卒業

職歴
平成○年四月　株式会社岡田物産に入社
業務部勤務　現在に至る

資格
普通自動車運転免許

❷ 身上書

身上書

現身長　一五八センチ
体重　四七キロ
視力　右一・○　左一・○
健康状態　良好　既往症なし
趣味　テニス、音楽鑑賞
生活の目標　個を重んじ、趣味をたいせつにした家庭づくり

❸ 家族書

家族書

父　田中春夫　昭和○○年四月生（五十八才）
東都大学卒業
丸角物産株式会社営業部長

母　田中久子　昭和○○年三月生（五十四才）
東京都立東西高等学校卒業

姉　前田敬子　平成○○年五月生（二十七才）
富士見学院短期大学卒業
前田高志（東南銀行松戸支店勤務）と平成○年に結婚

本人　陽子

弟　田中健太　平成○○年六月生（二十三歳）
株式会社内藤商事営業部勤務

自己紹介状

❶ 履歴書

- 氏名と生年月日、現住所、本籍地などを書く。
- 学歴と職歴はなるべくくわしく書き、転職している場合は、その理由をつけ加えたほうがよい。
- 取得している資格などもあわせて書く。

❷ 身上書

- 身長、体重、視力、健康状態を書く。
- 趣味や特技なども記入。結婚対象とする相手に自分を知ってもらうためのもの。一生続けたいと思っている趣味や生活の目標などがあれば、明記しておく。

❸ 家族書

- 氏名と続柄、年齢、最終学歴などを記入。死亡した人についてはその年月を、別居している家族がいれば、住所とその理由を書き添える。

表書き

封筒に入れ、自分の名前を書く。

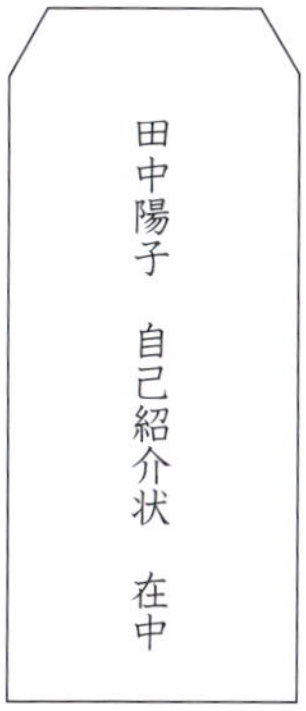

便利な言い回し

縁談を頼むとき

★突然で恐縮でございますが、長男の結婚のことでお力になっていただけないかと……

★○○様ならば、私どもの□□のことも理解してくださっていますし……

★お心当たりがあれば、すぐ本人を伴いましてご依頼に伺いますが……

縁談を頼まれたら

★**引き受ける**　すぐに具体的なお相手が思い浮かぶわけではありませんが……

★**引き受ける**　いろいろ知り合いに当たってみますので、少しお時間をください。

★**断る**　体調がすぐれず、せっかくお引き受けしても失礼があってはいけませんので……

★**断る**　主人の仕事がこのところ残業続きで、お力にはなれないと思いますので……

縁談を持ちかけられたら

★**受ける**　お会いしてみようと思いますので、お世話をおかけいたしますが、よろしくお願いいたします。

★**断る**　私には大変もったいないお話ですが、先様が立派すぎますので……

★**断る**　これに懲りずに、またご紹介いただきますように……

★**断る**　すばらしいお家柄で、気後れしてしまいまして……

見合いのマナー

付添人は最小限に

かつては結婚は家同士の結びつきと考えて、見合いにも双方の両親が同席しましたが、現代ではおおげさですし、二人で話す機会も減ってしまいます。本人たちと世話人だけで会うのが理想です。どうしてもという場合は、相手を同性の目で見るという意味で、女性には父親、男性には母親が付き添います。

当日の服装は双方の格を合わせて

見合い当日の服装は、双方のバランスがとれていることがたいせつです。世話人はバランスがとれるように、前もってアドバイスするとよいでしょう。

女性はシルエットの美しいワンピースや、やわらかい印象のスーツなど、きちんとした感じの上品なものを。和服なら小紋、紬、訪問着程度にします。男性はダークスーツが適切です。世話人や付添人は、当人たちを引き立てる地味な服装を心がけます。

帰宅したら世話人にお礼を

当日帰宅したら、世話人に電話をしてお礼を述べます。返事は後日あらためてということにしてもよいのですが、2~3日中か、遅くても1週間以内には断るか交際を望むかを世話人に伝えるのがマナーです。

交際したいときは、世話人にその旨を伝え、相手もOKなら、次の日程を決めてもらいます。

断るときは、理由をはっきり伝えて、後日、預かった写真や書類を持って世話人にあいさつに行きます。

見合いの費用とお礼

見合いにかかる費用は、当人たちで折半するのが原則です。レストランなどの費用や二人だけで食事をしたときも同じです。いったん世話人が立て替えるケースもありますが、結論が出た段階で精算します。世話人宅で見合いを行う場合は、お礼と一緒に、実費に見合う程度の手土産や商品券を持参しましょう。

また、費用とは別に、世話人へは現金か商品券などでお礼を渡します。表書きは「御礼」または「御車代」とします。世話人に引き続き仲人・媒酌人を依頼する場合は、結納後または挙式後にまとめてお礼をしてもかまいません。

世話人へのお礼

金額の目安	（成立、不成立ともに）2万～5万円
表書き	（成立、不成立ともに）「御礼」「御車代」
包み方	（成立）紅白結び切りの水引ののし袋　（不成立）白封筒に包む

結婚を決めたら・報告のマナー

お互いの家へのあいさつ

お互いの家族への報告は、結婚の第一ステップです。まず、それぞれが自分の親に結婚の意思を伝え、相手の名前、年齢、職業、人柄などを伝えておきます。そのうえでお互いの家を訪問し、二人で結婚のあいさつをします。すでに相手の親と知り合いの場合でも、けじめをつける意味で、あいさつに行きましょう。

訪問の日時は親の都合に合わせて決めますが、夕食前には終了できるよう、午後の早い時間がベスト。訪問の際は菓子折りなどの手土産を用意します。服装は上品なスーツなど（女性はワンピースでも）にし、清潔感のある髪型やメイクを心がけます。

Q&A

Q どちらの家に先に行く？

A はじめに女性宅に行くのが一般的。親がしきたりを重んじる場合は女性宅を先に訪問しましょう。そうでなければ両家の都合などに合わせて逆になってもOK。男性宅に先に行く場合は、女性側にあらかじめ電話などで了承を得ておくとよいでしょう。

自己紹介をし、結婚の承諾を求める

当日は自己紹介のあと、少し歓談したら、居ずまいを正し、男性から「○○さんとの結婚をお許しいただけますでしょうか」と切り出します。単なる報告ではなく、親への敬意を込めて、承諾を得る形にすると誠意が伝わります。承諾が得られたら、「これからよろしくお願いいたします」とあいさつします。

帰宅したら先方に電話をかけ、無事に着いたこととお礼を述べます。さらに2～3日以内にお礼状を出すと好印象です。

職場への報告は順番を守って

職場への報告も慎重に行いたいことのひとつです。業務の調整にかかわることもあるので、半年～3カ月前には報告しておくようにします。新婚旅行休暇や退職などについては、会社の規定も確認しておきましょう。

報告はまずは直属の上司に行います。上司から同僚に一斉に報告してもらうか、自分から報告するかは上司のアドバイスに従いましょう。自分でひとりひとりに報告する場合は、直属の上司に続き、ほかの上司、先輩、同僚の順が基本。事前に仲のよい同僚に話すのはかまいませんが、あくまで内密にとお願いしましょう。

結婚式に招待する予定なら、報告のときにその旨を伝えます。招待しない場合は「式は親族だけで行いますので……」などと説明しておくとよいでしょう。なお、上司に媒酌人を頼む場合は、結婚式の日取りを決める前にお願いするのが基本です。

受けておきたいブライダルチェック

ブライダルチェックとは結婚前の婦人科検診のこと。検査項目はいろいろですが、子どもを望むにしろ、そうでないにしろ、結婚を決めたら一度受けておくとよいでしょう。その後、かかりつけ医として相談もしやすくなります。男性も、ふだん健康診断を受けていない場合は、結婚前に受けるようにしましょう。

婚約のスタイル

周囲に公表して見守ってもらう

婚約とは、結婚の意思を固めた二人が将来、結婚することを約束することで、法律上「婚約にあたってこれをしなければならない」ということはありません。口約束だけでも婚約は成り立ちます。決まりがないからこそ、公にすることがたいせつともいえます。双方でよく話し合い、二人に合った形を選びましょう。

婚約のスタイルはさまざま

婚約にはいくつかの方法があります。結納、婚約記念品の交換、婚約式、婚約通知、婚約披露パーティなどです。

かつて主流だった結納にかわり、現在では両家の顔合わせを兼ねた食事会が増えています。婚約のスタイルを決めるにあたっては、予算なども考慮して、相手とよく話し合いましょう。地域や家によってはしきたりを重んじる場合もあるので、二人だけで決めず、事前に親の了解を得ておくこともたいせつです。

いずれのスタイルでも、婚約を交わすのは結婚式の6～3カ月前が一般的です。

婚約記念品を贈る

婚約指輪に代表される婚約記念品は、婚約のあかしとして相手に贈るもので、婚約のスタイルにかかわらず、7割近くの男性が贈っているようです。

男性から女性に贈る品として圧倒的に多いのは、婚約指輪（エンゲージリング）。プラチナ台にダイヤモンドや誕生石をあしらった指輪が定番です。

女性から男性への贈り物では腕時計が最も多く、スーツやコート、ネクタイピン、カフスボタンなども人気です。

「月収の○カ月分」というのは昔の話で、現在では男性から女性へは30万～40万円程度、女性から男性へは10万～20万円程度が主流のようです。末永く二人の記念になるものを、無理のない金額で選びましょう。

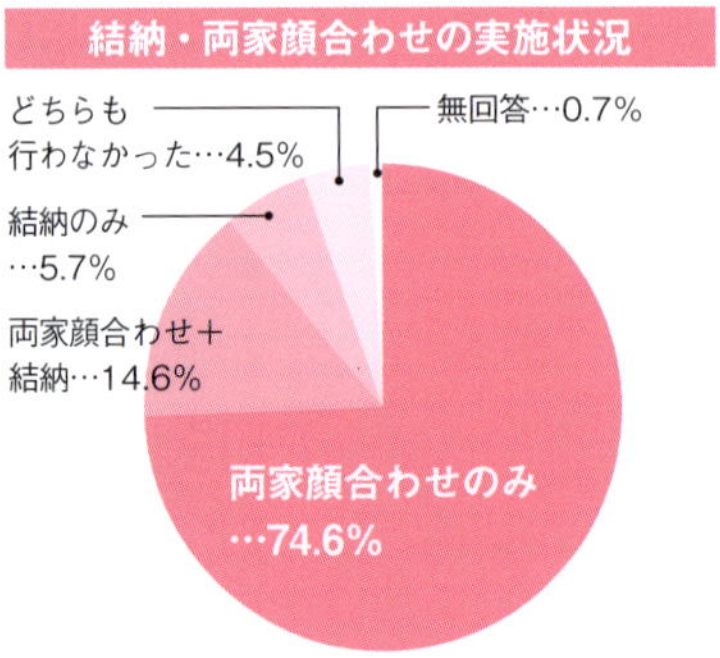

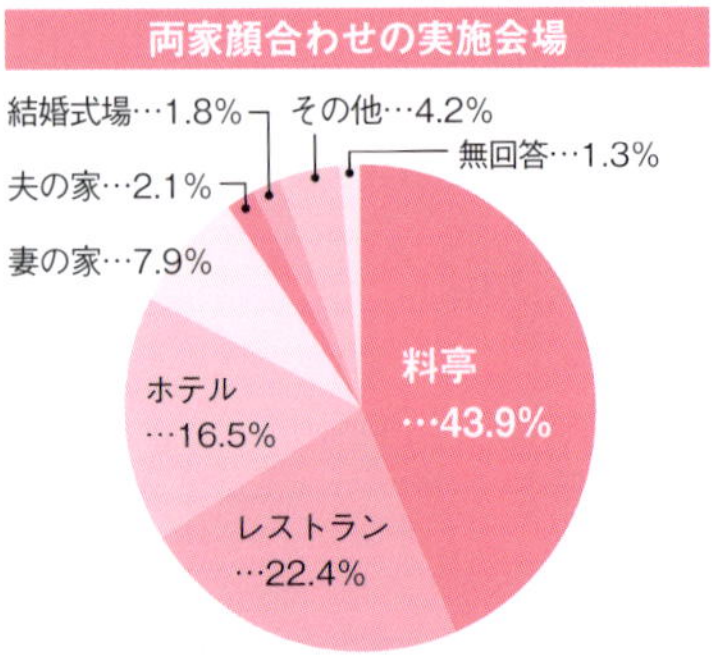

ゼクシィ結婚トレンド調査2015より（全国アンケートに基づく推計値）

婚約のさまざまなスタイル

婚約式

もともとはキリスト教徒が神の前で婚約を誓った儀式。家族やゲストが証人となる。ホテルや結婚式場で人前婚約式を行うケースもある。

両家顔合わせ食事会

結納品や結納金は用意せず、料亭やレストランなどで両家の顔合わせを兼ねた食事会を開く。席上で婚約指輪などの記念品を交換するケースも。

●両家顔合わせ食事会はP36 ～ 37参照

結納

結納品や結納金をとり交わして結婚の約束を固める日本の伝統的なスタイル。最近は両家が一堂に会して行う略式の結納が主流。

●結納はP38 ～ 45参照

婚約通知

はがきやカードで婚約したことを知らせる。婚約したことを広く通知できるので、婚約から結婚式まで時間があくときなどにもおすすめ。

婚約記念品の交換

結納のかわりに、指輪や時計などの婚約記念品を交換する。結納や婚約パーティ、両家顔合わせ食事会で交換するケースも。

婚約披露パーティ

親族や友人を招いてパーティを開き、婚約を披露する。欧米で一般的なスタイルで、レストランなどのほか女性宅で行われることが多い。

婚約の報告例

紅葉の美しい季節となりました
皆様にはますますご健勝のこととお慶び申し上げます
さてこのたび私ども二人は（○○○○氏ご夫妻のお立ち会いのもと）婚約がととのい来春には結婚の運びとなりました
これまで私どもをお見守りいただいた皆様にまずはご報告申し上げます
今後ともよろしくご指導のほど心よりお願い申し上げます
平成○年十月吉日

中田　秀夫
小野ひとみ

婚約の費用いろいろ

結納式の費用（食事を含む）

❶5万～10万円未満	29.7%
❷10万～15万円未満	27.4%
❸30万円以上	10.8%
平均	17.3万円

両家顔合わせの費用（食事を含む）

❶5万～10万円未満	42.0%
❷5万円未満	36.3%
❸10万～15万円未満	12.2%
平均	6.3万円

ゼクシィ結婚トレンド調査2015より（全国アンケートに基づく推計値）

誕生石とその意味

1月	ガーネット	（貞操・誠実）	7月	ルビー	（情熱・自由）
2月	アメシスト	（真心・純真）	8月	サードニクス	（和合・幸福）
3月	アクアマリン	（英知・聡明）	9月	サファイア	（真実・正直）
4月	ダイヤモンド	（永遠・純潔）	10月	オパール	（希望・幸福）
5月	エメラルド	（愛・幸福）	11月	トパーズ	（忠実・友愛）
6月	真珠	（健康・富・長寿）	12月	トルコ石	（成功・不屈）

両家顔合わせ食事会

現在では最も多いスタイル

最近は、格式張った結納を避け、両家の顔合わせを兼ねた食事会を開いて結納のかわりとするケースが増えており、婚約の主流スタイルとなっています。

場所は、双方にとって交通の便がよく、落ち着いて会話のできるところを選びます。格式のあるレストランや料亭、ホテルなどの個室がおすすめです。予約時に店側に婚約の顔合わせである旨を伝えておくとよいでしょう。

両家の親交を深めるために、親だけでなく、きょうだいや同居している祖父母も出席することが多いようです。

食事会では結納品は用意しませんが、指輪などの婚約記念品を交換する場合もありますので、事前に相談しておきます。

なごやかな中にもけじめのある会に

食事会のスタイルは自由ですが、ただ食事を楽しむだけでなく、はじめと終わりにきちんとあいさつをし、お互いの家族を紹介するなど儀式的要素はしっかり行うと、なごやかな中にもけじめのある会になります。

また、両家が顔を合わせる数少ない機会なので、結婚式に向けて、どのようなスタイルを望むかなど、両家の意見をすり合わせておくことも忘れないようにしましょう。

食事会の費用は両家で折半が一般的

当日の費用は両家で折半するのが原則です。ただし、どちらか一方が遠方の場合などは、交通費や宿泊費を考慮し、もう一方が食事費用を負担することもあります。

また最近は、本人たちが両親を招待するという形をとるカップルも多いようです。

いずれにしろ、あらかじめどうするかを決めておき、当日は男性本人がまとめて支払いをするとスマートです。

服装は事前に相談を

食事会での服装は会場の雰囲気に合わせますが、ややあらたまったスーツやワンピースなどが適切でしょう。女性は化粧やアクセサリーは控えめに、清楚な印象を心がけます。男性も清潔感を第一に、シャツや靴の汚れに注意を。同席する人の服装が同格になるように、事前に相談しておきましょう。

食事会の席で両家で確認しておきたいこと

- □ 結納を行うかどうか
- □ 挙式、披露宴の形式や場所
- □ 仲人を立てるかどうか
- □ 新生活について

当日の服装は食事会を行う場所の雰囲気に合わせて。特に着飾る必要はありませんが、相手に失礼にならない清潔感のある服装を。

Q&A

Q 食事会の席次は？

A 特に決まりはありません。上座、下座を気にせず、話が弾むように座るとよいでしょう。長テーブルの場合は、二人が下座で向き合い、父親、母親の順に並ぶのが一般的ですが、二人が中央で向き合って、両親が両隣に座るなどしてもかまいません。円卓の場合は二人が並ぶようにすると、なごやかな雰囲気になります。

席次例

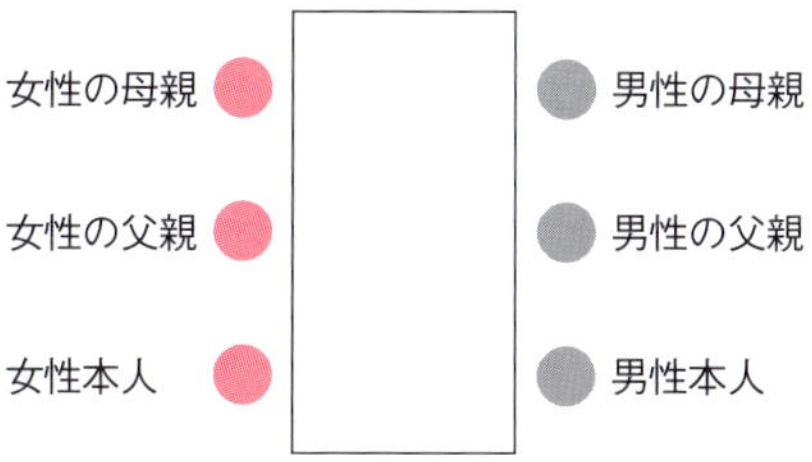

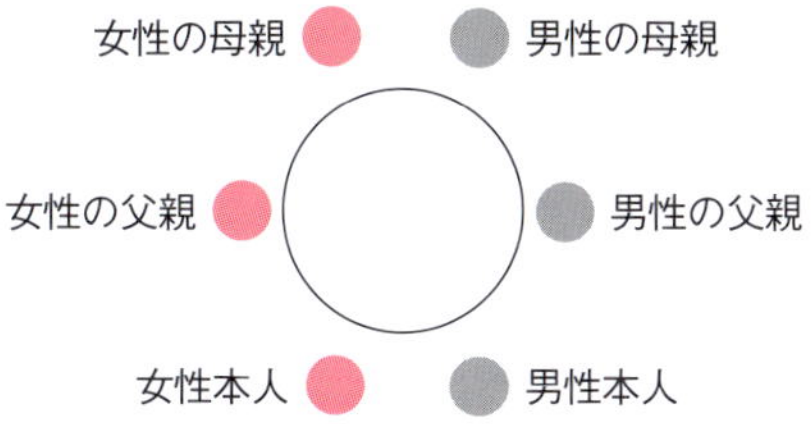

Schedule スケジュール

食事会の進行例

はじめのあいさつ
男性本人または男性の父親があいさつをするのが一般的。
男性本人 「本日は私たちの婚約にあたり、お忙しい中をお集まりいただきありがとうございます。どうぞよろしくお願いいたします」

↓

お互いの家族の紹介
男性本人が自分の家族を紹介し、続いて女性本人が紹介する。
男性 「私から家族を紹介させていただきます。父の○○、隣が母の○○、そして妹の○○です。妹は○○大学の４年生です」

↓

婚約記念品の交換
まず男性が贈り、女性がお返しをする。
男性 婚約の印として、私から○○さんへ、記念品をお贈りさせていただきます」
女性 「ありがとうございます。幾久しくお受けいたします」

↓

会食、歓談
なごやかに歓談し、両家の親睦をはかりながらも、今後の具体的な相談も忘れずに。

↓

結びのあいさつ
本人たちがそれぞれあいさつを。
男性 「本日はありがとうございました。至らぬ点もあるかと思いますが、今後ともどうぞよろしくお願いいたします」
女性 「こちらこそ、末永くよろしくお願いいたします」

二人の幼少のころのエピソードや出身地の名物など、初対面でもなごめる話題を用意しておきましょう。相手の家族に必要以上に立ち入るのはマナー違反。政治や宗教などの話も要注意。避けたほうがいい話題も二人で事前に確認しておくとよいでしょう。

両家食事会の会場選びのポイント

- □ 両家双方にとって交通の便がよい
- □ ある程度格式がある
- □ 個室があるなど落ち着いて会話ができる雰囲気
- □ スタッフのサービスがよい
- □ 食事がおいしい
- □ 予算内である

落ち着いて、心地よく過ごせる場所が一番です。下見を兼ねて、披露宴会場のあるところを利用する人もいます。

結納の準備

結納のさまざまな形式

結納は地域によってしきたりが異なり、大きく分けて関東式と関西式があります。関東では男女双方が結納を交換するので結納を「交わす」、関西は主に男性だけが贈るので「納める」といいます。

どちらの場合も、伝統的には仲人が使者となって両家を行き来していましたが、現代では、両家と仲人が一堂に会して行う略式が主流です。仲人を立てず、両家だけで行うことも増えてきました。

結納の日取りと場所の決め方

結納は結婚式の6～3カ月前に行うのが一般的です。大安吉日の午前中がよいとされますが、両家や仲人の都合で決めることも多くなっています。おめでたいことなので夜は避けますが、遠方の場合や略式結納の場合は、午後早めから始めてもかまいません。

正式な結納は、双方の自宅で行います。略式の場合は、以前は女性宅で行うのが一般的でしたが、男性宅や仲人宅で行うこともあり、最近はホテルや結婚式場、料亭、レストランなどを利用するケースも増えています。ホテルや結婚式場では「結納プラン」が用意されているところも多く、祝い膳の準備の手間もなく、当日の進行もサポートしてもらえて便利です。

結納での装い

正式な結納では正礼装に、略式の場合は準礼装や略礼装にすることが多いようです。両親と仲人も、本人たちと装いの格をそろえます（礼装の格はP63～65参照）。

女性は、結婚したら着られなくなる振り袖も人気。その場合、男性はモーニングや羽織袴《はおりはかま》にするのが正式ですが、実際にはブラックスーツやダークスーツが一般的です。

結納のあとは祝い膳を囲む

正式な結納では、儀式のあとに女性側が祝い膳で仲人夫妻をもてなしますが、最近は全員で料亭などに集まることも増えています。祝い膳を省略する場合は「御酒肴《ごしゅこう》料《りょう》」を仲人に渡します。

かかった費用は両家で折半する

結納金、結納品以外に当日にかかった費用は、仲人へのお礼も含めて両家で折半するのが基本です。仲人に結婚式の媒酌人もお願いする場合は、お礼を挙式後にまとめて渡してもかまいません。

結納の服装

女性　セミアフタヌーンドレスやドレッシーなワンピース、スーツ。和装なら振り袖や訪問着、つけさげなど。

男性　ブラックスーツやダークスーツが一般的。シャツは白。ネクタイはシルバーグレー、またはフォーマル感のあるものに。

仲人へのお礼

金額の目安	結納金の１～２割程度
表書き	「寿」「御礼」。両家連名にする
包み方	紅白結び切りの水引ののし袋
渡し方	お礼のほかに、手土産と「御車代」、祝い膳を省略する場合は「御酒肴料」（１万～３万円）を

仲人の依頼

「仲人」の役割

「仲人」という呼び方が一般的ですが、本来はかかわる段階によって呼び方が変わります。縁談・見合いの間をとりもつのは「世話人」、婚約・結納後は「仲人」、挙式当日は「媒酌人」、その後はまた「仲人」という具合です。また、頼み方も、挙式当日の媒酌人のみをお願いする場合、縁談から挙式までのすべてをお願いする場合とさまざまです。

仲人は結婚式当日だけでなく、新生活においても二人のあらゆる問題の相談役であり、また本人や両家だけでは対処できない問題の調整役でもあります。心から信頼でき、末永くつきあえるかたにお願いするとよいでしょう。親の知人や職場の上司、恩師などにお願いするケースが多いようです。

最近は「仲人なし」も増えている

恋愛結婚が増え、婚約や結婚の儀式も簡略化されてきた現代では、仲人を立てないケースが増え、なんと99％近くに上ります。挙式・披露宴などは新郎新婦自らが主体となって行うというわけです。

仲人の有無は、仲人を立てる意味を考えたうえで、家族の意向、地域の習慣なども考慮して決めましょう。

仲人を依頼する方法

仲人になってもらいたいかたには、まず本人たちから手紙を送るか、または直接会って先方の意向を伺います。結納・挙式などの日程や形式が決まっていればきちんと伝えましょう。

先方から受諾の返事を得たら、本人たちと双方の両親（または母親）がそろって先方に正式な依頼とあいさつに出向きます。

仲人を依頼されたら

仲人を頼まれるということは、当人やその周囲から信頼を寄せられている証明でもありますので、できる限り引き受けるようにしましょう。

依頼を受諾したら、さっそく当日に向けての打ち合わせを始めます。二人のよき理解者として、準備がスムーズに進むよう心をくばりましょう。

仲人の心得

● かかわる段階を確認する
結納を行うのか、披露宴だけなのかなど、自分たちの出番と役割を最初に確認します。

● 二人のことをよく知る
男性にとっては上司でも、女性とは面識もない、というケースもあります。二人に会い、二人の人柄を知る機会を設けましょう。

● 婚約、挙式の相談は聞き役で
婚約や挙式、披露宴の形式などについての話し合いに同席する場合でも、主導権はあくまで本人たちと両家にあることを念頭に置きましょう。あれこれ口をはさまず、意見が分かれたときだけ調整役を買って出るようにします。

便利な言い回し

仲人を依頼する
★これまで公私にわたりご指導をいただいております○○様に……
★ご承諾くださるようでしたら、あらためて両家から正式にご依頼を申し上げたく存じます。

依頼を承諾する
★ほかに適任のかたもおいでとは思いますが、私でよろしければ、喜んでお引き受けいたしましょう。
★初めてですので、なにかと行き届かない点もあるかと存じますが、当方も勉強させていただきます。

依頼を断る
★私どもには荷が重すぎるお話です。光栄には存じますが、今回はご辞退させていただきたく……

結納品と結納金の準備

正式には9品目の縁起物

結納の原点は、酒と肴を持って結婚の申し入れをし、新しく縁を結んだしるしに酒をくみ交わして喜び合うことにあります。現代の結納品は、それが儀式用品となったもので、それぞれに縁起物としての祝いの言葉がつけられています。結納品を披露することで、婚約を公表するという意味もあります。

品数や慣習には地域差があり、関東では、左ページの9品を一つの飾り台にのせたものを正式とします。関西では、目録と熨斗を品数に入れず7品目とするか、かわりに「結美和《ゆびわ》（指輪）」や「高砂《たかさご》人形（長寿を願う意味がある）」などを加え、ひとつひとつの品をそれぞれ飾り台にのせて贈ります。そのほかの地域では、これに加えて飾り物や土産物を贈る習慣などもあります。

結納品は数を減らして簡略化することもあり、その場合は7、5、3品目と奇数で調えます。女性側も結納品を用意する場合は数を合わせる必要があるので、あらかじめ両家で話し合っておきましょう。

「結納金」と「結納返し」

「結納金」は男性側から女性側に贈るもので、女性側から男性側にお礼として贈るのが「結納返し」です。かつては帯や袴を送り合ったことから、結納金を「御帯料《おんおびりょう》」「小袖料」、結納返しを「御袴料《おんはかまりょう》」とも呼びます。

結納金の目安は、一般的に男性の月収の2〜3カ月分といわれますが、地域やその家の考え方によっても異なりますので、無理のない範囲で用意すればよいでしょう。

また、最近は結納返しを省略し、男性側が最初からその分を差し引いた金額を包んだり、結納金のかわりに指輪を贈るなどのケースも増えています。

結納返しは関東では結納の半額程度が一般的で、現金、あるいは時計やスーツのお仕立券などの品物で贈ります。関西では結納返しは行いませんが、1割程度の結納返しを贈る場合もあります。

結納品の飾り方

関東

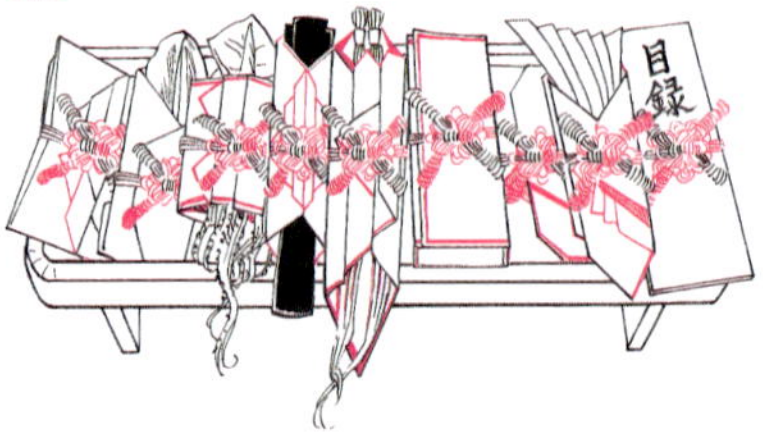

結納品すべてを一つの飾り台（白木の片木盆）にのせる。正式な9品目でない場合も、関東では「祝い言葉」として全9品目を目録に書く。

関西

結納品をそれぞれ別の飾り台（白木の片木盆）にのせる。目録には贈る品物だけを書くのが通例。

略式にしたいとき

7品目では松魚節と家内喜多留を省略、5品目ではさらに寿留女と子生婦を省略。目録、長熨斗、金包だけの3品目の場合もある。

結納品とそのいわれ

目録《もくろく》
結納品の品目や数を記したもの。

長熨斗《なかのし》
もともとは、あわびの肉を干して長く伸ばしたもの。のしあわびは長寿の象徴とされている。

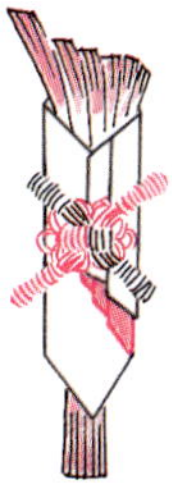

金包《きんぽう》
結納金を包んだもの。関東では男性から「御帯料」、女性からは「御袴料」として同日に交換する。

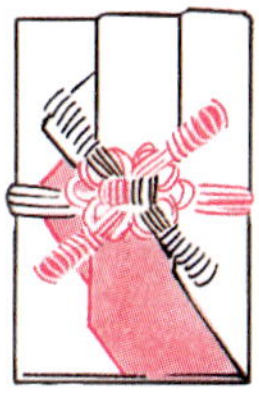

末広《すえひろ》
純白の扇子。純真無垢と末広がりの意味をもつ。

友志良賀《ともしらが》
白い麻糸。ともに白髪になるまで仲むつまじく、という意味。

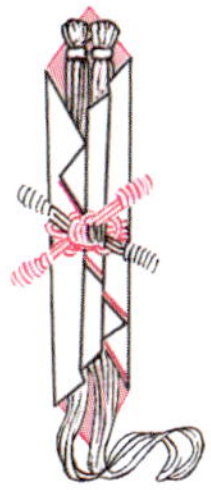

寿留女《するめ》
するめ。長く保存できることから、幾久しい縁を願って贈られる。

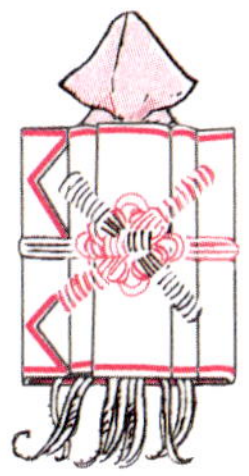

子生婦《こんぶ》
こぶのこと。子宝に恵まれるという意味。「よろこぶ」にもつながる。

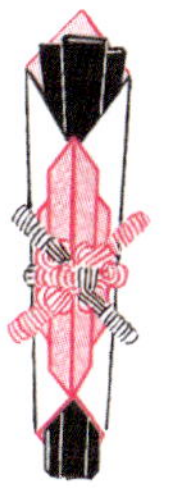

松魚節《かつおぶし》
かつお節。勝男武士とも書く。男性の剛毅を象徴したもの。

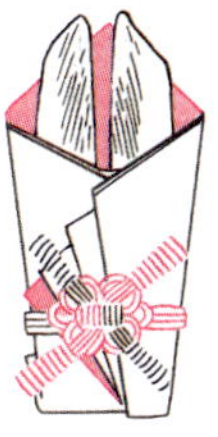

家内喜多留《やなぎだる》
祝い酒のこと。現在では現金を包むことが多いが、実際に酒樽を贈る地方も。柳樽とも書く。

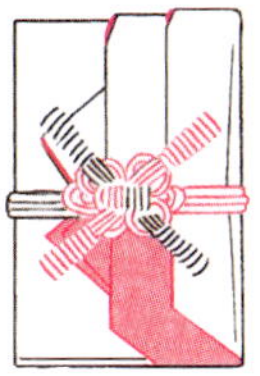

結納品の運び方

結納品は飾り台とともに箱に納め、風呂敷に包んで持参します。風呂敷は「ほどく」ことを避けるため、結ばずに包みます。関西式の場合は、いくつかの包みに分けて持参します。

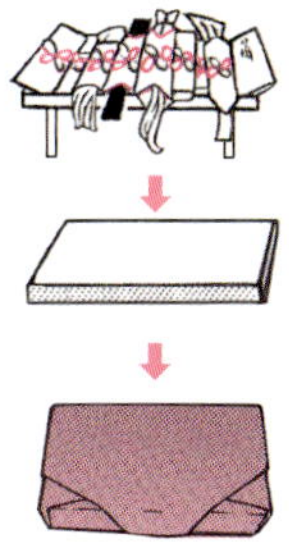

結納金と結納返し

結納金	
❶100万～150万円未満	66.0%
❷50万～100万円未満	25.0%
平均	91.1万円

結納返し（現金の場合）	
❶50万～60万円未満	39.2%
❷10万～20万円未満	30.4%
平均	35.6万円

ゼクシィ結婚トレンド調査2015より（全国アンケートに基づく推計値）

結納品セットの価格

結納品の価格はいろいろですが、カジュアルな１万円程度のものもあります。オーソドックスな結納セットの価格の目安は、関東式9品目で３万～５万円程度。関西式は、一品ずつ台にのせて飾りつけをするので関東式よりやや高めで、一式20万円ほどするものもあります。

目録・受書《うけしょ》の書き方

目録と受書は「納品書」と「受領書」

目録は結納品の品目と数を列記したもの、受書は結納品の受け取り証で、ビジネス文書でいう「納品書」と「受領書」のようなものです。男女が結納品を交わす関東式では双方がそれぞれに目録と受書を用意しますが、男性側が納めるだけの関西式では、男性側は目録、女性側は受書を用意します。

どちらも正式には奉書紙《ほうしょがみ》に自筆で書きますが、結納品セットに付帯する印刷ずみのものを利用するケースも増えています。

受書は結納品とは別の盆にのせて

受書は結納品とは別に白木の片木盆にのせて渡します。関西式では、女性側から渡すのは受書だけになるので、より重々しく扱われることが多く、長熨斗《ながのし》と末広《すえひろ》を添えて一つの盆にのせて渡します。関西式では結納金の1割程度の結納返しをする場合もありますが、地域によって違うので、専門店などで確認するとよいでしょう。

目録の例

❶ 品目と数を列記。

目録

一、長熨斗 壱連
一、御帯料 壱封
一、松魚節 壱台
一、寿留女 壱台
一、子生婦 壱台
一、友志良賀 壱束
一、末広 壱対
一、家内喜多留 壱封
以上

❷ 右之通幾久敷
御受納被下度候

平成○年○月吉日
中田　英臣

小野　俊介様

❷「右のとおり幾久しくご受納ください」の意。
※「御帯料」は男性側が書く場合。女性側が書く場合は「御袴料」とします。

目録、受書とも、水引をかける場合は紅白もしくは金銀の結び切りに。

受書の例

❶「目録にあるとおりの品物と数を確かに受納しました」の意。

御受書

（目録と同様に品目と数を列記する）
以上

❶ 右之通幾久敷
芽出度受納仕候

平成○年○月吉日
小野　俊介

中田　英臣様

関西式の場合は長熨斗と末広を添えて渡すことが多い。

家族書・親族書の書き方

同一戸籍は「家族書」、そのほかは「親族書」

家族書には同じ戸籍内の家族を書き、親族書にはそのほかの親族を三親等まで記すのが一般的です。同居の祖父母は家族書に含めます。三親等までにあたるのは、祖父母、両親、きょうだいとその配偶者、甥《おい》、姪《めい》、おじ、おばとその配偶者です。親類が少ない場合は「家族親族書」として一つにまとめてもいいでしょう。

家族書と親族書は、本来は家族や親族の結婚への同意を示すものでしたが、現在では親族の紹介という意味合いが強くなっています。双方の記載内容をそろえるために、勤務先や学歴などをどこまで記入するかを事前に打ち合わせておくとよいでしょう。正式には奉書紙に毛筆で書きますが、白便箋にペン書きし、白封筒に入れてもかまいません。

Q&A

Q いただいた結納品はどうする?

A 床の間に飾った結納品は、挙式が近い場合はそのまま挙式当日まで飾ります。挙式までかなり間があくような場合は、2～3週間ほど飾ってから一度しまい、結婚式の1カ月くらい前になってからもう一度飾るようにするとよいでしょう。結婚式のお祝いに訪れるお客様に見てもらうために、結婚式の招待状を発送すると同時に、再度飾るという方法もあります。

挙式のあとは、結納品を飾る必要はありません。結納品の中で、こぶ、かつお節などの食品は、料理の材料として利用します。ほかの結納品は、記念にとっておくこともできますし、処分してもよいでしょう。神社に持っていって、処分を依頼することも可能です。

家族書の例

家族書

父❶ 小野 俊介 昭和○年生まれ(○才)❷
○○大学卒業
小野商店自営
母 智子 昭和○年生まれ(○才)
○○高校卒業
兄 公介 平成○○年生まれ(○才)
○○大学卒業
○○株式会社勤務
本人 ひとみ

❶ 本人から見た続柄。
❷ 見合いなどで家族書をすでにとり交わしている場合は、名前だけでよい。
※同一戸籍内の家族を記す。独立しているきょうだいや、同居している祖父母も含める。

親族書の例

親族書

祖父(母の父) ❶東京都武蔵野市吉祥寺…
中山 正人 昭和○年生まれ(○才)
妹 大阪市北区…
小林 さやか 平成○年生まれ(○才)
妹の夫 小林 聡 平成○年生まれ(○才)
○○銀行勤務
伯父(母の兄)❷ 東京都武蔵野市吉祥寺…
中山 慎一 昭和○年生まれ(○才)
○○株式会社勤務
伯母(伯父の妻) 中山 早苗 昭和○年生まれ(○才)
叔母(父の妹) 名古屋市名東区…
小野 恭子 昭和○年生まれ(○才)
小野会計事務所自営
以上

❶ 住所を先に書く。
❷ 父母の兄姉は「伯父(母)」、父母の弟妹は「叔父(母)」。
※別居している祖父母、既婚のきょうだいと配偶者、甥・姪、おじ・おばとその配偶者の順に三親等までを記す。

結納の交わし方

集合型（略式）の結納の進め方（関東式）

1 入室・結納品の準備

はじめに男性側が入室し、結納品を床の間に置いて着席。次いで女性側が入室し、同様に結納品を置く。両家が着席したら、仲人夫妻が入室する。

2 あいさつ

全員が着席したら、男性の父親があいさつし、仲人が口上を述べ、一同深く礼をする。

3 男性側の結納品を渡す

男性の母親が結納品を仲人の前に置き、一礼して席に戻る。

4 女性側が目録に目を通す

女性側は一礼し、女性本人、父親、母親の順に目録に目を通し、女性本人に戻す。本人は目録を台に戻す。

5 結納品を飾り、女性側の受書と結納品を渡す

女性の母親が受け取った結納品を床の間に

2

男性父「本日はお忙しいところお運びいただき、ありがとうございます。三浦様ご夫妻（仲人）にはお世話をおかけいたしますが、どうぞよろしくお願い申し上げます」

仲人「本日はお日柄もよく、まことにおめでとうございます。略式ながらこの席にてお結納をお取り次ぎさせていただきます。ではさっそく、お結納の品を預からせていただきます」

3

男性父「こちらは中田より小野様への結納の品でございます。先様へ幾久しくお願いいたします」

仲人「かしこまりました。お世話させていただきます」

仲人夫人が結納品を女性本人の前に運び、一礼して席に戻る。

仲人「こちらは中田様より小野様へのお結納の品でございます。幾久しくお納めください」

4

女性父（または本人）「ありがとうございます。幾久しくお受けいたします」

席次

床の間	
仲人夫人 ○	○ 仲人
女性本人	男性本人
女性の父親	男性の父親
女性の母親	男性の母親

※仲人の席を下座側に用意することもある。

結納品の置き場所

床の間	
結納品	結納品
受書	受書
女性側	男性側

仲人を立てない場合

仲人をいっさい立てない場合や、結婚式の当日だけ媒酌人を依頼する場合などは、結納は両家のみで行います。最も簡略化された結納の形ですが、現在ではこうしたケースも増えています。流れは「集合型」とほぼ同じで、仲人の役割である進行や口上は、男性の父親が行うのが一般的。ホテルや結婚式場などでは、スタッフが進行役を引き受けてくれることもあります。

飾る。女性側で準備した結納品をいったん床の間から下ろし、あいた場所に、贈られた結納品を置く。そして、受書、女性側の結納品の順に仲人の前に運ぶ。

6 女性側の受書を渡す

仲人夫人が、女性側の受書を男性本人の前に運び、一礼して席に戻る。

7 女性側の結納品を渡す

続いて仲人夫人が女性側の結納品を男性本人の前に運び、一礼して席に戻る。

8 男性側が目録に目を通す

男性側は一礼し、男性本人、父親、母親の順に目録に目を通し、男性本人に戻す。本人は目録を台に戻す。

9 結納品を飾り、男性側の受書を渡す

男性の母親が結納品を床の間に飾り、受書を仲人の前に運ぶ。一礼して席に戻る。

10 結びのあいさつ

仲人、男性の父親、本人たちの順にお礼を述べる。仲人夫妻、男性側、女性側の順に退室。

5
女性父「こちらは、小野からの受書と中田様への結納の品でございます。先様へよろしくお願い申し上げます」
仲人「かしこまりました。確かにお預かりいたします」

6
仲人「こちらは小野様よりの受書でございます。どうぞお納めください」
男性父「ありがとうございます。お受けいたします」

7
仲人「こちらは、小野様よりのお結納の品でございます。幾久しくお納めください」

8
男性父（または本人）「ありがとうございます。幾久しくお受けいたします」

9
男性父「こちらは、中田からの受書でございます。先様へよろしくお願いいたします」
仲人「かしこまりました。確かにお預かりいたします」
仲人夫人が受書を女性本人の前に運び、一礼して席に戻る。
仲人「こちらは中田様よりの受書でございます。どうぞお納めください」
女性父（または本人）「ありがとうございます。お受けいたします」

10
仲人「これにて、中田様と小野様のお結納の儀はめでたくととのいました。皆様、まことにおめでとうございます」
男性父「本日はたいへんお世話になり、ありがとうございました。今後とも若い二人ならびに両家をよろしくお願いいたします」
男性本人「お世話になりました。心より御礼申し上げます」
女性本人「本日はありがとうございました」

婚約を解消するとき

★婚約期間中にトラブルが生じたら、仲人や信頼できる人に相談し、納得がいくまで話し合います。そのうえで婚約解消という結論に達したら、すみやかにあと始末を。

★結納金、結納品、婚約指輪、見合いの書類、交際中に交わしたプレゼントなどはすべて返却し、結婚式場や新婚旅行はキャンセルします。解約料は折半に。ただし、どちらかに婚約解消の原因がある場合には、原因となった側がすべての費用を負担します。

★婚約通知や披露宴の招待状を発送している場合は、解消通知を出します。すでにお祝いをいただいている場合には、同額の商品券などをお返しします。相手へのあいさつは「お返しします」ではなく、「失礼ですが、お納め下さい」とするのがよいでしょう。

婚約解消通知の文例

> このたび、余儀ない事情のため婚約を解消することになりました。皆様のご期待に反し、まことに申し訳なく存じますが、あしからずご了承ください。
> 平成○年○月
> （本人または親との連名）

挙式までのタイムテーブル

早めの準備で理想の結婚式に

現在、新郎新婦が結婚準備にあてる期間は1年～半年程度が平均的なようです。こだわらなければ3カ月程度でも結婚式の準備はできますが、自分たちや両家の希望を叶え、ゲストにも満足してもらうためには、余裕のあるスケジュールを立てることがたいせつ。人気の会場や衣装などは、半年前でも予約が埋まってしまうことがあるので、結婚を決めたら早めに準備にとりかかりましょう。

結婚式の準備と並行して、新婚旅行の手配や新生活の準備も行います。左記のようなスケジュール表を作って計画的に進めましょう。専用のノートやファイルを作り、必要な情報や予算などをすべて書き込むようにするとよいでしょう。

日取りや場所はゲストを優先して

結婚式は二人だけのものではありません。これまで、そしてこれからも二人を応援してくれるゲストに祝ってもらうことがなによりたいせつです。そのためには、日取りや会場選び、演出など、すべてにおいてゲストのことを考えるようにしましょう。

日取りは、本人たち、両親（親族）、媒酌人の都合がつき、さらにゲストの負担がなるべく軽い日を選びます。年配者にとって真夏や真冬の外出はつらいもの。また、遠方からのゲストが多ければ日帰りできる時間帯にしたり、関係者の仕事のゆとりがある時期を選ぶなどの配慮も必要です。連休の中日も避けたほうがよいでしょう。

場所も、ゲストにとって来やすいかどうかに配慮しましょう。親戚などで年配者が多い場合は、階段の多い会場なども避けたほうがよいでしょう。

若い二人だけでは見過ごす点もあるので、親の意見も聞くようにしましょう。

六輝（六曜）について

六輝（六曜）は、そもそも古代中国の陰陽五行説に基づき、時間の吉凶を定めたもの。それがいつしか日の吉凶に転じたものなので、あまりこだわりすぎる必要はありません。とはいえ、ゲストの中には気にする人もいます。まわりの人の意見も聞きながら、日取りの候補を「大安」のみから「友引」「先勝」などと広げていくのもよいでしょう。

先勝《せんしょう》
午前は吉、午後は凶。先んずれば勝つ。

友引《ともびき》
午前と午後は吉、正午凶。葬儀は避ける。

先負《せんぷ》
午前は凶、午後は吉。先んずれば負け。

仏滅《ぶつめつ》
一日じゅう凶。葬儀や法事には適する。

大安《たいあん》
一日じゅう吉。万事に吉。祝い事に最適。

赤口《しゃっこう》
正午のみ吉。午前と午後は凶。

時期	挙式・披露宴の準備	新婚旅行の準備	新生活の準備
10～6カ月前	□ 挙式・披露宴のスタイルを決める □ 媒酌人の依頼 □ 日取りの決定 □ 会場の下見と決定 □ 衣装の下見 □ 招待客のリストアップ	□ 行き先と時期の検討 □ 旅行先の情報収集	□ 新居のエリア決定 □ 新居探し □ 健康診断を受ける
3カ月前	□ 招待状の作成 □ 招待客に出欠を打診する □ 司会の依頼 □ 撮影係などの手配 □ 衣装の決定 □ 結婚指輪の準備	□ 新婚旅行の予約 □ パスポートやビザの申請	□ 新居の決定 □ 必要な家具や生活用品のリストアップ □ 職場への報告
2カ月前	□ 招待状の発送 □ 媒酌人宅に招待状を持参、正式に依頼する □ 引き出物の決定 □ 受付、スピーチ、余興の依頼 □ 二次会の幹事依頼 □ 遠方の出席者の交通・宿泊手配 □ ブーケ、ブートニアの手配	□ 新婚旅行先での過ごし方の検討 □ 会社に休暇届を出す	□ 家具や生活用品の購入 □ 必要な届け出のリストアップ
1カ月前	□ 招待状の返信の整理、未到着分を電話などで確認 □ 結婚通知状の準備 □ 二次会の記念品手配 □ 司会者、二次会幹事などとの打ち合わせ □ 衣装に合わせてヘアメイク、着付けなどの打ち合わせ □ 二次会の衣装の決定	□ 持ち物のリストアップ、服装の準備 □ 旅行料金の支払い	□ 婚姻届、戸籍抄本、転出届などの準備 □ 引っ越し準備 □ 公共料金の移転手続き
2週間前	□ 席次の正式決定 □ 当日の車の手配 □ 内金の支払い □ 必要なら親戚、知人へのあいさつ回り	□ お土産リスト、礼状リストの作成 □ 荷造り	□ 新居に荷物の運び込み □ 新居の近所にあいさつ回り □ 新居の荷物整理
1週間前	□ 媒酌人、式場係員、司会との最終打ち合わせ □ 引き出物の数の最終決定 □ 衣装のリハーサル □ 当日の荷物の準備 □ 謝礼の準備 □ 謝辞の準備	□ スケジュールの確認	
前日	□ 媒酌人、司会者などに電話であいさつ □ 当日の持ち物チェック □ 両親にあいさつ	□ 荷物の最終確認	

結婚にかかわる費用

価値観と経済力に見合った予算を

結婚にかかわる費用としては、

①婚約、挙式、披露宴の費用
②新居、新生活の準備費用
③新婚旅行の費用
④媒酌人などへのお礼
⑤お祝いのお返し

などがあります。入籍をするだけならお金はほとんどかかりませんが、これらをすべて行うと400万〜500万円程度の費用がかかることになります。

結婚にかかわる費用はなるべく二人でまかなうべきです。二人の預金に、予想されるご祝儀をプラスした金額が結婚資金ということになります。親の援助があればそれを加えてもかまいませんが、自分たちの経済力に見合った方法を考えるのも大事なことなので、はじめから親の援助を期待するのはやめましょう。

使えるお金を把握したら、何にどれくらい使うか、予算の配分を考えます。親族や知人とのつきあいを大事にしたいから披露宴だけは盛大にやるとか、新生活の基盤づくりにお金をかけたいなど、何を重視するかを二人でよく話し合いましょう。結婚前のそうした話し合いを通じて、お互いの価値観や人生観を確認し合うのもたいせつなことです。

結婚費用は折半するのが原則

結婚費用は双方で折半するのが原則です。実際には、結婚記念品や衣装などをそれぞれが負担する形になるので、もちろん厳密に同じ金額にはなりません。新居にかかる費用は男性が、家具や家電を購入する費用は女性が、というように、分担を決めることも多いようです。途中でうやむやにならないように、二人でルールを決め、どちらか一方に負担がかからないようにしましょう。

なお、披露宴の招待客の数に双方で差があるときは、それぞれが人数の相当額を負担するようにします。

はじめは予算の上限を少なめに見積もる

結婚費用はこまごまとしたものにもお金がかかるため、準備が進むにつれて予定よりも費用がかさむことがよくあります。予算オーバーにならないよう、はじめは予算の上限を1〜2割くらい低めに設定しておきましょう。

金額を大きく左右するのは披露宴の会場選びで、全国平均で300万円を超えます。予算に見合った会場を選びましょう。また、特別な演出をお願いしたり、ドレスを持ち込んだりすると、費用はどんどん増えていきます。「料理だけは」「ドレスだけは」というように、どうしてもこだわりたいポイントを絞っておきましょう。

結婚の総費用はどれくらい？

平均総額 460.7万円

項目別平均金額

両家顔合わせの費用 6.3万円
婚約指輪 34.0万円
結婚指輪（２人分） 23.8万円
挙式、披露宴・披露パーティ 352.7万円
新婚旅行 60.6万円
新婚旅行土産 11.7万円

ゼクシィ結婚トレンド調査2015より
（全国アンケートに基づく推計値）

結婚資金の出し方

下記1～4の合計を足して、使えるお金を把握します。その中で、挙式・披露宴、新婚旅行、結婚指輪など何にどれくらい使うか、配分を考えます。新生活のために預金を残しておくことも忘れずに。

① 二人の預金額

合計 万円

男性 → 預金額 万円　結婚に使える金額 万円

女性 → 預金額 万円　結婚に使える金額 万円

② これから貯める金額

合計 万円

男性 → 月 万円 × カ月 ＝ 万円

女性 → 月 万円 × カ月 ＝ 万円

③ ご祝儀の予想金額

合計 万円

親族平均 6万円 × 人 ＝ 万円

上司平均 4万円 × 人 ＝ 万円

友人・同僚平均 3万円 × 人 ＝ 万円

※ご祝儀は結婚式当日まで手に入らないため、事前の支払いには回せないので注意を。また、平均金額はあくまで一例です。

④ 親の援助（頼む場合）

合計 万円

男性 → 万円

女性 → 万円

①＋②＋③＋④ 万円 － 新婚旅行、新生活準備など結婚式以外にあてるお金 ＝ 結婚資金 万円

結婚にかかわる費用に対しての親からの援助

親からの援助を受けた…74.8%

親からの援助は受けなかった…25.2%

援助を受けた人の平均金額　183.9万円

ゼクシィ結婚トレンド調査2015より（全国アンケートに基づく推計値）

披露宴・披露パーティのご祝儀額

平均総額 227.1万円

1人あたりのご祝儀平均額

友人	3.0万円
上司	3.8万円
親族	6.2万円
恩師	3.6万円

ゼクシィ結婚トレンド調査2015より（全国アンケートに基づく推計値）

挙式スタイルの決定

それぞれの意味や特徴を知って選ぶ

ドレス姿でキリスト教式にするのか、白無垢で神前式にするのか、あるいは宗教とは関係なく人前式にするのか……挙式にはさまざまなスタイルがあります。信仰する宗教があればその形式で、ない場合も、それぞれの意味や特徴を踏まえ、二人の誓いの場として最もふさわしい形を選びましょう。現在、日本では、キリスト教式、人前式、神前式の順に選ぶ人が多くなっています。

ホテルや結婚式場内の施設を利用する場合は問題ありませんが、教会や寺社での挙式を希望する場合、なかには信者以外の挙式を認めない施設もあります。挙式を認められた場合でも、宗教上のマナーに配慮し、謙虚な気持ちで臨みましょう。

両家の納得するスタイルを選ぶ

挙式スタイルは宗教にかかわる問題なので、慎重に決める必要があります。親と意見が合わない場合も二人だけで強引に決めず、よく話し合いましょう。

特に両家の宗教が違う場合は、あとにしこりを残さないように十分な時間をかけて話し合い、歩み寄ることがたいせつです。最近増えている人前式は宗教にかかわらないスタイルなので、これを選ぶのもひとつの方法です。

最近の挙式スタイル

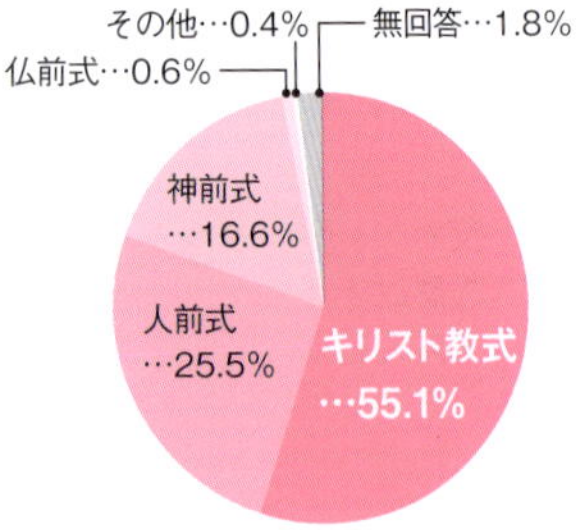

ゼクシィ結婚トレンド調査2015より
（全国アンケートに基づく推計値）

ブライダルフェアを活用する

結婚式場やホテルなどではブライダルフェアを行っているところが多くあります。披露宴用に飾られた会場を見ることができ、ドレスの試着や、披露宴のメニューの試食ができることもあります。模擬挙式などを見れば、本番のイメージがわくでしょう。希望の会場で行われていたら、ぜひ出かけてみましょう。

協力／ホテル椿山荘東京

海外挙式のポイント

結婚プロデュース会社や旅行代理店に依頼する

★海外挙式の情報はブライダル雑誌やインターネットなどで得ることができますが、手配が煩雑なうえ、同行者への配慮も必要なので、海外挙式を専門に扱う結婚プロデュース会社や旅行代理店に任せるのが安心です。

★同行者は両親や祖父母、兄弟姉妹、親しい友人などが一般的ですが、それぞれの渡航・宿泊は新郎新婦が手配するのが基本。着付けや美容室など、ゲストが必要とする情報も事前に得て伝えるようにしましょう。

★ゲストにはなるべく早く日程を伝え、スケジュールの調整をお願いしましょう。招待状を送る前に電話などで打診しておくとよいでしょう。

ゲストの交通・宿泊費も負担する

★あくまで自分たちのために招待するので、交通費やホテル代も新郎新婦が出すのが基本です。もしも交通費や宿泊代をゲストに払ってもらいたい場合は、あらかじめ「交通費や宿泊費を負担できず申し訳ありませんが、よろしければ旅行がてら列席していただけませんか」と旅費を負担してもらう旨を伝えたうえで、都合を尋ねます。その場合は、ご祝儀は遠慮するのがよいでしょう。両親や主賓は新郎新婦が負担して、友人などには各自に負担してもらう、など関係によって変えることもあります。

主な挙式スタイル

キリスト教式 (P74参照)

形式　神と会衆の前で永遠の愛を誓い、祝福を受ける。愛のあかしとして指輪の交換を行う。
場所　教会や、ホテル・結婚式場内のチャペル。
特徴・注意点　本来は信者のためのもので、カトリック教会では信者以外の挙式はほぼ不可能。プロテスタント教会の場合は結婚講座に出席するなどで可能になる場合も。ホテルや式場のチャペルでは特に制約のないところが多い。親族のほか友人にも見守ってもらえる。

神前式 (P75参照)

形式　神の前で三三九度の杯を交わし、誓詞《せいし》を読み上げ、結婚を誓う。玉串《たまぐし》をささげ、結婚を感謝する。
場所　神社や、ホテル・結婚式場内の神殿。
特徴・注意点　日本の伝統的で荘厳な雰囲気が味わえる。最近は友人などが列席できる広い会場もあるが、原則的には親族のみが列席する。多くの神社で行うことができ、ホテルや式場でも神殿を備えているところが多い。

海外挙式 (P50参照)

形式　キリスト教式が主だが、その土地の宗教に合わせて挙げられる場合も。
場所　最も人気のあるハワイなどのリゾート地のほか、ヨーロッパ、アジア、アフリカなど、海外挙式ができる場所は広がりつつある。
特徴・注意点　ハネムーンを兼ねられる、個性的な式が挙げられる、わずらわしいしきたりや義理から解放されるなどがメリット。手配は煩雑なので専門業者に任せると間違いがない。費用の問題から、同行者は両親と兄弟姉妹、特に親しい友人などに限られる。

人前式 (P77参照)

形式　親族や親しい友人を証人に結婚を宣言する。ゲストの前で誓いの言葉を述べ、結婚証明書に新郎新婦、立会人代表が署名するのが一般的。
場所　レストランやテーマパークなど、どこでも可能。
特徴・注意点　決まった形式はなく、自由に演出できる。儀式としての厳かさが失われないような注意が必要。また、伝統や格式を重んじる親族がいる場合などには事前によく説明しておくとよい。

仏前式 (P76参照)

形式　前世からの縁に感謝し、来世まで連れ添うことを誓い、仏様と先祖に報告する。数珠を授かり、焼香し、誓《せい》杯《はい》を交わす。
場所　菩提寺や、披露宴会場を備えた大きな寺院、仏前式の設備があるホテルや式場で。自宅の仏壇の前で行うことも。
特徴・注意点　両家の宗派を確認し、縁のある寺院で行う。原則として列席できるのは親族のみ。仏前式が挙げられるホテルや式場は少なく、会場探しが難しい。

披露宴のスタイルと式場選び

披露宴は着席式・ご祝儀制が一般的

披露宴は、ゲストからご祝儀をいただくご祝儀制が一般的です（北海道や東北地方の一部では、ご祝儀のかわりに会費をいただく会費制が主流）。ご祝儀をいただく以上、相応のおもてなしが必要となるため、場所や料理はある程度、格式のあるものを選ぶことになります。そうした意味もあってか、食事は、9割以上の披露宴で、着席でコース料理をいただく正餐スタイルが選ばれています。

どのような披露宴を行うかは、二人の希望だけでなく、それ以上にゲストのことを考えて決めます。そもそも披露宴は、二人が親しいかたたちに結婚を報告し、今後の支援をお願いする会だからです。ゲストの顔を思い浮かべて、全員が楽しめる内容を考えましょう。

会場選びは下見をしたうえで

挙式、披露宴のイメージが固まったら、会場選びにかかります。どのような雰囲気を望むかを二人ですり合わせ、予算や日取り、媒酌人やゲストの都合などを考えながら決めていきましょう。

現在、8割以上の人が挙式と披露宴を同じ施設内で行っています。会場を選ぶ際は必ず下見をします。気に入った場所があってもすぐに決定せず、何カ所かは見ておくとよいでしょう。下見の際は、あらかじめ予約をとるとスムーズな対応をしてもらえます。ブライダルフェアでは当日の雰囲気がよくわかるので、やっている会場ではぜひ利用を。下見に行く前にチェックポイントをリストアップしておき、メモをとるようにしましょう。

会場の候補を2～3カ所に絞り込んだら、見積もりを確認してから予約をします。

ウエディングの専門家に相談する

個性的なウエディングにしたいとき、あるいは逆に具体的なイメージがわかないときは、ウエディングプランナーやウエディングのプロデュース会社などに相談するのも一案です。二人の希望に合わせて会場や衣装、演出を含めたプランを提案し、会場の予約をはじめ、司会者、会場の装花など、必要な手配を代行してくれます。何社かに相談し、見積もりをとったうえで、信頼のおける会社に依頼を。

会場の下見チェックポイント

- □ **予算に合うか**
- □ **交通**
  最寄り駅からのアクセス、駐車場、送迎
- □ **挙式会場**
  収容人数（家族以外が立ち会えるか）、
  可能な演出（聖歌隊、オルガン演奏など）、
  衣装の制約（宗教上の理由や通路の広さ）
- □ **披露宴会場**
  収容人数、座席のレイアウト、
  ゲスト席から高砂を見た印象
- □ **その他の施設**
  控室、待合室、トイレの数、
  更衣室、美容室
- □ **料理**
  コースとドリンクの内容、
  特別メニュー対応、器などのセンス
- □ **衣装、引き出物**
  品ぞろえ、持ち込み料
- □ **その他**
  スタッフの対応、当日の時間制限、
  提携の結婚プロデュース会社など

会場の種類と特徴

披露宴を行う会場もさまざま。まずは大まかな特徴を知り、
どんなタイプの会場を探すかを決めましょう。

場所	メリット	デメリット
結婚式場	結婚式専門の会場だけあり、準備から当日の進行まで一貫して任せることができて安心。演出に必要な設備も完備されている。広々とした庭などを設けている会場もあり、豪華な雰囲気が味わえる。	吉日は式が重なり、慌ただしい雰囲気になることも。演出がパターン化される懸念もあり、個性を出したい場合は細かい打ち合わせが必要。
ホテル	設備が整っており、豪華な雰囲気と行き届いたサービスが見込める。チャペルや神殿を備え、さまざまなスタイルの挙式・披露宴に対応できる。美容室や控室があり、宿泊もできるため、利便性も高い。	一般的に料金は高め。衣装や引き出物などをほかで選ぶと、持ち込み料がかかることがあり、こだわりがある場合は要注意。
ゲストハウス	一軒家を貸し切るので、自宅に招くようなプライベートな雰囲気でぜいたくにくつろぐことができる。料理や装花などを自由にプロデュースでき、庭やバルコニーなどを存分に使った個性的な演出も楽しめる。	交通の便の悪いところが多い。チャペルが併設されているところもあるが、ない場合は人前式にするか、挙式会場を別に探すことになる。
レストラン	とことんこだわった、おいしい料理でゲストをもてなすことができる。レストランの選び方しだいで、フォーマルからカジュアルまで、希望の雰囲気を演出できる。貸し切りで行えるため、アットホームな印象に。	挙式会場はない場合が多く、人前式にするか、ほかの会場を探すことに。座席のレイアウトなどに制限がある。引き出物や美容室も外注になる。
その他	豪華客船での船上ウエディングをはじめ、美術館や水族館などのユニークな場所での結婚式にも注目が集まっている。個性的な演出効果は抜群で、ゲストにも強い印象が残る。	専門の会場ではないため、細かなことにも手配が必要となり、ゲストへのきめ細かいサービスが難しい。特に高齢者などが疲れないよう、落ち着ける場所を用意しておきたい。

披露宴・披露パーティの会場

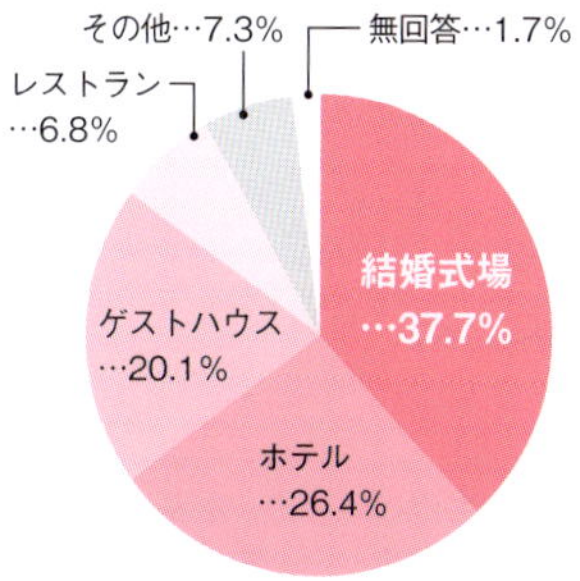

ゼクシィ結婚トレンド調査2015より
（全国アンケートに基づく推計値）

媒酌人の依頼

媒酌人を立てるかどうかを検討する

「媒酌人」は、仲人の結婚式当日の呼び名です。挙式に立ち会い、披露宴でゲストに二人の結婚を報告する役割があります。最近は媒酌人を立てないケースも増えていますが、媒酌人は結婚後も相談相手になってくれる重要な存在です。両家でよく話し合い、媒酌人を立てるかどうかを決めましょう。

お願いする場合は、新郎あるいは新婦をよく知り、信頼できる人に。新郎の上司や恩師、親戚などに依頼することが多いですが、新婦の知り合いでもかまいません。

日取りと式場を確定する前に依頼を

媒酌人は、見合いや結納なども含めて頼む場合と、挙式・披露宴当日だけ頼む場合があります。結納から続けて頼む場合は、最初にその旨をお願いしておきます。

挙式・披露宴当日のみ頼むときは、結婚が決まったらできるだけ早く、日取りを確定する前に依頼するのがマナーです。式の日取りが絞り込まれている場合でも、「○月○日ごろにと考えておりますが、いかがでしょうか」と、相手を優先させる意思を見せます。

依頼する際は、あらかじめ電話や手紙、口頭などでその旨を伝えておき、内諾を得たら、二人で手土産を持ってあいさつに行きます。二人のプロフィールや趣味、なれそめなどを書いた身上書も持参するとよいでしょう。その後、招待状ができたら持参し、細かい打ち合わせをします。

媒酌人を依頼されたら

媒酌人の最も重要な役割は媒酌人あいさつ。ゲストに挙式が滞りなく行われたことを報告し、新郎新婦を紹介して二人への支援をお願いします。そのほか、挙式後の親族紹介の進行役をしたり、主催者代表として来賓に接したり、媒酌人夫人には新婦の介添人としての役割もあります。緊張している新郎新婦を気遣い、サポートする気持ちをもって臨みましょう。

媒酌人の役割

婚約時代

婚約
- 媒酌人の依頼の受諾
- 本人たちとの顔合わせ
- 挙式の日取りや場所の相談

挙式・披露宴の打ち合わせ
- 日時、場所、形式の確認
- 式や披露宴に関する相談
- 服装の打ち合わせ（新規購入や貸衣装の手配）

挙式１カ月前
- 披露宴での新郎新婦紹介に必要な資料をもらう
- 本人たちとの詳細な打ち合わせ
- 招待状を受け取る
- あいさつの内容について希望を聞く
- 媒酌人からの結婚祝いを届ける（吉日の午前中に媒酌人夫人が男性宅に持参するのが一般的）
- 当日の服装の決定
- 着付け、美容室の予約
- あいさつの原稿用意

当日

挙式
- 最終打ち合わせ・リハーサル
- 式に立ち会い、結婚の証人となる
- 親族紹介の進行
- 記念撮影の立ち会い、介添え

披露宴
- ゲストの出迎え
- 新郎新婦とともに入場
- 媒酌人あいさつ
- 媒酌人夫人は新婦の介添え
- ゲストを見送る

新生活

新生活が始まって
- お中元、お歳暮が贈られる（媒酌人からは原則として不要）
- 妊娠、出産のときはお祝いをする
- 結婚後３年をめどにお中元・お歳暮などを辞退する

column

おめでた婚の場合

新婦の体調を優先し、無理は禁物

おめでた婚（授かり婚）をするカップルは若い世代を中心に急増しており、全体でも4組に1組がおめでた婚であるといわれています。おめでた婚の場合の結婚式の形はそれぞれです。挙式・披露宴はせずに入籍だけするカップルもいれば、身内などごく少人数で挙式をしたり、記念に婚礼衣装を着て写真撮影だけを行う場合もあります。もちろん、妊娠中でも通常の挙式・披露宴を行うカップルもいますし、出産を終えてから、子連れで結婚式を開くケースもあります。

おめでた婚の場合、出産までの短期間に新生活の準備もしなくてはいけないので、結婚式まで行うのはたいへんであることは事実。新婦の体調を第一に考え、どのような形を選ぶのがよいか、二人でよく話し合いましょう。

負担の少ない時期に専用プランなどで

おめでた婚の結婚式スケジュールは出産との兼ね合いで決めます。出産前に行う場合は、安定期に入り、つわりもおさまる5カ月目から準備を始め、早産の危険がまだ少ない8カ月目までに式を挙げるのがベターです。準備期間は短いですが、マタニティ用のプランを用意している式場などもあるので利用するとよいでしょう。

こうしたマタニティウエディングに比べれば少数派ですが、出産後に子どもと一緒にファミリーウエディングを行うカップルも増えています。赤ちゃんのお披露目も兼ねられ、よい思い出になります。ただし初めての子育ては予想以上にたいへんなもの。準備や当日の進行が思いどおりにいかないこともあります。やはり、ある程度お任せできる専用プランを利用するとよいでしょう。

タイミング別・おめでた婚の形

マタニティウエディングの注意ポイント

- 妊娠5～8カ月目に結婚式を行うのがベストタイミング。
- 会場担当者には必ず妊娠のことを伝え、サポートしてもらう。
- スピーディ&リーズナブルなマタニティプランを用意する会場も多いので活用する。
- 赤ちゃん誕生を報告し、皆からの祝福をビデオや色紙に残しておくと、子どもへのよい贈り物に。
- ドレスは1週間前に最終フィッティングを。
- 結婚式を行わない場合でも、写真だけは撮っておくとよい、という声が多数。

ファミリーウエディングの注意ポイント

- 子育てが落ち着く出産半年後くらいから準備を始める。
- 子どもを第一に考え、病気がちだったり、ぐずりやすい場合、無理をさせない。
- 当日、子どもの介添人（ベビーシッター）を頼むのも手。
- 新婚旅行を兼ねて、家族でリゾート婚をするのもおすすめ。

招待客の決定と招待状の発送

招待したい人のリストを作る

披露宴の日取りと場所が決まったら、早めに招待客のリスト作りを始めましょう。まず、双方で招待したい人をリストアップし、会場や予算、両家のバランスなどで確定させていきます。

両家の招待客はほぼ同数になるのがベストですが、多少の違いはやむをえません。共通の友人を少ない側の席に配するなどしてバランスをとる方法もあります。

招待客の絞り込み方

1. 主賓を決める
2. 親族、恩師、上司、親友など必ず招待したい人を選ぶ
3. できれば招待したい人を選ぶ
4. スピーチや余興、受付などのスタッフを頼みたい人を選ぶ
5. 両家のバランスを見て③を中心に増減する

ポイント

- 本人がふだんお世話になっている人を優先する
- 職場の慣例があれば従う
- 親戚については親の意向を確認する
- 両家でほぼ同数になるようにする
- だいたいの席次を想定しながら決める

招待状は挙式の2カ月前までに

挙式1カ月前には出欠の返事を確認したいので、招待状は式の2カ月前までには発送します。あらかじめ電話か手紙などで連絡をし、了解を得てから送るようにしましょう。婚約したことも告げず、いきなり招待状を送って返事を待つというのは失礼です。まずは結婚を報告し、出席してほしい気持ちを伝えましょう。

媒酌人と主賓には招待状を手渡しするのが基本。遠方なら郵送しますが、必ず自筆でひとこと書き添えます。

スピーチや余興を頼みたい人には、その旨を記した手紙を同封します。これもあらかじめ連絡し、内諾を得ておきましょう。

招待状の差出人を決める

差出人の名前を親にするのか、本人たちにするのかは、あらかじめ話し合っておきましょう。

結婚が家と家との結びつきという意味合いが強かった昔は、両家の親の名前で出すものでしたが、最近は本人たちの名前で出すケースが増えています。親の経済援助を受けず、新郎新婦だけでまかなう場合は、本人たちの名前で出すのが自然です。目上のかたや親の関係者を多く招く場合は親の名前、友人や職場の同僚が中心なら本人たちの名前、と招待客の顔ぶれに合わせてもいいでしょう。

Q&A

Q 遠方の人を招待するときの交通費は？

A 媒酌人や主賓、どうしても出席してもらいたい人には、往復の交通費と、必要であれば宿泊費を負担するのがマナーです。全額負担が難しい場合は、一部負担を申し出たり、ご祝儀を辞退するなどの方法もあります。いずれの場合も、出欠の返事をもらう前にその旨を伝えておきましょう。

招待状の文例

新郎新婦の名前で出す場合

謹啓　盛夏の候　皆様にはますますご清栄のことと
お慶び申し上げます
このたび私たちは結婚式を挙げることになりました
つきましては　日ごろお世話になっている
皆様をお招きしてささやかな披露の宴を
催したいと存じます
ご多用中誠に恐れ入りますが　ぜひご出席ください
ますようご案内申し上げます
敬具

記

日時　平成○年九月三十日　午後二時開宴
場所　○○会館　○○ルーム
東京都○○○○○
電話　○○○○○○○

平成○年七月吉日

中田　秀夫
小野　ひとみ

※お手数ながら八月三十日までに同封のはがきにて
お返事いただけますようお願い申し上げます

両家の親の連名で出す場合

謹啓　陽春の候　皆様にはいよいよご清祥のことと
お慶び申し上げます
さて　このたび　三浦和雄様ご夫妻のご媒酌により
中田英臣　次男　秀夫
小野俊介　長女　ひとみ
両名の婚約相整い　挙式の運びとなりました
つきましては幾久しくご懇情を賜りたく
ご披露かたがた粗餐をさし上げたく存じます
ご多用中誠に恐縮でございますが　ご光臨ください
ますよう謹んでご案内申し上げます
敬具

平成○年四月吉日

記

日時　平成○年六月十日　午後二時開宴
場所　○○ホテル　○○の間

東京都○○区○○○○　中田　英臣
東京都○○区○○○○　小野　俊介

※お手数ながら五月十日までに同封のはがきにて
お返事いただけますようお願い申し上げます

ポイント

- 句読点を使わない（お祝い事では“終止符を打たない”として好まれる）
- 宛名は毛筆か筆ペンで
- 封には「〆」を使わず「寿」などのシールを貼る
- 切手も慶事用を

必要事項

- □ 日時・会場名
- □ 媒酌人の名前（立てる場合）
- □ 出欠の返信期限

同封するもの

- □ 会場の地図（住所、電話、交通案内、駐車場の有無を明記）
- □ 出欠の返信用ハガキ（切手を貼っておく）
- □ 必要に応じてメッセージや航空券など

Q&A

Q 夫婦で招待する場合の宛名は？

A 夫婦や家族で出席してほしいときは、宛名を連名にし、招待する人すべての名前を書きます。「様」は全体にではなく、それぞれの名前の下につけます。

新郎新婦の婚礼衣装

好みだけでなく場にふさわしい装いを

婚礼衣装選びには、自分の好みだけでなく、場にふさわしいかどうかも重要です。衣装を決める前に、冷静な目で条件に合うかどうかをチェックしましょう。

衣装選びのチェックポイント

□ **挙式会場**

キリスト教式では洋装、神前式や仏前式では和装が基本。人前式では自由です。

□ **披露宴会場の規模と格式**

広い会場や格式の高い会場では、衣装にもボリューム感や豪華さが必要です。狭い会場では、スレンダーなドレスを選ぶなど工夫しましょう。

□ **新郎新婦のバランス**

新郎新婦の格がそろっていることが基本。そのうえで、並んだときにバランスよく見えるよう、シルエットや色を考えます。新郎は新婦の衣装に合わせ、新婦が引き立つような装いをするのがマナー。

□ **披露宴の時間帯**

昼と夜では正装の種類が異なります。女性は昼は肌の露出を抑え、光るアクセサリーも控えますが、夜は適度に肌を見せ、輝きのある素材を加えます。男性も昼はモーニングやフロックコート、夜はタキシードなどと装いを変える必要があります。

□ **予算**

試着を重ねるうちに、迷いが生じてキリがなくなりがち。はじめから予算の上限を決めておくのが無難です。

□ **期間**

レンタルにするのか、既製のドレスを買うのか、自分好みにオーダーするのかなどによって、かかる時間がかわります。オーダーの場合、遅くても和装なら半年、洋装なら3カ月前には注文をします。

洋装の場合

ウエディングドレス

教会での挙式では、身につけるものはすべて白で統一する。肩や腕の露出の多いものはNG。ボレロや長手袋などで調整しても。

1 ヘッドドレス

ティアラやカチューシャなど髪飾りのこと。ブーケとおそろいの生花で作ることも。伝統的には白いオレンジの花を使用。

2 ベール

床まで届く長いものが正式。ドレスとのバランスや、式場の広さなどを考慮して決めても。

3 アクセサリー

「健康」を意味する真珠など白いものに限られる。

4 手袋

長袖のドレスには短いもの、袖が短い場合にはひじまで隠れる丈の長い手袋を。

5 ブーケ

白い花が基本。とげのない花、香りのきつくない花を。

6 靴

革製なども使われるが、白のサテンかドレスと共布のパンプスが正式。

7 ドレス

純白で、胸元や背中が開きすぎず、袖丈も長いものが正式。スカートのボリュームやトレーンの長さは会場の広さや格式も考慮して選ぶ。

昼 フロックコート

昼の正礼装。ダブルブレストで膝までの長い丈の黒の上着に黒白の縞柄ズボンが正式だが、最近はシングルブレストで丈がやや短めであったり、白やカラーのものなどが人気。

夜 燕尾服（テールコート）

夜の最上級の正礼装。前はウエスト丈で、後ろの裾が長くなったもの。正式には黒の上着とズボン、白のベスト、白の蝶ネクタイだが、シルバーグレーなども人気。ズボンは２本の側章つき。

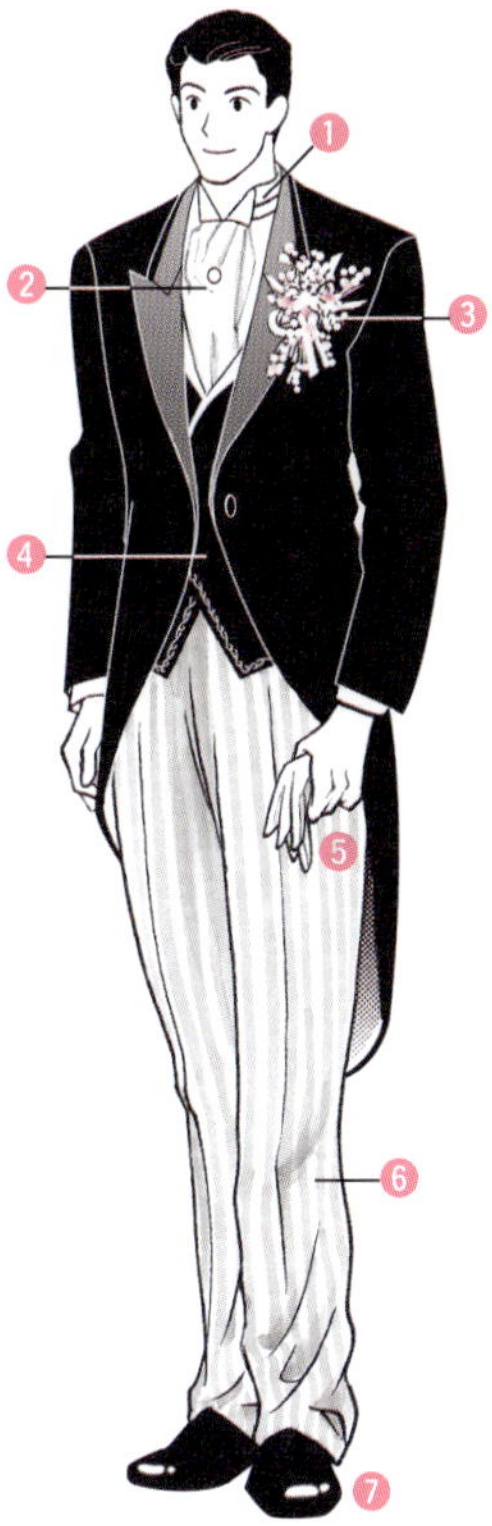

昼 モーニングコート

昼の正礼装。前裾が斜めにカットされた形が特徴。黒の上着に黒とグレーの縞柄のズボンを合わせるのが一般的だが、シルバーグレーなども人気。アスコットタイまたは結び下げのタイをする。

1 シャツ

ウイングカラーまたはレギュラーカラー。

2 タイ

白黒の縞柄かシルバーグレーの結び下げ、またはアスコットタイ。

3 ブートニア

女性のブーケと同じ花を胸元に飾る。

4 ベスト

グレーかアイボリー。黒の場合は白襟をつける。

5 手袋

グレーまたは白。

6 ズボン

黒とグレーの縞柄。サスペンダー着用。

7 靴

黒のひも靴でストレートチップ、プレーントウの内羽根式。

夜 タキシード

夜の正礼装。燕尾服より略式だが、定番として人気。シルク襟のついたジャケットが特徴で、側章（１本）つきのズボンを合わせる。カマーバンドまたはベストを着用する。黒が基本だが、白やカラーも人気。

"花嫁を幸せにする"サムシング・フォー""

ヨーロッパの言い伝えで、花嫁が身につけると幸せになれるという４つのもの。

◆サムシング・オールド
古いもの。母からゆずり受けたアクセサリーなど。先祖、伝統をあらわす。

◆サムシング・ニュー
新しいもの。ドレス、ベール、手袋、下着など。新生活をあらわす。

◆サムシング・ボロウ
借りたもの。幸せな結婚をした友人に借りたハンカチなど。幸福を分けてもらう。

◆サムシング・ブルー
青いもの。ガーターや下着など目につかない部分に。聖母マリアのシンボルカラーで純潔をあらわす。

お色直しはもともと和装の習慣で、欧米では花嫁は純白のウエディングドレスで一日過ごすのがふつう。お色直しでは披露宴を中座することになるので、しても１回のみ、というケースが増えています。

衣装の平均着用枚数

新郎　1.6着　新婦　2.3着

ゼクシィ結婚トレンド調査2015より
（全国アンケートに基づく推計値）

婚礼衣装平均総額

新郎　16.6万円　新婦　46.1万円

ゼクシィ結婚トレンド調査2015より
（全国アンケートに基づく推計値）

和装の場合

白無垢

打ち掛け、掛け下、帯、下着、小物に至るまですべて白一色に。もともとは神に仕える衣装にふさわしい色として白が選ばれた。現在は「嫁ぎ先の家風に合わせ、どんな色にも染まります」という意味も。

❶ 綿帽子

白無垢に合わせる帽子で、かつては真綿を伸ばして作られた。色打ち掛けと同様に、角隠しをかぶることも。挙式のときにかぶり、披露宴でははずす。

和装の小物

❷ はこせこ

化粧道具や懐紙を入れる箱型の装飾品。模様が見えるように胸元にさす。

❸ 懐剣《かいけん》

「いざというときは自分で身を守る」という意味で帯にさす。飾りひもは胸からたらす。

❹ 末広

白い扇子で「幸せが末広がりに」という意味。右手に持ち、下から支えるように左手を添える。

引き振り袖

裾を打ち掛けのように引いたもので、「お引きずり」とも呼ばれる。黒地の引き振り袖は、もともと武家の婚礼衣装として着用され、昭和初期までは一般的な婚礼衣装だった。黒地がシックな印象を与え、最近人気が高まっている。

❶ 帯

唐織などの丸帯か袋帯。

❷ 帯揚げ

絞りの帯揚げ。

❸ ぞうり

振り袖の色に合わせ、金、銀、柄など。足袋は白。

色打ち掛け

緋色や黒の地紋が入った色地に、金箔や刺しゅうを施したもの。柄は、おめでたいとされる鶴亀、鳳凰、末広などが多い。

❶ 角隠し

文金高島田に結ったまげを飾る帯状の布。挙式のときにかぶり、披露宴でははずす。

❷ 掛け下、長襦袢《ながじゅばん》

白無垢と同様に白。

❸ 帯、帯締め

朱、金、銀の帯と帯締め。

❹ ぞうり

打ち掛けの色に合わせ、金、銀、柄など。足袋は白。

五つ紋付き羽織袴

黒羽二重の染め抜き五つ紋の着物と羽織が正式。五つ紋とは、背の中央、両胸、両後ろ袖の５カ所に紋が入っているということ。貸衣装の場合はあらかじめ家紋を調べておく。

❶ 長襦袢

色物でもよいが、その場合も半襟は白。

❷ 羽織ひも

「大名結び」に。

❸ 角帯

西陣または博多織。

❹ 袴

仙台平、博多平などの縞柄の馬乗袴で、色はグレーか焦げ茶。

❺ 雪駄《せった》

畳表に白い鼻緒。

白無垢か色打ち掛け、引き振り袖も選べる

和装の場合は、小物まですべて白で統一した白無垢のほかに、金箔や刺しゅうを施した華やかな色打ち掛け、裾を引きずるように仕立てた引き振り袖なども選べます。いずれも挙式にも着用できますが、挙式は白無垢や黒引き振り袖にして、お色直しに色打ち掛けを選ぶ新婦も多いようです。

これらを挙式で着る場合は、文金高島田に結った髪のかつらをかぶり、白無垢の場合は綿帽子、そのほかの場合は角隠しをかぶるのが伝統的なスタイルです。披露宴のときには綿帽子や角隠しははずします。最近はかつらではなく、地髪をアレンジして現代風に着こなす新婦も増えています。

レンタルの場合も下着などは自分で

和装はレンタルするのが主流ですが、着物や小物はレンタルに含まれていても、肌襦袢や裾よけ、白足袋など、自分で用意しなければいけないものもたくさんあります。必要なものを確認して、早めに用意しておきましょう。特に汚れやすい白足袋は多めに購入しておくようにしましょう。

和装には決まり事が多く、また、コーディネートのよしあしを見分けるのにも洋服を選ぶのとは違う感覚が必要です。和装を選ぶときは、ふだんから着慣れた人に同行してもらい、アドバイスをもらうとよいでしょう。

かつら選びは慎重に

★最近は和装でもかつらをかぶらないケースが増えていますが、文金高島田のかつらをかぶり、綿帽子や角隠しをかぶるのが、和装の伝統的な挙式スタイルです。

★慣れないかつらを長時間つけているのは案外たいへんなもの。かつらはできるだけ軽く、自分の頭のサイズに合ったものを選ぶことがたいせつです。試着の際はかぶったままおじぎをしたり歩いたりしてみて、少しでも痛いところがないかをチェックしましょう。

★かつら合わせをしたあとは、髪の長さを大きく変えないようにしましょう。サイズが合わなくなってしまいます。

媒酌人・親族の装い

媒酌人と両親は新郎新婦と同格に

新郎新婦に近い関係の人ほど、式服の格（新郎新婦の装いの格）にそろえるのがマナーです。

両親と媒酌人夫妻は新郎新婦と装いの格をそろえます。新郎新婦がモーニングにウエディングドレスという正礼装なら、両親と媒酌人も正礼装に。カジュアルな式で新郎新婦がダークスーツと白いワンピースなどの略礼装なら、同じ略礼装に。お互い、事前に確認をしておきましょう。格がそろっていれば、和装にするか洋装にするかはそれぞれの自由です。

一般的には父親と媒酌人はモーニング、母親と媒酌人夫人は黒留め袖もしくはアフタヌーンドレスが主流です。留め袖は染め抜きの五つ紋で、落ち着いた格の高い柄を選びましょう。

両親と媒酌人の装い

女性

五つ紋の黒留め袖。洋装ならアフタヌーンドレスやイブニングドレスなど。小物も装いの格や式の時間帯に合わせてそろえる。

※小物や帯の合わせ方は
●P63・65参照

男性

モーニング（夜なら燕尾服やタキシード）などの正礼装。小物も服に合わせてそろえる。和装なら黒地の五つ紋付き羽織袴。

※小物の合わせ方は
●P64～65参照

その他の親族の装い

兄　かなり年長の場合は父親に準じてモーニングかタキシード。新郎新婦と年齢が近ければ、ブラックスーツまたはダークスーツでもよい。

姉　既婚なら黒留め袖または訪問着、セミアフタヌーンドレスまたはドレッシーなスーツやワンピースなど。

弟　ブラックスーツかダークスーツ。大学生以下ならブレザーとズボンでもよい。

妹　振り袖やロングドレス。新婦より控えめにする。

祖父母　祖父はモーニングかタキシード、またはブラックスーツでもよい。祖母は黒留め袖が基本。色留め袖や格の高いドレスでもよい。

おじ・おば　おじはブラックスーツ、おばは黒留め袖や色留め袖。ドレスでもよい。

子ども　学校や幼稚園の制服、スーツ、ブレザーとズボン、あらたまったワンピースやスーツなど。

和装の格について

和服は紋の有無や着物の柄によっても格が変わります。色留め袖は五つ紋であれば黒留め袖と同格の正装になりますが、三つ紋、一つ紋では準礼装となります。また、訪問着は現在では紋は省略されることが多く、格調の高い古典柄を選べば準礼装になると考えてよいでしょう。

帯や小物も着物の格に合わせる

振り袖には錦織の袋帯というように、着物に合わせる帯にも決まりがあります。さらに、帯揚げ、帯締め、ぞうりやバッグなどの小物も着物の格によって決まっているので、和装の場合には全体の格を統一することがたいせつです。

フォーマルウエアのルール一覧表

女性の洋装

昼 ／ 夜

正礼装

最も格の高い装い。主に新婦、両家の母親、媒酌人夫人が着用。

昼

アフタヌーンドレス

襟が詰まり、袖のついたロング丈のワンピースやアンサンブル

小物

●パールなどの光らないアクセサリー、コサージュ　●光沢を抑えた布製の小型バッグ　●バッグやドレスと同素材のパンプス

夜

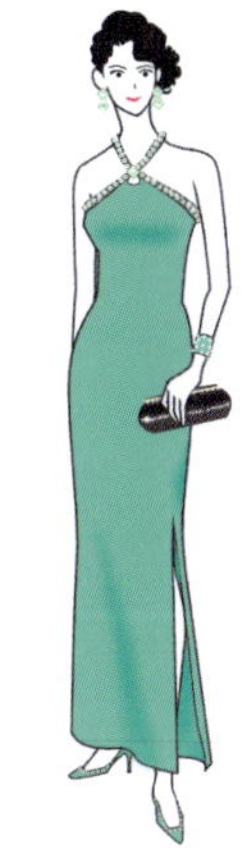

イブニングドレス

胸、背、肩を出したロング丈のワンピース

小物

●金銀や宝石など光るアクセサリー　●光沢のある小型のバッグ　●ドレスと共布や、金銀や品のいいオーナメントのついたパンプス

準礼装

正礼装に準ずるあらたまった装い。一般的な披露宴招待客の主流スタイル。

昼

セミアフタヌーンドレス

アフタヌーンドレスよりも自由なデザインのワンピース、アンサンブル、ツーピースなど

小物

●パールなどの光らないアクセサリー、コサージュ　●布製か、カーフやスエードなどの小型のバッグ　●布製か、カーフやスエードなどのパンプス

夜

カクテルドレス

イブニングドレスより自由なデザインのワンピース

ディナードレス

襟がなく袖のついたワンピースやツーピースなど

小物

●金銀や宝石など光るアクセサリー　●ビーズやエナメル、光沢のあるシルクなどの小型のバッグ　●布製やエナメルのパンプスや、デザイン性のあるもの、色がシルバーやゴールドのもの

略礼装

形式張らない披露宴や「平服で」と断りのある場合、二次会などでの装い。

昼

ドレッシーなワンピースやスーツ

小物

●パールなどの光らないアクセサリー、コサージュ　●小型のバッグ　●ドレッシーなパンプス

夜

ドレッシーなワンピースやスーツ

小物

●金銀や宝石など光るアクセサリー　●ビーズやエナメル、布製などの小型のバッグ　●エナメルやシルバー、ゴールドなどの華やかなパンプス

男性の洋装

正礼装

最も格の高い装い。主に新郎、両家の父親、媒酌人、主賓が着用。

夜

燕尾服

最上級の正礼装

タキシード

燕尾服に次ぐスタンダードな夜の礼装

小物など（タキシードの場合）

●白のレギュラーかウイングカラーのドレスシャツ　●黒の蝶ネクタイ　●黒のカマーバンドを着用　●白絹のポケットチーフをクラッシュドスタイルに　●靴はエナメルのオペラパンプスかプレーントウのひも靴

昼

モーニングコート

小物

●ウイングカラーでダブルカフスの白シャツ　●ネクタイは白黒の縞柄かシルバーグレーの結び下げ、もしくはアスコットタイ　●白麻のチーフをスリーピークに　●靴は黒革のひも靴で、ストレートチップかプレーントウ

準礼装Ⅰ

正礼装に準ずる装い。同じ準礼装でもブラックスーツより格上。

ファンシータキシード

黒や濃紺の正礼装のタキシード以外の色や素材で作られた遊び要素のあるもの

ファンシースーツ

シルクシャンタンなどの生地を用いたドレッシーなスーツ

小物

●白シャツに蝶ネクタイかクロスタイなど　●白のほか、色柄のチーフも可　●靴は正礼装に準じるが、ストレートチップやドレッシーなプレーントウでも可

ディレクターズスーツ

モーニングの略装。黒やダークグレーなどのジャケットに縞柄のズボン

小物

●ウイングカラーかレギュラーカラーの白シャツ　●ネクタイはシルバーグレーか白黒の縞柄の結び下げ、またはアスコットタイ　●チーフは麻か絹で、白かシルバーグレー　●靴は正礼装と同じ

略礼装

形式張らない披露宴や、「平服で」と断りのある場合、二次会などでの装い。

夜　昼

ダークスーツ

ダークグレーや濃紺の無地かそれに近いスーツ

ブレザー＆ズボン

小物

●白シャツに、シルバーグレーや縞柄などのネクタイ　●チーフは白のほか、色、柄も可　●靴は正礼装と同じか、ユーチップやモンクストラップなども可。色は黒が無難

準礼装Ⅱ

招待客の主流の装い。格式によらず幅広く着用できる。

夜　昼

ブラックスーツ

黒のジャケットと共布のズボン。ピークトラペルで一つボタンが正式

小物

●レギュラーカラーかウイングカラーのシャツ　●ネクタイはシルバーグレー、淡色、白黒の縞柄の結び下げなど。アスコットタイやクロスタイも可　●チーフは絹で、白かシルバーグレーなど　●靴は正礼装と同じ

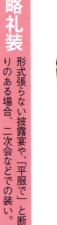

女性の和装

正礼装

未婚と既婚で違いが。五つ紋の留め袖は、既婚の親族や媒酌人夫人が着用。

既婚

黒留め袖（五つ紋）

江戸褄《えどづま》と呼ばれる裾模様を配した着物

色留め袖（五つ紋）

地色が黒以外の留め袖

帯：金、銀、白地の織りの袋帯に、白のりんずか羽二重の帯揚げ。帯締めは同素材の丸ぐけか金銀の組ひも。

小物：末広は黒塗りに金銀の地紙か白扇。バッグとぞうりはアンサンブルが基本で、金銀、錦地など。

未婚

振り袖

花嫁衣装には大振り袖、成人式には中振り袖から大振り袖が主に用いられる

帯：錦織の袋帯に、帯揚げは総絞りの色物。帯締めは金、銀、ぼかしなどの平打ち、丸打ち、唐組など。

小物：バッグとぞうりは金、銀、錦地、エナメルなど。ぞうりはかかとが高めのものを。

準礼装

正礼装に準じるあらたまった装い。披露宴全般に着用できる。

既婚 未婚

色留め袖（三つ紋・一つ紋）

訪問着（格調の高い柄を選ぶ）

縫い目で柄がつながる絵羽模様の着物

色無地（三つ紋）

一色染めの無地の着物

帯：織りの袋帯か名古屋帯、格の高い染め帯などに、りんずや絞りの白か淡い色の帯揚げ。帯締めは金銀または白や淡い色の組ひも。

小物：バッグとぞうりは礼装用アンサンブルの布製かエナメルなど。

略礼装

形式張らない披露宴や、「平服で」と断りのある場合、二次会などでの装い。

既婚 未婚

つけさげ

柄につながりはないが、訪問着と同様に柄がすべて上向きの着物

江戸小紋（格調の高い柄を選ぶ）

繊細な柄を染め抜いた一色染めの着物

帯：袋帯か織りの名古屋帯。気軽なパーティなら、いわゆる「おしゃれ帯」もOK。帯揚げと帯締めは準礼装の場合と同様。

小物：準礼装と同様にするか、バッグは洋装と兼用できる小型の布製やビーズ製などでも。

男性の和装

正礼装

新郎や両家の父親、媒酌人が主に着用する。

黒紋付き（五つ紋）

羽織：黒無地羽二重・五つ紋付き（染め抜き日向紋）

袴：仙台平の馬乗袴

小物：白足袋、畳表のぞうり（鼻緒は白）、白扇

準礼装

正礼装に準じるあらたまった装い。披露宴全般に着用できる。

色紋付き（五つ紋・三つ紋）

羽織：色羽二重・五つ紋または三つ紋付き

袴：仙台平または同素材、お召の馬乗袴、あんどん袴、仕舞袴。最近は金らんなども可

小物：白足袋、畳表のぞうり（鼻緒は白以外でもよい）、白扇

略礼装

形式張らない披露宴や、「平服で」と断りのある場合、二次会などでの装い。

紋付き（一つ紋）

羽織：お召、紬の無地、江戸小紋ちりめん、一つ紋付き（陰紋または縫紋）

袴：仙台平または同素材、お召のあんどん袴

小物：白足袋、畳表のぞうり（鼻緒は白以外）、白扇

席次を決める

新郎新婦に近いほど上席となる

現代の披露宴では、新郎新婦と媒酌人夫妻が上座に設けられた高砂（メインテーブル）に座る形が一般的。ゲストの席は、新郎新婦に近いところが上座、離れたところが下座となります。

新郎側のゲストは高砂に向かって左側に、新婦側は右側に座るのが基本です。そして、上座からそれぞれ、①主賓、②勤務先関係者、③友人、④親戚、⑤兄弟姉妹の順に席次を決めていき、末席には父母が座ります。

序列を守りつつ会話の弾む配置に

席次には序列の意味があるので、上座下座を考えながら失礼のないように慎重に決めましょう。勤務先関係者の席次は、役職の順にし、役職が同じ場合は社歴や年齢で決めます。迷った場合は会社の先輩などに相談するとよいでしょう。

親戚の席次も、親に相談してから決めたほうが安心です。

また、勤務先関係者や友人同士など面識のある招待客は同じテーブルに座れるようにし、ゲスト同士の話が弾むように配慮することもたいせつ。知り合いのいない招待客は、できるだけ年齢や立場の近い人のそばに座ってもらうとよいでしょう。さらに子ども連れの人は出入り口に近い席にするなど、ゲストが過ごしやすいよう配慮しましょう。

席順

1. 主賓
2. 勤務先関係者
3. 友人
4. 親族
5. 兄弟姉妹・父母

席次の例

長テーブル

フォーマルな晩餐会のスタイルで、格式の高い雰囲気になる。丸テーブルよりも大人数が座れる。ゲスト同士はやや話しにくい面も。

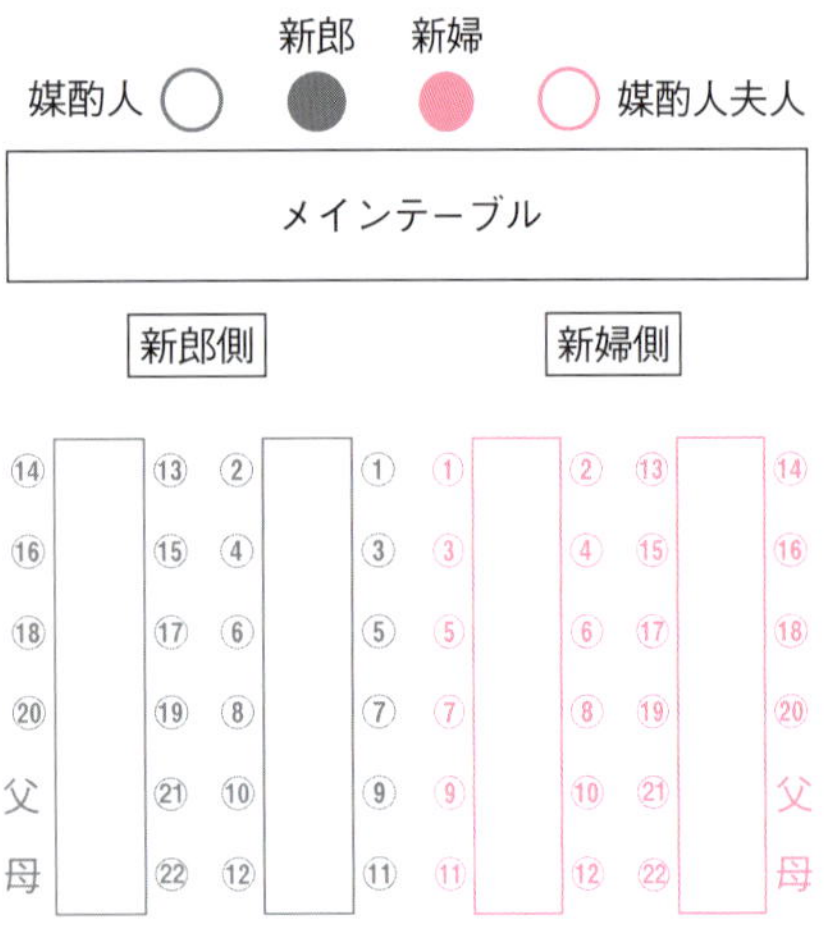

丸テーブル

現代の一般的なスタイル。人数の調整がしやすく、レイアウトの自由度が高い。なごやかな雰囲気になりやすい。

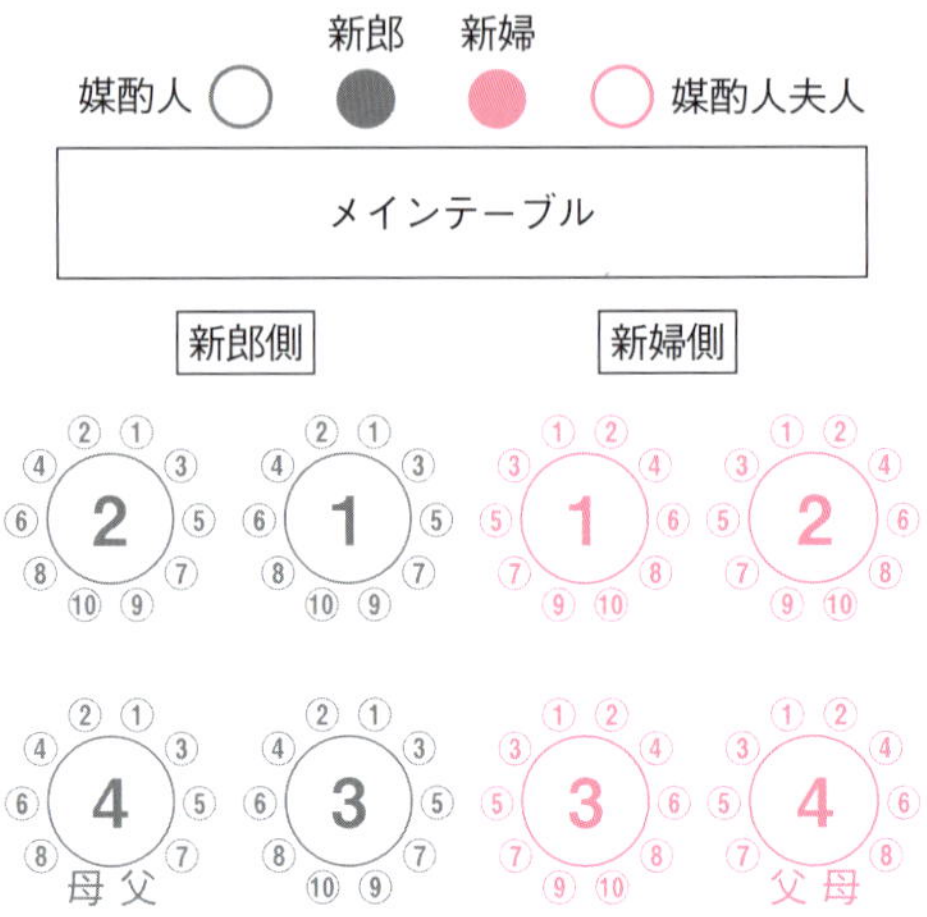

引き出物を選ぶ

記念品と引き菓子をセットにして渡す

披露宴に出席してもらったかたがたに感謝の気持ちを込めて贈る引き出物。通常は記念品とお菓子（引き菓子）をセットにして渡します。品数は地域の慣習によっても異なりますが、割りきれない奇数が好まれる傾向も根強く、記念品と引き菓子、カットしたウエディングケーキなどで3品というのが最近の主流。ただし赤飯や乾物などを加えて5品、7品というケースも少なくありません。

記念品で人気なのは食器類やキッチン用品、日用雑貨など。招待客が自由に選べるカタログギフトを贈ることも増えています。

引き出物には「寿」と記した紅白の結び切りののし紙をかけ、両家の苗字、または二人の名前を入れます。

引き出物の予算は飲食費の3分の1

引き出物の金額は、一人分の飲食費の3分の1が目安です。記念品が3000～5000円、引き菓子が1000円以下、というのが一般的です。会場に頼まずに外から持ち込む場合は、持ち込み料がかかることがあるので事前に確認しましょう。

最近人気のプチギフト

最近は、引き出物とは別に、お色直し後の再入場のときや、最後にゲストを見送るときなどに、新郎新婦が小さなプレゼントを手渡すことが増えています。

代表的なのがアーモンドを砂糖でコーティングした「ドラジェ」というお菓子。たくさんの実をつけるアーモンドが「子孫繁栄」の象徴ととらえられているようです。

そのほか、クッキーやキャンディ、ティーバッグや入浴剤、文房具など数百円程度のものが選ばれています。新居の住所や感謝の気持ちを書いたカードを添えて手渡すのが、披露宴のなごやかな演出として好まれます。

Q&A

Q 夫婦で出席した人への引き出物はどうする？

A 引き出物は１世帯に一つが原則です。夫婦で一つになるのが気になる場合は、品物をランクアップさせたり、別の品をプラスするとよいでしょう。

人気の引き出物

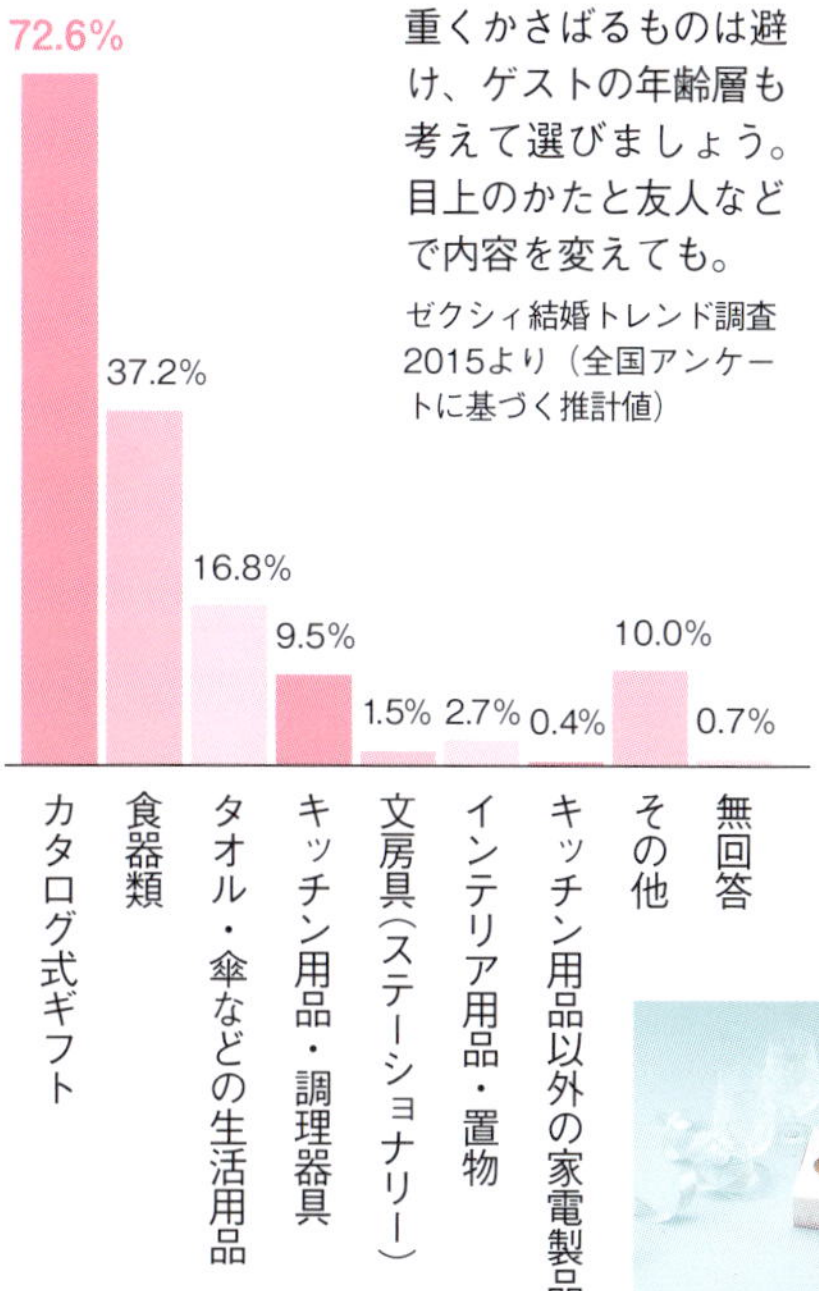

重くかさばるものは避け、ゲストの年齢層も考えて選びましょう。目上のかたと友人などで内容を変えても。

ゼクシィ結婚トレンド調査2015より（全国アンケートに基づく推計値）

係・祝辞・余興の依頼

早い段階でていねいにお願いを

ゲストに挙式や披露宴での係、祝辞、余興などをお願いする場合は、招待状を出す前に直接会うか電話などであらかじめ内諾を得ておくのがマナーです。そのうえで、招待状にあらためてお願いの手紙を同封します。

特にスピーチや余興などには準備が必要なので、遅くても2カ月前には内諾を得ておきましょう。司会やスピーチ、余興などを頼む場合は、どんな雰囲気の披露宴にしたいか、どんなゲストが多いかなどを早めに伝えておくとよいでしょう。

係は仲のよい友人やいとこ、同僚などにお願いすることが多いものですが、気心が知れていても、礼儀をわきまえてていねいにお願いしましょう。

係の仕事と依頼のポイント

役割	仕事	ポイント	謝礼
受付係	会場の受付でゲストを迎える。ご祝儀を受け取る、芳名帳に記帳してもらう、席次表を渡す、会場内の案内をする、まとめたご祝儀を親族に渡すなど。	新郎と新婦側から１～２名ずつ選ぶ。気心の知れた友人や、同僚、いとこなどに頼むケースが多い。	3000～5000円程度の現金か商品券が相場。
司会者	披露宴の進行を引き受ける。新郎新婦の紹介や祝電の披露も行う。	披露宴の印象を左右する重要な役目。負担が大きいので、友人などに頼む場合は、新郎と新婦側から１名ずつ選んで２名にすることも。プロに依頼するケースも多い。	友人に頼む場合は２万～３万円程度。食事の時間がとれないので、食事に相当する金額を渡すのが一般的。ご祝儀を辞退する方法も。
撮影係	挙式や披露宴の様子をカメラやビデオに納める。	押さえてほしいカットや、進行のじゃまにならないタイミングなど、事前に打ち合わせを行う。失敗のないプロに依頼するケースも増えている。	司会者と同様、２万～３万円の謝礼またはご祝儀の辞退が一般的。そのほか、撮影にかかった実費も負担を。
スピーチ・余興	ゲストを代表して祝辞を述べたり、芸を披露して宴を盛り上げる。	スピーチは主賓を含め、新郎と新婦側から２～３名ずつ選ぶ。本人たちのことをよく知り、具体的なエピソードを交えて話してくれる人に。余興はゲスト全員が楽しめるものを依頼する。内容が重複しないよう事前に打ち合わせを。	現金などで謝礼をすることはあまりない。当日は感謝の気持ちを十分に伝えたうえで、後日、旅行のお土産やプレゼントを贈ったり、新居に招くなどするとよい。
その他	会場の案内係、タクシーを手配する配車係、介添人、ヘア＆メイク、ご祝儀の管理や支払いを行う会計係など。	お金を扱う会計係は家族や親戚などに任せることが多い。	それぞれ3000～３万円程度の謝礼を渡す。

二次会の準備

2~3カ月前には幹事を依頼する

二次会は、披露宴のあとに、親しい友人や同僚たちが新郎新婦を囲んで祝うカジュアルなスタイルのパーティです。披露宴に招待できなかった多くの友人を招くことができ、また、披露宴であまり言葉を交わせなかった人とも語り合うことができます。

二次会は、新郎新婦と親しい友人が主催者となるケースがほとんどです。二次会を行うことに決めたら、披露宴の2~3カ月前には親しい友人などに幹事やスタッフを依頼し、準備を進めてもらいましょう。

幹事や係を務めてもらった友人には、会費は受け取らないなど配慮をし、当日はていねいにお礼を述べます。友人として好意で引き受けてくれているので現金での謝礼は一般的ではありませんが、商品券やプレゼントを用意したり、後日、新居に招く、新婚旅行のお土産を奮発するなどの方法も。

会費は飲食代にあて、経費は新郎新婦で

二次会の多くは会費制で行われます。集めた会費は会場費や飲食代にあて、招待状などにかかる経費や、ゲストに持ち帰ってもらう記念品やゲームの景品などの代金は新郎新婦で負担することが多いようです。

会費は5000~1万円が主流。男女で金額に差をつけることもあり、男性が7000~8000円、女性が5000~7000円が多くなっています。

万が一、赤字になった場合は新郎新婦が負担します。幹事にはあらかじめその旨を伝えておき、心配をかけないよう配慮しましょう。

二次会の準備スケジュール

（●は新郎新婦が、◆は幹事が行う）

時期		内容
3カ月前	●	大まかな予算を決める　人数や会費を想定し、パーティの規模や雰囲気を決める。
	●◆	幹事の依頼と打ち合わせ　どこまで任せるかを確認し、予算、希望、招待予定者などを伝える。必要なら準備金を渡す。
	●◆	会場探し
2カ月前	◆	会場の予約
	◆	招待状の発送
	●◆	パーティ内容の決定※1　新郎新婦と相談しながらゲーム、ビデオ上映などの演出を決める
	●	衣装の決定※2
1カ月前	◆	受付用名簿の作成
	●◆	会場との打ち合わせ
	●	記念品の準備

※1 二次会の進行例

1. 新郎新婦の入場
2. 新郎新婦のあいさつ
3. 乾杯
4. 食事・歓談・余興
5. 新郎新婦の謝辞
6. 新郎新婦の退場・お見送り

※2 二次会の服装

新郎はダークスーツ、新婦はカクテルドレスなどが一般的。ウエディングドレスやカラードレスなど、披露宴の服装のまま出席してもよい。その場合、夜なら新郎はタキシードなどに。

謝礼・心づけの準備

謝礼は祝儀袋に入れ渡し忘れのないように

挙式・披露宴を行うにあたっては、媒酌人や披露宴スタッフへの謝礼、式場担当者などへの心づけ、媒酌人や来賓への車代など、各方面へのご祝儀が必要になります。

いずれも金銀または紅白結び切りの水引の祝儀袋に入れ、「御礼」「寿」「御車代」などと表書きをします。これらは当日に渡すことがほとんど。もれのないように事前に用意します。また、当日、急に用事をお願いする場合もあるので、心づけは多めに用意しておくとよいでしょう。

結婚式はさまざまな人のサポートで成り立つもの。協力してもらった人への感謝を忘れずに、当日や後日、謝礼だけでなく、しっかりとお礼の気持ちを言葉で直接伝えることもたいせつです。

謝礼と心づけのマナー

媒酌人

最近は当日に謝礼を渡すケースも

本来、媒酌人へのお礼は、後日あらためて自宅に伺って渡すもの。しかし最近は当日だけの頼まれ仲人も多く、当日、交通費と一緒に渡すケースが増えています。披露宴後に両家の両親と新郎新婦がそろって媒酌人にあいさつに行き、そのとき「本来ならばあらためてお礼に伺うべきところですが、お忙しいと存じますので、こちらで失礼いたします」などと言って手渡しします。

謝礼の額は、両家とのつきあいの深さや媒酌人の社会的地位などにもよりますが、一般的にはいただいたお祝いの1・5～2倍が目安とされます。

主賓・その他来賓

主賓や遠方からの来賓には「御車代」を

主賓へは謝礼は支払わず、「御車代」を包むのがふつうです。閉宴後に家族か親戚がていねいにお礼を述べて渡し、出口まで見送ります。

遠方から来ていただいた招待客にも交通費を渡すのがマナー。全額負担の場合も、一部負担の場合も、キリのいい金額にします。開宴前かあとに家族や親戚から渡すか、受付係に預けて受付の際に渡してもらってもかまいません。

披露宴スタッフ

渡し損ねないよう家族などに依頼して

受付係などのスタッフを務めてもらった人には、披露宴前かあとに謝礼を渡します。当日渡し損ねることのないように、渡す相手のリストを作り、家族や親戚に頼んでおくと安心です。スピーチや余興を頼んだ人には基本的に謝礼は必要ありません。

会場担当者など

規定の料金とは別に心づけを渡す

式場担当者や、式場で手配した着付け、ヘア&メイク、介添人に、また司会や撮影でプロを頼んだ場合なども、料金とは別に心づけを用意します。披露宴のあとは慌ただしく、先に帰ってしまうスタッフもいるので、当日、会場に入って、はじめに「よろしくお願いします」とあいさつするときに渡すとよいでしょう。

ただし、会場によってはスタッフへの謝礼がはじめからサービス料として含まれている場合もあります。辞退されたら無理に渡す必要はありません。

挙式場への謝礼

教会や社寺へは挙式の前かあとに

結婚式場やホテルに付帯する施設ではなく、教会や神社で挙式した場合は、挙式前かあとに謝礼を渡すのが一般的です。教会には「献金」、神社には「初穂料」「玉串料」、寺院には「御布施」などとします。金額はそれぞれの教会、神社、寺院で相談するとよいでしょう。

世話人へのお礼の目安

媒酌人への謝礼	20万円（いただいたお祝いの1.5～2倍）
媒酌人・主賓のお車代	1万～2万円
受付係への謝礼	3000～5000円
司会（友人）の謝礼	2万～3万円
撮影係（友人）の謝礼	2万～3万円
会場責任者への心づけ	スタッフ分をまとめて1万円
プロの司会、撮影、ヘアメイク、運転手などへの心づけ	3000～1万円（料金は別途支払う）
挙式場への謝礼	5万～20万円

謝礼や心づけの表書き

媒酌人へのお礼

新郎新婦の連名で

両家の姓で

スタッフへの謝礼や会場担当者などへの心づけ

媒酌人、来賓の交通費

表書きは「御祝儀」としても。印刷されたのし袋でかまわない。

式場への謝礼

寺院

神社

教会

挙式直前の準備と当日の心得

挙式前日は電話であいさつと確認を

挙式の前日には、お世話になる人に電話であいさつをしておきます。長々と話す必要はなく、「明日はお世話になりますが、どうぞよろしくお願いいたします」と簡潔に伝えればよいでしょう。

また、会場の担当者にも連絡をし、最終確認を行います。事前に持ち物リストを作っておき、荷物の確認もしておきましょう。

これらの準備を早めにすませ、夜はできるだけ家族と過ごす時間をたいせつに。両親にはあらためてあいさつし、これまでの感謝の気持ちを伝えましょう。

当日は早めに会場へ

挙式会場には早めに到着するようにします。挙式や披露宴の間、食事が思うようにできないこともあるので、朝はしっかり食べておきます。支度の合間などに食べられるよう、軽食を持参するのもよいでしょう。

会場に入ったら、会場責任者やスタッフにあいさつをし、心づけを渡します。心づけは親などに頼んでもよいでしょう。

支度が整ったら、新郎新婦そろって両親とともに媒酌人にあいさつを。その後は控室で待機し、来賓からのあいさつを受けます。

挙式前日のチェックリスト

あいさつ

- □媒酌人
- □主賓
- □司会者・受付
- □余興やスピーチをお願いしている人
- □二次会の幹事
- □会場責任者
- □両親・親戚

会場への確認

- □持ち込み品が届いているか（衣装、小物、ブーケとブートニア、引き出物など）
- □出席者数
- □美容室に入る時間
- □進行などの最終確認

その他の確認

- □媒酌人や主賓、親族、自分たちの車の手配
- □来賓、親族、自分たちの宿泊先の確認

謝辞の準備

披露宴の最後に、招待した側がお礼のあいさつを述べます。通常、新郎の父が両家を代表して謝辞を述べますが、最近はそれに続き、新郎自身もあいさつをするケースが増えています。もちろん新婦が続けてもかまいません。

新郎新婦からの謝辞では、あまり堅苦しくならず、招待客への感謝を素直な言葉で述べればよいでしょう。

披露宴を締めくくる大事な場面なので、事前に原稿を準備し、よく練習しておきましょう。ゆっくり、はっきりと、背筋を伸ばして会場を見渡しながら話します。

謝辞の基本（親の場合）

1. 自己紹介
2. 招待客へのお礼
3. 媒酌人へのお礼
4. 祝辞やスピーチなど祝福へのお礼
5. 親としての心情、二人への願い
6. 招待客に今後の支援のお願い
7. 結びの言葉
（列席へのあらためてのお礼と、おもてなしが行き届かなかったお詫び、招待客の繁栄を祈る言葉など）

挙式当日のタイムスケジュール

<table>
<tr><th></th><th>新郎</th><th>新婦</th><th>両親</th><th>媒酌人夫妻</th></tr>
<tr><td>式場入り</td><td>1～2時間前。式場の係の人にあいさつ。</td><td>2～3時間前。美容師や式場の係の人にあいさつし、ご祝儀を渡す。</td><td>1時間前。着付けを行う場合は2～3時間前。新郎新婦と一緒でも。</td><td>1時間前。着付けを行う場合は2～3時間前。</td></tr>
<tr><td>媒酌人へのあいさつ</td><td colspan="3">「本日はお世話になります。どうぞよろしくお願いいたします」とあいさつし、お祝いの言葉に対しては「ありがとうございます」とお礼を述べる。</td><td>「本日はおめでとうございます。お役務めさせていただきます」とお祝いの言葉を述べる。</td></tr>
<tr><td>最終打ち合わせ、確認</td><td colspan="3">媒酌人、司会者、式場の係の人などと、必要に応じて段取りを確認する。当日届いた祝電に目を通し、披露宴で紹介してもらうものを決めて司会者に渡す。衣装の扱いなどでわからないことがあれば、係の人や美容師に確認しておく。</td><td>式次第の確認。スピーチ原稿の名前や数字に誤りがないか、新郎新婦や両親に確かめながら最終確認をする。</td></tr>
<tr><td>来賓、親戚へのあいさつ</td><td>控室で、到着した招待客からのお祝いの言葉を受ける。「本日はお忙しいところをありがとうございます」「よろしくお願いします」などと返答する。</td><td>新郎と同様。衣装を乱さないよう、あいさつは椅子に腰かけたままでよいが、「座ったままで失礼いたします」とひとこと添える。</td><td>新郎と同様。親族などを必要に応じて媒酌人に紹介する。</td><td>まず新郎側、次に新婦側の控室にあいさつに出向く。紹介を受けたら「本日媒酌を務めさせていただく○○でございます。不行き届きではございますが、どうぞよろしくお願いいたします」と自己紹介する。</td></tr>
<tr><td colspan="5">挙式・披露宴　（P74からの、それぞれの進み方を参照）</td></tr>
<tr><td>媒酌人へのお礼</td><td colspan="3">披露宴終了後、別室で謝礼を渡すことが多い。「おかげさまでよい披露宴となりました。本当にありがとうございました」とお礼を述べる。</td><td>「行き届かぬ点も多かったと存じますが、滞りなくお開きとなり、ほっといたしました」などと感想を述べる。謝礼を渡されたら「ごていねいに恐れ入ります」と受け取る。</td></tr>
<tr><td>お開き</td><td colspan="2">媒酌人夫妻を見送ってから、控室に戻って着替える。会場への支払いをすませる。スタッフにお礼を述べ、二次会または宿泊先のホテルへ向かう。</td><td>媒酌人夫妻、親族、新郎新婦などを見送って帰宅。</td><td>新郎新婦、両親にあいさつして帰宅。</td></tr>
</table>

キリスト教式挙式の進み方の例（プロテスタントの場合）

カトリック教会では信者以外の挙式を認めないところが多く、ホテルや結婚式場のチャペルでは一般的にプロテスタント式になります。

介添人を誰に頼むかの決まりはなく、媒酌人夫妻や新郎新婦の友人などが行います。介添人を置かず、会場担当者や母親などが随時サポートすることもあります。

①牧師、新郎の入場
参列者の着席後、牧師と新郎が入場する。新郎は介添人（媒酌人など）とともに入場し、聖壇の右手前に立つ。

②新婦の入場
新婦の介添人の入場に続き、新婦が父親とともにバージンロードを歩いて入場。聖壇の前で父親が新郎に新婦を引き渡す。

③賛美歌斉唱
全員が起立し、二人を祝福する賛美歌を斉唱する。

④聖書朗読、祈祷、説教
牧師が聖書の一節を朗読し、神に祈りをささげ、結婚や愛についての教えを説く。

⑤結婚の誓約
牧師が新郎新婦に結婚の意思を確認し、誓約を求める。新郎新婦はそれに答え、永遠の愛を誓う。

⑥指輪の交換
新郎新婦は手袋を介添人に預ける。新郎が牧師から指輪を受け取り、新婦の左手の薬指にはめる。続いて新婦も同様に新郎に指輪をはめる。

⑦ベールアップ
新郎が新婦のベールを上げて、誓いのキスをする。

⑧結婚誓約書への署名
新郎、新婦の順に、結婚誓約書に署名する。

⑨祈祷・宣言
牧師が新郎新婦の右手を重ね合わせた上に手を置いて祈祷し、結婚が成立したことを宣言する。

⑩賛美歌斉唱
全員が起立し、祝福の賛美歌を斉唱する。

⑪祝祷
牧師が祝福の祈りをささげる。

⑫新郎新婦退場
新郎新婦が腕を組み、バージンロードを歩いて退場する。介添人はこれに続く。列席者は起立し、拍手で見送る。

キリスト教式挙式の席次例

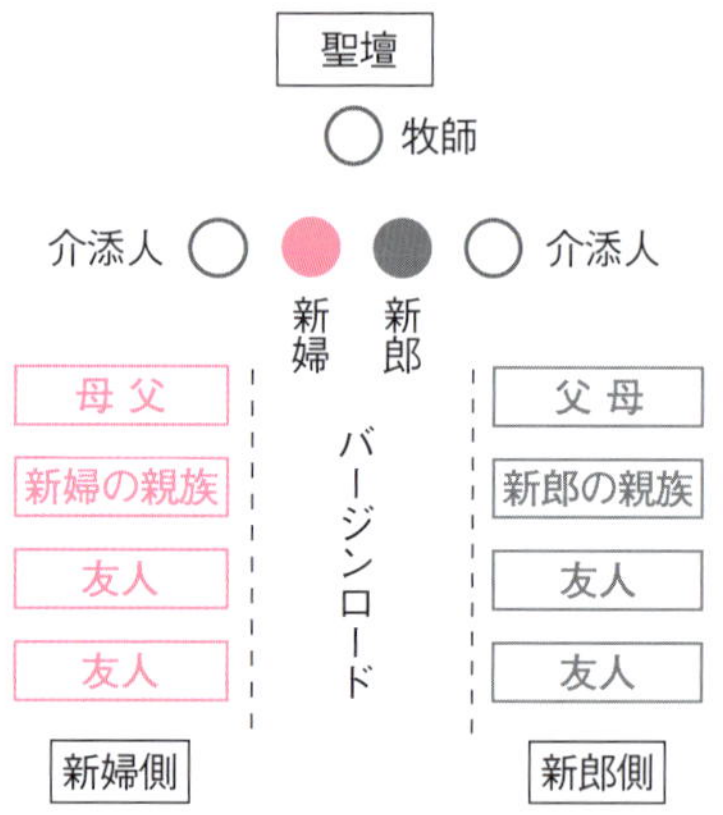

バージンロードの歩き方

左足から踏み出し、右足をそろえる。次に右足を出し、左足をそろえる。これをくり返しながら、父親と新婦が歩みをそろえて進む。

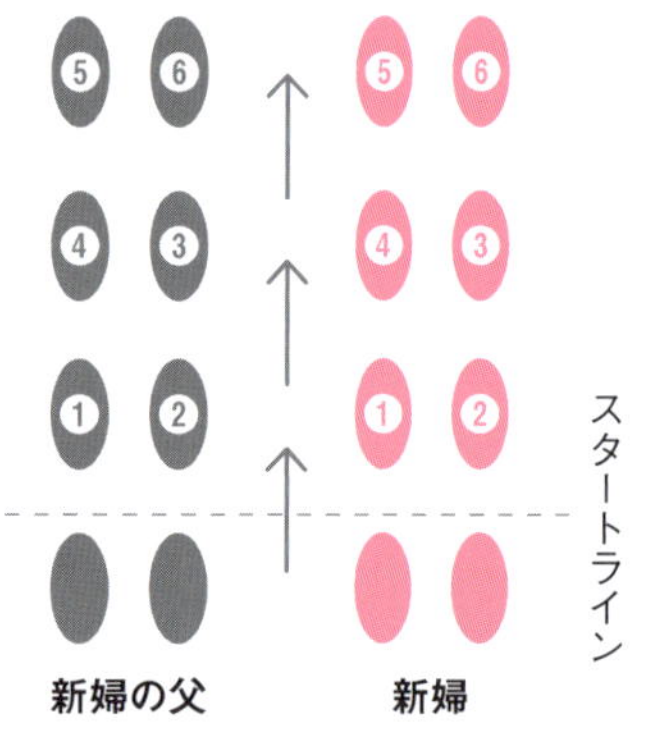

神前式の進み方の例

日本の伝統的な挙式スタイルで、「家と家とを結びつける」という意味合いが強く、本来は両家の親族以外の参列は認められませんでしたが、最近は友人などにも出席してもらえる神社や結婚式場などもあるようです。誓詞の読み上げや玉串奉奠などの作法は、事前に確認し、練習しておくと安心です。

❶入場（参殿）

新郎新婦、媒酌人夫妻、親族の順に入場する。親族は、本人に近い順に上座から着席する。

❷修祓《しゅうばつ》の儀

①斎主が入場し、係が式の始まりを告げる。
②全員が起立し、神を敬う意味で頭を下げる。
③斎主による修祓（清め）のおはらいを受ける。

❸祝詞《のりと》奏上

斎主は結婚を神に報告し、祝詞を読み上げる。参列者は頭を下げて拝聴する。

❹三献《さんこん》の儀（三三九度《さんさんくど》）

①新郎新婦は起立し、巫子がついだ御神酒を交互に飲む。
②第一献（小杯）は新郎→新婦→新郎の順に。
③第二献（中杯）は新婦→新郎→新婦の順に。
④第三献（大杯）は新郎→新婦→新郎の順に。
※１杯を３口で飲むが、１～２回は口だけつけ、３回目で飲み干す。飲めなければ、口をつけるだけでよい。

❺誓詞《せいし》奏上

①新郎新婦は神前に進む。
②新郎が誓詞（誓いの言葉）を読み上げ、年月日、姓名で結ぶ。
③新婦は自分の名前をあとに加える。
④誓詞をたたんで、神前に供える。

❻玉串奉奠《たまぐしほうてん》

①新郎新婦は右下図の要領で玉串をささげる。
②「二礼、二拍手、一礼」する。
③お互いの顔を見合わせるように内回りで方向転換し、席に戻る。
④続いて媒酌人夫妻、両家代表が同様に玉串をささげる。新郎新婦の玉串より外側に並べる。

❼指輪交換

①新郎は巫女から指輪を受け取り、新婦の左手薬指にはめる。
②新婦も同様に新郎の左手薬指にはめる。

❽親族固めの杯の儀

参加者全員が起立し、巫女からつがれたお神酒《みき》で、親族固めの杯をあげる。巫女の合図により、３口に分けて飲み干す。

❾退場

①斎主が式終了の祝詞をあげて、退場。
②新郎新婦→媒酌人夫妻→親族の順に退場。

神前式の席次例

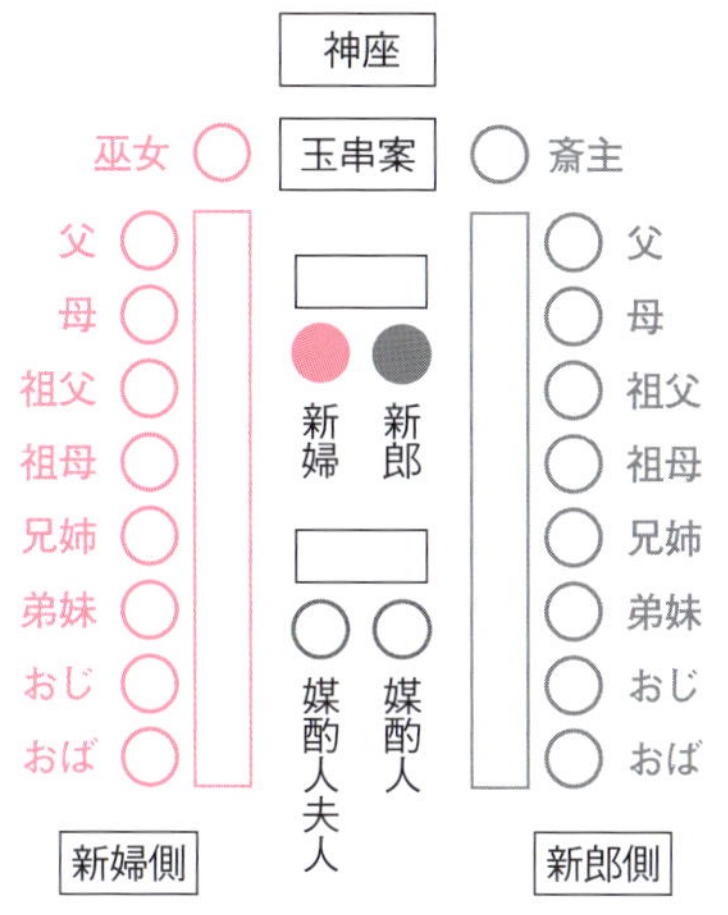

玉串のささげ方

挙式が無事に行われたことを感謝し、神前に玉串を供えます。

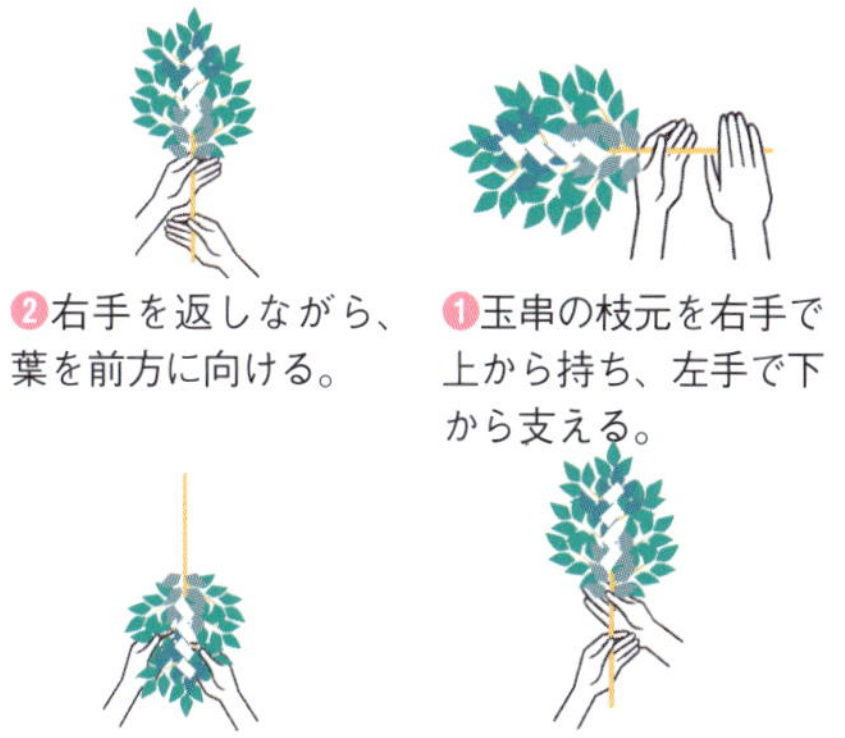

❶玉串の枝元を右手で上から持ち、左手で下から支える。
❷右手を返しながら、葉を前方に向ける。
❸左手を枝元にずらし、時計回りに回す。
❹枝元を前方に向け、神前にささげる。

仏前式挙式の進み方の例

仏前式の挙式は、先祖代々の菩提寺で行うか、自宅の仏間に僧侶を招いて行うのが一般的です。数は限られますが、結婚式場を備えた大規模な寺院や、仏前式の設備のある専門式場などで行うこともできます。

宗派によって念珠の授与や焼香の作法が異なる場合があるので、事前に確認しておきましょう。

❶入堂

両親と親族が入堂し、続いて新郎新婦が媒酌人夫妻とともに入堂。最後に僧侶(司婚者)が入堂する。

❷啓百文《けいびゃくもん》朗読

新郎新婦は焼香台の前に進み、列席者は起立する。僧侶が焼香し、仏と先祖の霊に二人の結婚を報告するための啓白文を朗読する。新郎新婦と列席者は合掌する。

❸念珠《ねんじゅ》授与

僧侶は、白い房のついた念珠を新郎に、赤い房のついた念珠を新婦に渡す。それぞれ左手で念珠を受け取り、親指以外の４本の指にかけて合掌する。
※指輪の交換をする場合はこのあとに続けて行う。

❹司婚《しこん》の辞

僧侶が新郎新婦に誓いを求め、二人が答える。僧侶は、結婚の成立を列席者に宣言する。

❺焼香

新郎、新婦の順に焼香する。焼香台の前で合掌し、念珠を左手に持って右手で香をつまみ、１回だけ香炉に入れて再び合掌する。

❻誓杯《せいはい》

新婦、新郎、新婦の順に、それぞれ３口で飲み干す。※神前式の三三九度と違い、三つ重ねになった杯のうち、一番上だけを使う。

❼親族固めの杯

全員が起立し、杯を３口で飲み干したら、一同は仏前に合掌する。

❽法話

僧侶からお祝いの説話をいただく。

❾退堂

僧侶、新郎新婦、媒酌人夫妻、列席者の順に退出する。

仏前式挙式の席次例

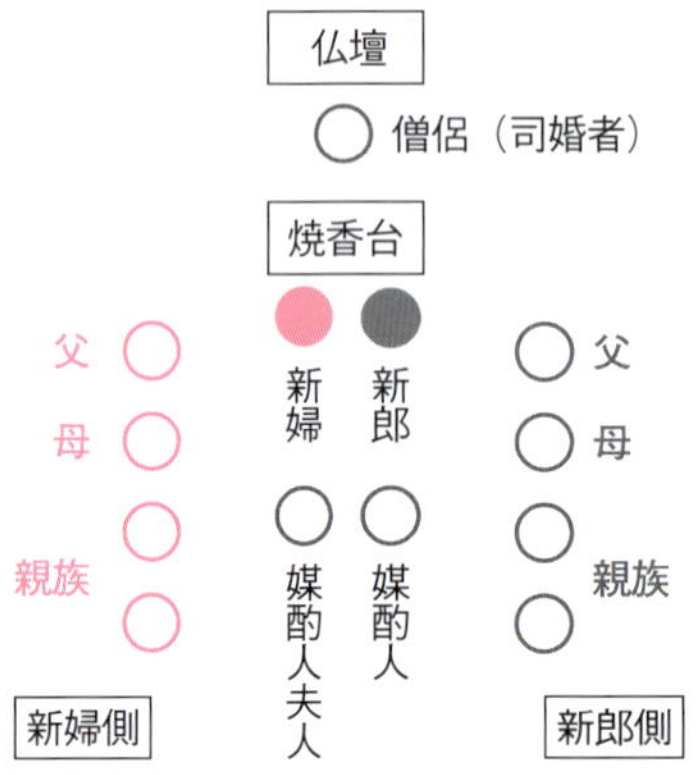

焼香の仕方

❶ 親指、人さし指、中指でお香をつまみ、目の高さに上げる。

❷ つまんだお香を香炉に入れて合掌する。

※焼香の作法や回数などは宗派によって異なるので、事前に確認しましょう。

人前式挙式の進み方の例

宗教に関係なく行われる人前式では、特に決まった式次第もありません。結婚式にふさわしい厳かな雰囲気を守りながら、自分たちらしい形式で行いましょう。

人前式では、聖職者にかわって進行役を務める司会者の役割が重要になります。打ち合わせやリハーサルをしっかり行い、理想の形を作りましょう。

❶新郎新婦入場
列席者が先に入場し、新郎新婦が二人で入場する。証人（友人、知人など）とともに入場する場合もある。司会者が結婚式の開会を宣言する。

❷誓約式
新郎新婦が、二人で考えた誓いの言葉を読み上げる。最後に日付と二人の名前を忘れずに。
「私たちは、本日ご列席いただいた皆様の前で結婚いたします。これからは互いを思いやり、あたたかい家庭を築くことを誓います」

❸指輪交換
結婚の誓いのあかしに、お互いの左手の薬指に指輪をはめる。誓いのキスをする場合はこのあとに続けて行う。

❹婚姻届に署名
新郎新婦が婚姻届に署名し、証人代表も続いて署名する。独自の結婚誓約書などを用意してもよい。

❺結婚成立の宣言
司会者が二人の結婚が成立したことを宣言する。列席者に拍手を求め、二人の結婚の承認とする。

❻閉式
司会者が閉式を宣言。そのまま披露宴に移ることが多い。

結婚誓約書

Marriage Certificate
結婚誓約書

私たちは、出席された方々を証人とし、
結婚の約束を交わします。
これからは互いを思いやり、互いに成長
しながら、協力してあたたかい家庭を築
くことを、ここに誓います。

Date　挙式日　／　／
Bridegroom　新郎
Bride　新婦
Witness　証人
Witness　証人

儀式的要素を入れて厳かさも忘れずに

決まった形式のない人前式であっても、結婚式としての神聖な雰囲気はたいせつにしたいもの。誓いの言葉の朗読、指輪の交換などの儀式的要素を入れることで、厳かな雰囲気になります。

記念に残るオリジナルの結婚誓約書を作り、式の中で二人でサインをするのも人気です。列席者代表に証人としてサインをもらっても。

結婚誓約書や誓いの言葉は、形式にとらわれる必要はありません。結婚にあたっての決意や努力目標、理想とする家庭像、列席者への感謝や将来にわたるおつきあいのお願いなど、二人らしい言葉でまとめましょう。

親族の紹介と記念撮影

内の紹介なので敬称は省きます。媒酌人が紹介まで行う場合は「お兄様の○○さんです」のように敬称をつけるのが自然です。紹介された人は一礼し、相手側もそろって一礼します。

挙式と披露宴の間にお互いの親族を紹介

挙式のあと、披露宴までの時間を利用して、お互いの親族紹介を行います。紹介の場所は、控室の仕切りをはずす場合、式場内でそのまま行う場合、別室が用意される場合などさまざまなので、会場担当者の誘導に従います。新郎新婦は同席する場合も、しない場合もあります。

進行役は媒酌人や会場側の司会者などが務めます。両家が向かい合い、父、母、兄弟姉妹、祖父母……と新郎新婦との関係が近い順に並びます。まずは新郎側の親族を紹介し、次に新婦側に移ります。親族ひとりひとりの紹介は両家の父親が行うことが多いのですが、新郎新婦から見た続柄と名前を紹介するので、混乱しないように前もって確認しておきましょう。身

挙式と披露宴の間の過ごし方

★親族紹介が終わったら、家族や親族は控室に行き、招待客を迎えます。出席に対するお礼を述べながら歓談しましょう。来賓の間を回り、出席のお礼を述べたり、手持ちぶさたの人に声をかけたり、面識のない人に紹介するなど、親交をはかるようにします。

★新郎新婦も時間があれば、控室に行って招待客を迎えましょう。最初に主賓にあいさつし、そのあと友人などに声をかけます。

★ただし、新婦はこの間に化粧直しや身づくろいに立ってもかまいません。

★来賓が披露宴会場に入場するときは、新郎新婦を中心に、両脇に媒酌人夫妻、両家の両親が入り口に並び、軽く頭を下げて迎えます。

親族紹介の口上の例

司会者（媒酌人）
「挙式も滞りなく行われ、おめでとうございます。ただいまより、ご両家の皆様をご紹介させていただきます」
「こちらが新郎のお父様の○○○○様です。お父様からご親族の皆様のご紹介をお願いいたします」

新郎父
「新郎○○の父の○○でございます。よろしくお願いいたします。では、ご紹介させていただきます。まず、○○の母の○○です。次は祖母の○○です……」
※敬称は目上でも略す。

司会者（媒酌人）
「ありがとうございました。続きまして、こちらが新婦のお父様の○○○○様です。お父様、ご親族のご紹介をお願いいたします」

新婦父
新郎の父と同様に紹介する。

司会者（媒酌人）
「以上でご親族のご紹介が相すみました。ご両家の幾久しいご厚誼をお祈りいたします」

一同
「幾久しくよろしくお願いいたします」

写真は二人を中心に関係の近い順に

親族紹介に続いて、親族一同の集合写真を撮るのが一般的です。写真は親族の集合写真のほかに、新郎新婦、新婦のみなどのカットも撮ります。

集合写真では、カメラに向かって右側に新郎側が、左側に新婦側が並びます。最前列中央には新郎新婦、その両隣に媒酌人夫妻、両親、祖父母と並ぶのが一般的です。あとは中央付近から順に、新郎新婦と関係の近い人や高齢者が並びますが、あまり神経質に考えることはありません。女性は前に、背の高い人は後ろになど臨機応変に対応すればよいでしょう。

媒酌人夫人は介添人として新婦の衣装や髪、化粧などに気をくばり、ベールや着物の裾がきれいに見えるようにサポートします。

美しく写るために、手の位置や扇子の持ち方などを事前に確認しておきましょう。

「別撮り」なら落ち着いて撮影できる

挙式当日は慌ただしく、また緊張感やゲストへの気遣いもあり、ゆっくり撮影ができないもの。そこで、二人の写真を挙式とは別の日に撮るカップルも増えています。費用は別途かかりますが、二人のリラックスした姿が撮りやすく、よい記念になるようです。

記念写真の基本的な並び方

記念写真の美しい写り方

肩の力を抜き、あごを引き背筋をのばす

緊張すると肩に力が入り、上がってきてしまいます。深呼吸して肩の力を抜きましょう。背骨をまっすぐ立て、頭がその真上にのるようにしてあごを引きます。

椅子に座るときは浅めに

深く座るとだらしない印象になり、ドレスや着物もきれいに見えません。いつもよりやや浅めに座りましょう。

座ったときの手の置き方

女性は、和装なら帯にさしていた末広を手に持ちます。右手で末広の元を上から持ち、左手で下から支えると美しく見えます。洋装なら両手は腿の上に重ねて。男性は足を軽く開き、両手は軽く握って腿の上にのせます。

新郎新婦が二人で並ぶときは、お互いに少しずつ内側を向き、ハの字を描くようにするときれい。

Q&A

Q 記念写真は誰に送る？

A 集合写真は、写った人全員に送ります。ただし同居している家族には、まとめて1枚送ればよいでしょう。媒酌人夫妻や、祖父母など主だった親続には、集合写真に加え、新郎新婦の写真も同封します。いずれも、お礼の手紙とともに送るようにしましょう。

披露宴の進み方の例

❶新郎新婦の入場
招待客に続いて両家の両親が入場し、着席したら、司会者の合図により新郎新婦が入場。媒酌人がいれば媒酌人夫妻とともに、いなければ新郎新婦二人で入場する。

❷開宴の辞
司会者が開宴を告げる。続いて招待客へのお礼を述べ、司会者の自己紹介をする。

❸媒酌人あいさつ
司会者の紹介で媒酌人がマイクの前に立ち、結婚成立の報告、新郎新婦の紹介をする。新郎新婦と媒酌人夫人、両家の両親は起立して聞く。媒酌人を立てない場合は、新郎または新郎新婦が開宴のあいさつを行う。

❹主賓祝辞
司会者の紹介で新郎側、新婦側の主賓がそれぞれ祝辞を述べる。新郎新婦は起立して聞くが、着席を促されたら一礼して着席する。

❺乾杯
司会者の紹介でゲスト代表が乾杯の音頭をとる。全員、起立して乾杯する。新郎新婦は招待客の祝福に一礼してこたえる。

❻ウエディングケーキ入刀
新婦が両手でナイフを持ち、新郎がそこに手を添えてケーキに入刀する。夫婦最初の共同作業という意味がある。新郎新婦はカメラを向けられたら笑顔でこたえる。

❼食事・歓談
飲み物と食事が運ばれ、会食スタート。新郎新婦もなるべく食べるようにする。

❽お色直し
食事が始まって少ししたら、まず新婦が、続いて新郎も中座し、お色直しに向かう。

❾キャンドルサービスなど
お色直しをした新郎新婦が再入場。キャンドルサービスやプチギフトを配りながら招待客のテーブルを回る。ゲストとにこやかに短い会話を交わしながら回るとよい。

❿スピーチ・余興
新郎側、新婦側の招待客代表が交互に行う。新郎新婦は食事の手を止めて聞く。

⓫両親への花束贈呈など
新郎から新婦の両親に、新婦から新郎の両親に花束を手渡す。両親は下座に並んで花束を受け取る。新婦が両親に宛てた手紙を読み上げることも。

⓬両家代表あいさつ
両家を代表し、新郎の父親があいさつする。続いて新郎があいさつしたり、はじめから新郎新婦のあいさつだけにするケースも増えている。

⓭お開き・見送り
司会者が宴のお開きを告げたら、新郎新婦、両親、媒酌人夫妻は招待客の見送りのために退場。出迎えのときと同様に出口に並び、ゲストひとりひとりにお礼を述べて見送る。

披露宴会場でのお出迎えとお見送り

披露宴のはじめと終わりに新郎新婦は、両親や媒酌人夫妻とともに披露宴会場の入り口に立ち、ゲストのお出迎えとお見送りをします。最近では、はじめのお出迎えを省略する披露宴も見受けられますが、招待したお客様のお出迎えとお見送りは当然のマナーと覚えておきましょう。

いずれのときも、ゲストひとりひとりと目を合わせながら笑顔でおじぎをします。お見送りのときには新婦からプチギフトを手渡すことも増えています。あいさつの言葉はごく手短に。「おめでとうございます」と声をかけられたら、「ありがとうございます」とお礼を述べるくらいで十分です。特定の人と話し込んで招待客の列を滞らせないように注意しましょう。

スピーチ中はその人に注目を

媒酌人あいさつや主賓の祝辞のときは、新郎新婦と両親は起立して話を聞くのが基本です。主賓の祝辞では媒酌人夫妻も起立します。祝辞が終わったら一礼して着席します。ただし「どうぞお座りください」と促されたときは着席してかまいません。

それ以降のスピーチや余興も着席したままでかまいません。ただし、スピーチや余興の間は食事の手を休め、体と顔をその人のほうに向け、姿勢を正して注目している姿勢を示します。楽しいときは大いに笑いましょう。楽しんでいる姿を見せるのが、最高のおもてなしになります。

お色直しでの中座は最小限に

お色直しの間は、二人の紹介ビデオの上映や司会者から祝電披露を行うなど、ゲストが飽きない工夫を。新郎新婦不在の時間があまり長いのは招待客に対して失礼になるので、できるだけ短くなるように工夫しましょう。たとえば、洋装から和装へのお色直しなどは時間がかかるため、避けたほうが無難です。

お色直しのために中座するときは、新婦には媒酌人夫人または式場の係が付き添います。新郎には付き添わないのがふつうです。ただし最近は、新郎新婦ともに両親や祖父母などに付き添いを頼む演出もよく見かけます。

招待客全員と言葉を交わして

歓談中にゲストが高砂に来てくれたとき、キャンドルサービスなどでテーブルを回るとき、お見送りのときなどのタイミングを生かして、ゲスト全員と言葉を交わすように心がけましょう。特にスタッフを引き受けてもらった人や、遠方から来てもらった人などにはお礼の言葉も忘れずに。当日にねぎらいの言葉があるかどうかで、印象が大きく違います。また、新郎新婦でお互いに自分のゲストを紹介し合い、相手方のゲストとも積極的にコミュニケーションをとることもたいせつです。

披露宴のあとで

当日

お世話になった人にお礼のあいさつを

媒酌人夫妻や主賓、世話役、会場スタッフなどにお礼のあいさつをします。媒酌人夫妻には控室など落ち着いた場所で、新郎新婦と両家の両親がそろってあいさつを。お車代と、謝礼（当日渡す場合）も、このときに手渡しします。主賓には新郎新婦または家族がていねいにお礼を述べてお車代を渡し、出口か車まで見送ります。

当日の支払い係を決めておく

挙式や披露宴の費用は事前に支払いがすんでいることが多いのですが、追加料金がかかった場合などのために、当日の支払い係を決めておきましょう。自分たちが支払うものとして準備しておくか、家族などに頼むかしておきます。

後日

新婚旅行後は各方面にお礼を

結婚式後（または新婚旅行後）は、結婚式でお世話になったかたにすみやかにお礼を伝えます。

媒酌人には、先方の都合を確認したうえで、旅行のお土産や菓子折などを持ってお礼に出向きます。謝礼を挙式当日渡していない場合はこのときに持参します。

両親にも、旅行のお土産や写真を持ってあいさつに行きましょう。実家が遠方の場合は、最初のお盆やお正月などの休暇に里帰りを。

新婚旅行のお土産は、このほかお世話になったかたに持ち帰ります。もれのないよう事前にお土産リストを作り、さらに予備もいくつか購入しておきましょう。遠方の場合は、お土産にお礼の手紙を添えて送ってもかまいません。

主賓には自筆のお礼状を

主賓や乾杯の発声をしてもらった人には、感謝の気持ちとともに、新生活に対する抱負などを自筆でつづりましょう。主賓が会社の上司で、結婚式後にすぐに顔を合わせる場合などは、手紙ではなく口頭でお礼を伝えます。

媒酌人とのつきあい

媒酌人は結婚後の二人の生活を見守ってくれる存在です。お中元やお歳暮などの季節のあいさつや、出産の報告などのおつきあいを続けます。頼まれ仲人の場合、お中元やお歳暮は3年までともいわれますが、そこでぷっつりと連絡を断つのは失礼です。ご縁をたいせつに、人生の先輩に指導を仰ぐ気持ちで、ほどよくつきあっていくとよいでしょう。媒酌人のほうから「これまでごていねいにありがとうございます。もうご立派なご夫婦ですから、私どもへのお気遣いはなさいませんように」などと辞退するのもよいでしょう。

主賓へのお礼状の文例

拝啓　薫風の候、ますますご清祥のことと存じます。

先日はお忙しいところ、私どもの結婚式にご臨席を賜り、まことにありがとうございました。お心のこもったお言葉もちょうだいし、これから夫婦として二人で協力しながら歩んでいくうえでの大事な指針とさせていただきます。

今後ともご指導のほど、どうぞよろしくお願い申し上げます。末筆ながら、ご家族の皆様のご健康とご多幸を心よりお祈り申し上げます。

敬具

新生活のスタート

手続きリストを作りもれなく効率的に

婚姻届だけでなく、住民票や運転免許証、クレジットカードなど、結婚に伴って姓や住所が変わると、さまざまな届け出や手続きが必要になります。必要な手続きをリストアップし、優先順位を考えて効率よくすませましょう。

役所や銀行だけでなく、勤務先にも届け出を忘れずに。会社によって必要書類が異なるので、人事部などに確認しましょう。

届け出	届け出先	必要なもの・注意点
婚姻届	本籍地または在住の市区町村役所	婚姻届（全国の役所・出張所でもらえる）、それぞれの戸籍謄本または抄本（結婚前の本籍地や役所に届ける場合は不要）、印鑑　成人の証人二人の署名捺印が必要。証人は同姓の場合、別々の印鑑が必要。婚姻するのが未成年者の場合は親の同意書が必要。
転出届・転入届	旧住所および新住所の市区町村役所	転出証明書、印鑑 旧住所の役所に転出届を出し、転出証明書を受け取り、その後２週間以内に新住所の役所に転入届と転出証明書を提出する。
印鑑登録	新住所の市区町村役所	登録する印鑑、身分証明書 転入届を出す際にまとめて行うと効率的。旧住所での印鑑登録は転出届を提出した時点で抹消される。
国民健康保険	旧住所および新住所の市区町村役所	健康保険証、印鑑 配偶者の扶養家族になる場合は、配偶者の社会保険証が必要。
国民年金	新住所の市区町村役所	国民年金手帳、印鑑 転入届を出す際にまとめて行うと効率的。
運転免許証	所轄の警察署または運転免許試験場	運転免許証、新しい住民票、証明写真（他都道府県から転入の場合）
パスポート	都道府県の旅券申請窓口	新しい戸籍謄本または抄本、新しい住民票、新姓の印鑑、これまで使用していたパスポート 住所変更だけなら記入欄を自分で変更すればよく、届け出は不要。新規申請にはこのほかに身分証明書、証明写真が必要。
電気・ガス・水道	旧住所と新住所の管轄営業所	引っ越しの１週間前までに電話連絡。ガスは立ち会い開栓となるので日時を予約する。

※このほかに、銀行口座、クレジットカード、各種保険、電話、インターネット、自動車登録、各種免許（公的資格）など。
郵便局にも住所変更届を出しておくと、郵便物を１年間転送してくれる。

結婚通知状と内祝い

結婚通知状は挙式後1カ月以内に

披露宴に出席した人にはお礼を兼ねて、また出席しなかった人には報告のために、結婚通知状を送ります。

内容は挙式の年月日と場所、媒酌人の名前、今後の指導、支援のお願い、新居の場所とお誘いなどで、基本の文面を印刷し、余白に手書きのメッセージを添えると気持ちが伝わります。

結婚式の写真を使うなどデザインは自由ですが、目上のかたにあまりくだけたものを送るのは避けましょう。送る相手によって文面やデザインを変えるのもよい方法です。

結婚通知状は挙式後1カ月以内に送りますが、年賀状や暑中見舞いの時期が近ければ、それを兼ねて送ってもかまいません。

印刷物を送るときは、「お心遣いをありがとうございました」「お正月には二人でおじゃましたいと思います」など、相手に合わせたひとことを自筆で書き添えましょう。

Q&A

Q 結婚式をしない場合でも報告は必要？

A 最近は結婚式をせずに、入籍だけというカップルも増えてきました。そのような場合でも、両親はもちろん、親戚や友人、知人への報告は社会人としての常識といえます。

お世話になった人や、これからもおつきあいしていきたい人など、結婚式をしていたら招いていたと考えられる人、年賀状のやりとりをしている人などを目安に、結婚通知状を送るとよいでしょう。結婚通知状は転居の報告などと兼ねてもかまいません。

結婚通知状の文例

年賀状で知らせる場合

明けましておめでとうございます。

旧年中はたいへんお世話になりありがとうございました。

私どもは昨年11月○日に結婚し、夫婦そろって初めてのお正月を迎えました。

未熟な私どもですが、今後ともご指導のほど、どうぞよろしくお願い申し上げます。

お近くにお越しの際は、新居にもぜひお立ち寄りください。

平成○年元旦

東京都千代田区神田駿河台○-○
中田　秀夫
ひとみ（旧姓小野）

結婚のあいさつ

このたび私どもは、○○○○様ご夫妻のご媒酌により、○月○日、○○ホテルで結婚式を挙げました。

未熟な私どもですが、どうか今後ともよろしくご指導くださいますようお願いいたします。

なお、右記に新居を構えましたので、お近くにお越しの節は、ぜひお立ち寄りください。

平成○年○月

東京都千代田区神田駿河台○-○
中田　秀夫
ひとみ
（旧姓小野）

内祝いはお祝いの半額程度

内祝いは本来、お祝い事の喜びを分かち合うという意味で、広い範囲に行っていました。しかし現在では、事実上の「お返し」として、お祝いをくださったかたにだけ行うのが一般的です。

披露宴に出席していただいたかたには、料理のおもてなしと引き出物が内祝いにあたるので、あらためて内祝いを贈る必要はありません。内祝いを贈る相手は、披露宴に出席しなかったけれどお祝いをくださったかたということになります。

内祝いには、いただいた金額の半額程度を目安に、引き出物と同様、相手に喜ばれそうな品物を選びます。引き出物と同じ品にすることもあります。食器やタオルなどの実用品のほか、高級食材、カタログギフトなども人気があります。

内祝いを送る際は、挙式後1カ月以内に。直接持参してお礼を述べるのがていねいですが、配送でもかまいません。その場合は、品物だけを送りっぱなしにせず、お礼状を別に送るか、品物に同梱しましょう。

贈答ノートを作る

お祝いをいただいたら、そのつど送り主、連絡先、いただいた品物や金額などをノートに控えておきましょう。内祝いもこのノートを見ればもれなく贈れますし、今後のおつきあいの参考にもなります。こちらが贈ったものも控えておくといいでしょう。

Q&A

Q 祝電をもらった人へのお礼は何をすればいい？

A 挙式後、最初に会ったとき、または手紙でお礼を伝えます。お祝いをいただいた場合は内祝いを贈ります。祝電だけが届いた場合は、手紙や口頭で感謝の気持ちを伝えるだけでも十分です。お礼の言葉とともに何か贈りたいというときは、相手の負担にならない、たとえば引き菓子程度のものと考えるのがよいでしょう。

Q 連名でいただいたお祝いのお返しの仕方は？

A 何人かの連名でお祝いをいただいた場合も、お返しはまとめてひとつではなく、ひとりひとりにするのがマナーです。いただいた品物に相当する金額を人数で割り、その半額程度を目安にお返しの品を考えるとよいでしょう。それぞれにお礼状を添えることも忘れずに。

内祝いに添えるお礼状の文例

拝啓　初夏の候、○○様にはますますご清祥のことと存じます。
　先日は、お心のこもった結婚祝いの品をいただき、本当にありがとうございました。素敵なグラスはさっそく毎日の食卓で活用させていただいております。
　未熟な私どもですが、今後ともどうぞよろしくご指導ください。
　心ばかりですが、結婚式の写真と内祝いの品をお送りいたしますので、どうぞお納めください。
敬具

のし紙の水引は紅白の結び切り。名前は名字だけでもよい。

招待状が届いたら

返信はがきは必ず期日までに

結婚式・披露宴の招待状が届いたら、できるだけ早く返事をします。出席の返事は早いほどお祝いの気持ちが伝わりますし、欠席の場合も早くわかれば主催者はすみやかにほかのかたに招待状を送ることができます。また、返事が遅れると招待客の席次を決めることができず、迷惑にもなります。締め切りの期日にかかわらず、2～3日中、遅くても1週間以内には返事をしましょう。電話や口頭で出席を告げた場合も、それとは別に必ず返信のはがきを出します。返信はがきの余白には結婚の祝福のメッセージを添えましょう。

返信用はがきの書き方

裏面

出席、欠席いずれかを丸で囲み、「御」は消す

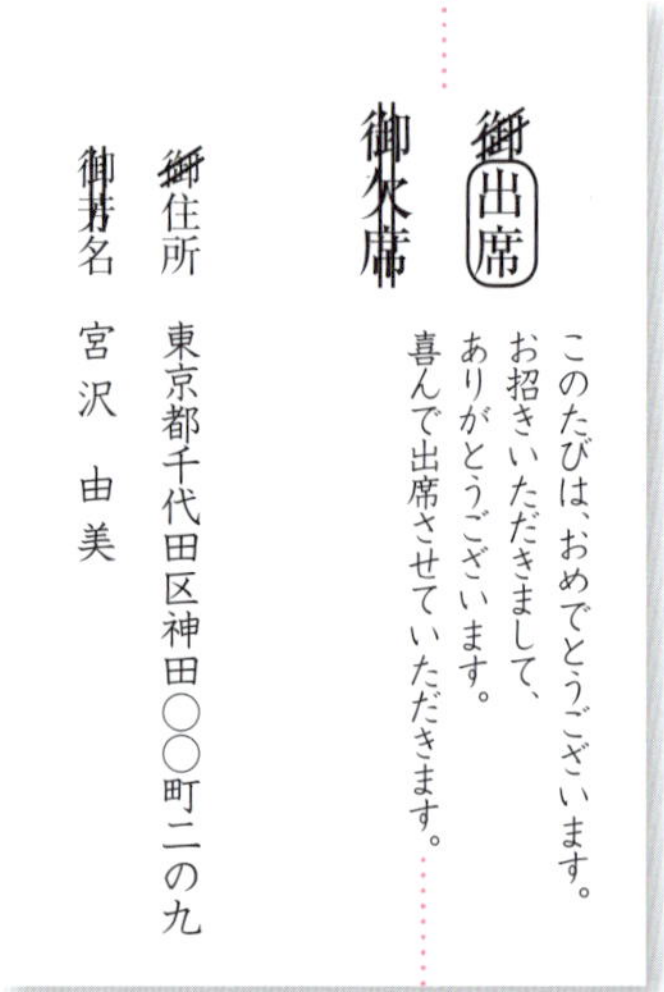

御出席
御欠席
このたびは、おめでとうございます。
お招きいただきまして、
ありがとうございます。
喜んで出席させていただきます。
御住所　東京都千代田区神田○○町二の九
御芳名　宮沢　由美

余白にはお祝いの言葉や招待のお礼、欠席する場合はお祝いに続けて欠席の理由を書き添える。

ポイント

- インクの色は黒か濃紺。筆か筆ペン、万年筆で書くのが基本。難しい場合は細字のサインペンや水性ボールペンで。油性ボールペンは避ける。
- 自分への敬称を消し、相手への敬称を加える（1文字は斜め二重線、2文字以上は縦の二重線で消す。「寿」の文字を書いて消してもよいが、汚なくならないよう注意を）。
- 裏面の余白にはお祝いの言葉と、欠席の場合はその理由を簡単に添える。

表面

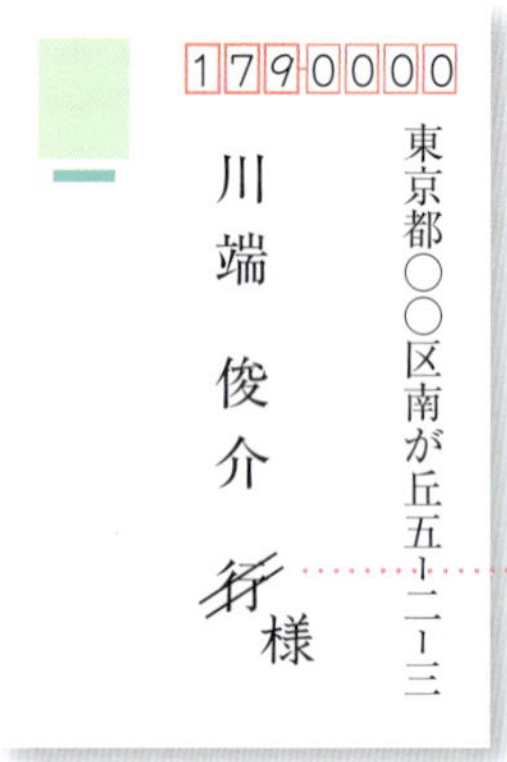

1790000
東京都○○区南が丘五ー二ー三
川端　俊介
行
様

あて名の下の「行」を斜め二重線で消して「様」に直す。

メッセージの例

欠席

- おめでとうございます。残念ですが長期出張のため出席が叶いません。遠い地より、お幸せをお祈りしております。
- ご結婚おめでとう。子どもが小さいため今回はあきらめますが、あらためてお祝いさせてね。

出席

- ご結婚おめでとうございます。○○さんの美しい花嫁姿、楽しみにしております。晴れの日までお体おいといください。
- おめでとう。自慢の花嫁さん（素敵なだんなさま）にお目にかかれるのが楽しみです。

欠席のときは祝電とお祝いを

招待されたのにやむをえず欠席する場合は、披露宴に合わせて祝電を打ちます。祝電はNTTの各支店や局番なしの「115」、インターネットなどで配達日1カ月前から申し込めます。忌み言葉など（P95参照）に注意して送りましょう。

また、別途ご祝儀やお祝いの品を贈るのが一般的です。

角の立たない欠席理由は

欠席の場合は、返信はがきにお祝いの言葉とともに理由を簡潔に添えます。仕事などの場合は正直に書いてさしつかえありませんが、「やむをえず」などとぼかした表現を使ったほうがいい場合もあるので注意しましょう。

【仕事の場合】

「どうしても仕事の都合がつかず」「当日は海外への出張で」など。「多忙につき」は失礼にあたるので書かないように。

【ほかの結婚式と重なった場合】

「あいにく先約がございまして」などとし、理由はぼかします。

【病気やけが、突然の不幸など】

お祝い事なので、体調不良や不幸などを理由にするのは避けます。「やむをえない事情で」「あいにくほかにはずせない用事がございますので」や「所用で」などとし、理由は特に明記しなくてもかまいません。

祝電の文例

- ご結婚おめでとうございます。新生活の門出を心よりお祝い申し上げます。
- ○○さん、ご結婚おめでとう！　お二人のすばらしい船出を、はるか遠くの空の下で心より願っております。
- ○○さんの晴れ姿を拝見できず残念です。新郎新婦とご両家の皆様のご多幸を心よりお祈り申し上げます。

Q&A

Q 披露宴と不幸が重なった場合は？

A 身内の不幸と重なった場合は披露宴を欠席します。すぐに先方に欠席を知らせますが、理由は「やむをえない事情」としておき、後日、事情を話すようにします。

慶弔が重なったときは弔事を優先するのが基本ですが、身内の弔事でなければ通夜か告別式のどちらかに参列し、できるだけ披露宴に出席できるよう調整しましょう。

出席or欠席こんなときどうする？

●予定がわからない

予定が立たず、すぐに返事ができない場合は、その旨を電話などで連絡し、いつごろ返事ができるかを伝えましょう。返信期限までに予定がわからない場合は、欠席にしたほうが無難です。

●親しくない相手からの招待

それほど親しくない相手であっても、招待された以上、先方の思いをくんで、できるだけ出席を。欠席の場合は祝電などのフォローを忘れずに。

●遠方の場合

かつては遠方の客には、主催者側が交通費や宿泊費を全額負担するものでしたが、現在は半額負担や、お互いさまということで負担しないケースも増えています。重荷に感じる場合は無理せず欠席を。返信はがきには「やむをえない事情で」などと記しておきます。

●喪中の場合

一般的には四十九日を過ぎていれば問題ないとされます。ただし、亡くなったのが近親者で華やかな場に出るのがためらわれる場合は欠席を。

●自分の式に出席してもらった相手の場合

その頃は親しかったけれど今は疎遠などという場合も、喜んで出席するのがマナー。旧交をあたためるチャンスと考えましょう。

お祝い金の目安とマナー

最近は披露宴に持参するのが一般的

結婚祝いは、もともとは品物を贈る習慣がありましたが、現在、特に披露宴に出席する場合は、結婚する当人たちが自由に使える現金を贈るのが一般的です。

また、品物、現金どちらを贈る場合でも、本来は挙式前に新郎または新婦の自宅に届けるのが正式なマナーでしたが、現在は、お祝い金は披露宴当日に持参することがほとんどです。新郎新婦にごく近しい人や媒酌人などで、格式を重んじたい場合には、挙式の1週間前までの吉日の午前中に直接届けます。

お祝い金の目安

金額の目安は、「披露宴の食事代＋お祝いの気持ち」と考えるとよいでしょう。友人の披露宴に出席する場合は、2万～3万円を包むのが一般的。新郎新婦と親しいほど、また、自分の年齢が上であるほど金額は多くなります。迷ったときは自分と似た立場の人にそれとなく聞いてみると安心です。

偶数の金額を包むのは「割りきれる」ため縁起が悪いとして、避ける傾向もあります。最近は「ペア」を意味する2万円や、「末広がり」の8万円を包むことも増えましたが、「死」「苦」を連想させる4と9は避けたほうがよいでしょう。

お祝い金の贈り方

裏の折り返しは、下側が上にくるようにする。

表書き

表書きは「寿」「御祝」など。送り主の名前を毛筆でフルネームで書く（夫婦連名の書き方などはP23参照）。

新札を中包みに入れ、紅白や金銀結び切りの水引のついたのし袋に納めます。蝶結びの水引は「ほどける」ことから、結婚式には用いません。祝儀袋をむき出しで持ち歩くのはNG。ふくさに包んで持参し、披露宴会場の受付などでふくさからとり出して、表書きの正面を先方に向けて両手で手渡します（ふくさについてはP17参照）。

祝儀袋は包む金額に見合ったものを選ぶ。金額が少ない場合には豪華すぎるものは避けて。

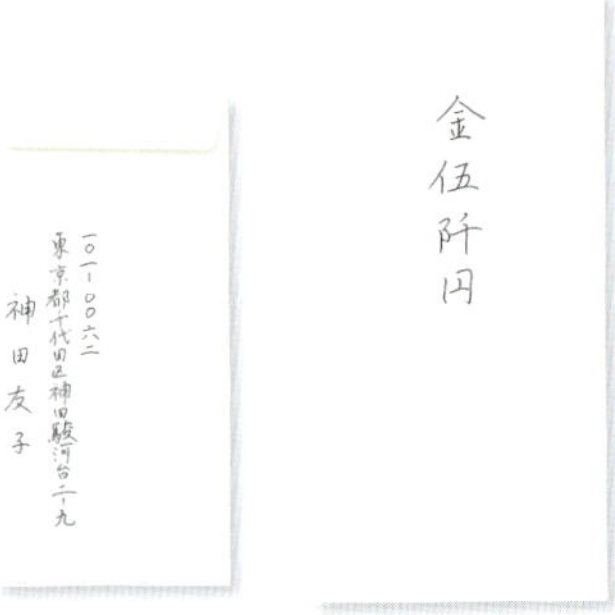

中包み

表に金額を書き、裏に住所、氏名を記入するのが一般的（金額の書き方はP22参照）。

披露宴に出席しない場合は

披露宴に招待されながら都合で出席できないときは、「お祝いの気持ち」として、出席する場合の3～5割程度の額を包むか、その金額に見合う品を贈ります。結婚のお祝いと欠席のお詫びの手紙を添えて、結婚式よりも前に贈るようにします。

ただし、披露宴に出席予定で、直前になって急な都合で欠席してしまったときは、席のキャンセルなどはできないので、出席した場合と同じ額を包みます。

また、披露宴には招待されていないけれどお祝いを贈りたいという場合には、先方によけいな気を遣わせないよう、式が終わって結婚の報告を受けてから贈るようにしましょう。

結婚祝いの目安

新郎新婦との関係	最多回答額	平均額
兄弟姉妹	50,000円	61,850円
おじ・おば	100,000円	75,973円
いとこ	30,000円	37,771円
その他の親戚	30,000円	45,286円
勤務先の上司	30,000円	34,749円
勤務先の同僚	30,000円	28,344円
勤務先の部下	30,000円	31,759円
取引先関係	30,000円	28,372円
友人・その家族	30,000円	29,161円
その他	30,000円	96,906円

一般社団法人全日本冠婚葬祭互助協会　祝儀（結婚祝い）等に関するアンケート調査　平成25年度より

お祝いは招待状を受け取ってから

お祝いの内容は、披露宴に招待されるかどうかによっても変わってくるので、招待状を受け取ってから考えましょう。招待される前にお祝いを渡してしまうと、招待を催促しているようにも受け取られてしまうので要注意です。

Q&A

Q 夫婦で披露宴に出席する場合は？

A お祝いも2人分包みます。1人3万円ずつの場合は、偶数の「6」を避け、奮発して7万円包むか、5万円にして品物を添えるなど工夫しましょう。

Q 披露宴が会費制の場合は？

A 会費以外のお祝いは不要です。別に何か贈りたいときは、相手の負担にならない程度のものを選びましょう。会費は、受付で財布から直接出してもマナー違反ではありませんが、白封筒などに入れて持参するとスマートです。祝儀袋に入れると、金額をあらためるのに手間がかかるだけでなく、会費とは別のお祝いと勘違いされることもあるので注意を。

Q 子どもと一緒に披露宴に行く場合は？

A 子どもの食事代を考え、大人の3分の1から半額程度の金額をプラスするのが一般的なようです。この範囲でキリのよい額を包み、祝儀袋には子どもの名前も記載しましょう。

結婚祝いの品を贈るとき

あげたいものよりも相手の好みを優先

結婚祝いは現金が一般的ですが、品物で贈ってもかまいません。また、現金だけでは味けないというときに、一部を現金で、残りを品物で、というように贈ることもできます。

いずれの場合も、自分の趣味を押しつけるのではなく、相手に喜ばれる品物を選ぶことがたいせつ。親しい間柄なら、希望の品を率直に聞いてみましょう。たとえば「○円くらいの品を贈りたいのだけど」と、予算まで伝えて聞ければベストです。また、「ティーカップ」「炊飯器」といった漠然とした希望ではなく、「○○社の□□シリーズ」などと具体的に聞いておけば、お互いが満足できる結果になります。

ひとりひとりがお祝い品を買ったのではどうしても重なりやすいもの。なかなか買えないような高価な実用品を、友人グループなどで連名で贈るのもよいでしょう。

品物は披露宴に持参しない

お祝いの品物は、結婚式の1週間前には先方に届くようにします。吉日を選んで新郎または新婦の家に持参するのが正式ですが、挙式準備で忙しい先方に配慮し、宅配便などで贈ることが多くなっています。この場合は別途お祝いの手紙を送るか、メッセージカードなどを添えましょう。

お祝い品を披露宴会場に持参するのはマナー違反。荷物になり、先方に迷惑をかけてしまいます。お祝いとして事前に品物を贈った場合、披露宴当日の受付では「お祝いはすませておりますので」と伝えて記帳だけします。

品物の贈り方

紅白または金銀結び切りののし紙をかけ、表書きは「寿」「御結婚御祝」などとします。持参する場合は風呂敷などで包みます。冷蔵庫などの大きいものの場合は配送にし、目録だけを持参してもかまいません。

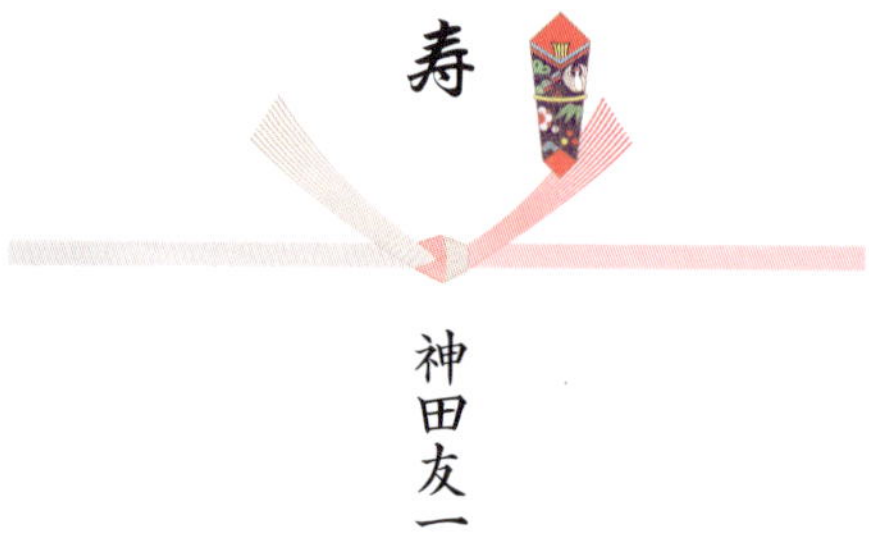

のし紙

紅白または金銀の水引を結び切りにしたものを。表書きは「寿」「御結婚御祝」などとする。

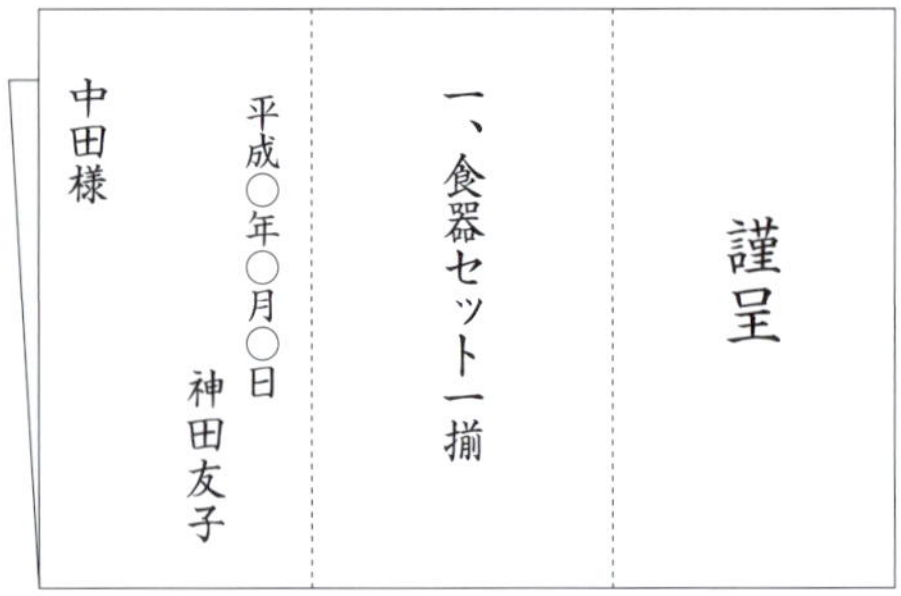

目録

品物が大きくて持参できない場合は、目録だけを手渡ししても。挙式当日に目録を渡し、あとから品物を届けることもできる。市販の目録用紙か、奉書紙を縦に二つ折り、左右に三つ折りにして用いる。品名、数量とともに日付と送り主名を筆で書き、上包みで包んで「目録」「寿」「御祝」などと表書きする。

贈り物のタブーは？

ナイフや包丁などの刃物や、ガラス、陶器、鏡などのように「(縁が) 切れる」または「割れる」ことをイメージさせるものは、昔からお祝い品としてタブーとされてきました。

しかし、現在では、相手に喜んでもらえるものを第一に考える人が多く、ワイングラスや陶器などは人気のお祝い品にもなっています。包丁セットなども、贈る相手が親しい間柄で、本人が希望するのであれば贈っても問題ありません。「二人ですばらしい道を切り開いてください」など前向きなメッセージを添えて贈るとよいでしょう。

また、食器やグラスなど複数のものを贈る場合は、やはり「割れない」奇数が好まれますが、2はペア、6は半ダースという単位で数えることもでき、最近ではあまり気にしなくなっています。

ただし、いずれも贈る相手によっては縁起をかつぐ人もいることを忘れず、事前に確認しておくこともたいせつです。

お祝い品に添えるメッセージの例

ご結婚おめでとう。来月の披露宴、楽しみにしています。ささやかですが、お祝いの品をお送りします。お二人の楽しい食卓の彩りに加えていただければ幸いです。当日まで準備など忙しいと思いますが、お体に気をつけてね。

ご結婚おめでとうございます。素敵な出会いがあったこと、心よりうれしく思います。本日、心ばかりのお祝いの品をお送り致しました。お納めいただければ幸いです。お二人で幸せなご家庭をお築きくださいますように。

Q&A

Q 挙式・披露宴をしない人へのお祝いは？

A 挙式や披露宴をしない場合でも、新しいスタートへのお祝いはしたいもの。特に自分がお祝いをいただいた相手の場合には、忘れずに贈りましょう。お祝いは現金でも品物でもかまいません。金額は、披露宴に招かれた場合の3～5割程度とされますが、自分がいただいている場合には、同等の金額にする人も多いようです。お祝い金は必ず祝儀袋に入れ、郵送する場合には現金書留でお祝いの手紙とともに送ります。

定番の結婚祝い

- キッチン用品
- 家電製品
- 食器セット
- 時計
- 二人の名前を入れたもの
- エプロン、パジャマ　など

実用品や二人の記念になるものが人気。反対に、置物や絵画など、趣味の別れるものには「迷惑」との声も。

注意したい贈り物

- 「割れる」に通じる：ガラスや陶器、鏡など
- 「切れる」に通じる：包丁、ナイフなど
- 「別れ」を連想させる：ハンカチなど
- 「喪」を連想させる：黒いもの、日本茶など
- 「苦」「死」を連想させる：クシ、4個・9個セットのものなど

招待客の装い

一般～格式の高い披露宴　装いの格：準礼装

●装いの格と時間帯による注意、小物の合わせ方はP63～65参照。

一般招待客はブラックスーツが一般的。ネクタイはシルバーグレーや明るい淡色のものなどを。昼の披露宴で、格式をやや高く装いたい場合は、モーニングの略装であるディレクターズスーツで。

格調の高い柄の訪問着や三つ紋、一つ紋の色留め袖が一般的。吉祥模様を織り出した袋帯や織りの名古屋帯を合わせて。色無地の場合は吉祥地紋や明るい色を選ぶと華やか。未婚女性は振り袖でも。

昼間ならセミアフタヌーンドレス、夜はカクテルドレスやディナードレスなど。アクセサリーは、昼は光るものを避け、パールや布製のコサージュなどを。夜は宝石や金銀などの華やかな輝きのものを。

招待客は準礼装または略礼装で

招待状に服装の指定があれば従いますが、晴れの席にふさわしい礼装で行くのが基本です。礼装には最も格式の高い正礼装と、それに準ずる準礼装、略式の略礼装があります。どの装いをするかは立場によって変わり、招待客は主役である新郎新婦より控えめに装うのがマナーです。一般的に、主役である新郎新婦と両親、媒酌人夫妻は正礼装を着用するので、招待客は準礼装または略礼装にします。主賓クラスの場合は正礼装を着用することも。

また、服装を決めるときは会場も考慮しましょう。格式の高い会場では服装の格も高く、カジュアルなレストランやガーデンパーティなどであれば服装もややカジュアルにします。

洋装では披露宴の時間帯にも注意

洋装の場合、午後5時ごろを境に、昼か夜かで礼装の基準が明確に異なります。男性は選ぶ服の種類や合わせる小物も異なりますし、女性も昼は肌の露出や光沢感などを控えめに、夜は華やかにと調整する必要があります。時間帯に合わない装いはよい印象を与えないので注意しましょう。

和装の帯や小物も着物の格に合わせる

和装の際は、帯や帯揚げ、帯締め、ぞうりやバッグなどの小物も着物の格によって決まっているので、全体の格を統一することがたいせつです（P65参照）。

和装では髪飾り以外のアクセサリーはつけないのが基本ですが、最近はパールやダイヤモンドなど

平服でと言われたら 装いの格：略礼装

●装いの格と時間帯による注意、小物の合わせ方はP63～65参照。

濃紺やダークグレーなどの無地のダークスーツや、ブレザーとズボンの組み合わせで。ネクタイには特に決まりはないが、光沢のある素材や鮮やかな色合いのもので華やかさを出して。

訪問着の略装であるつけさげや江戸小紋など。準礼装と同様に吉祥模様など格調高い模様の袋帯や織りの名古屋帯を合わせて。江戸小紋は格調高い柄を選んで一つ紋をつければ、準礼装にもなります。

ドレッシーなワンピースやスーツで。アクセサリーは準礼装と同様に、昼はパールや布製のコサージュなどで光を抑え、夜は宝石などで華やかに。

の小ぶりのピアス程度ならつけている人も見かけるようになりました。

靴&バッグにもTPOが

靴は昼夜ともつま先が出ないパンプスが正式。ローヒールではなく、多少でもヒールのあるものを選びましょう。最近はつま先の少しだけあいたものは許容範囲になっていますが、あまり露出の高いものは避けたほうがよいでしょう。

バックストラップのパンプスも認められるようになってきましたが、かかとが浮いてしまうミュールは、歩くときに音がしてまわりのゲストに不快感を与えるのでNG。ブーツもカジュアルなアイテムなので披露宴には適しません。

バッグは小型のクラッチバッグやハンドバッグを。ショルダーバッグはもともとビジネス仕様でフォーマルなアイテムではありませんが、華奢で華やかなデザインのものは認められる傾向にあります。

Q&A

Q 子どもの礼装は？

A 子どもの礼装には特別なルールはありません。学校や幼稚園の制服があれば、それが礼装になります。制服がない場合は、男の子ならブレザーにズボン、女の子ならワンピースやアンサンブルなどで、ふだんよりもややあらたまった雰囲気にしましょう。ヘアアクセサリーを使ったり、男の子も髪をセットするなど、髪型だけでもフォーマルな演出が可能です。

スピーチ・余興を頼まれたら

自分の立場ならではのスピーチを

スピーチを頼まれるのは、新郎新婦が信頼を寄せてくれているということ。その気持ちにこたえて快く引き受けるのがマナーです。

引き受けたら、まず自分がどのような立場で頼まれたのかを確認しましょう。友人代表であれば学生時代の思い出話を、同僚代表なら職場での活躍ぶりなどを話すと喜ばれます。

話したい具体的なエピソードを決めたら、さっそく原稿を作ります。原稿には下記の基本構成にあげた5つの要素を入れればよいでしょう。長さは3分以内、400字詰め原稿用紙2〜3枚程度が目安です。簡潔でわかりやすいスピーチのほうが印象に残るので、あれもこれもと欲張らず、ポイントを絞ってまとめましょう。

スピーチの基本構成

一般論よりも具体的なエピソードが喜ばれます。新郎新婦の人柄がにじみ出た、心あたたまる思い出などを盛り込んで。新郎新婦の意向を聞いてもかまいません。

1 お祝いの言葉

最初に新郎新婦、両家に結婚のお祝いを述べる。招待のお礼を述べてもよい。

2 自己紹介

自分のフルネームと新郎新婦との関係を述べる。

3 エピソード

新郎または新婦との関係から基本のテーマを決め、エピソードをひとつ選ぶ。本人の魅力が伝わる内容で。いくら親しくても、暴露話などはNG。ふざけすぎず、新郎新婦の両親が聞いていて快い内容に。

4 はなむけ・激励の言葉

新郎新婦に向けての励ましの言葉やアドバイスを。

5 結びの言葉

末永い幸せを祈る言葉や、祝福の言葉でスピーチを締めくくる。

1 ○○くん、△△さん、ご結婚おめでとうございます。また、ご両家の皆様にも心よりお祝い申し上げます（新郎新婦とご媒酌人さまはどうぞご着席ください）。

2 ただいまご紹介いただきましたように、新郎新婦とは同じ職場で働いております。じつはお二人の交際をまったく存じませんで、管理職としてはいかがなものかと思っております。

3 お二人が組んで仕事をすることも多かったのですが、そのようなそぶりはいっさい見せず、むしろ激しい議論をすることもありました。ですから、私など、あまり仲がよくないのかなあと思っていたほどなのです。しかしながら、公私のけじめをはっきりさせていたお二人には、あらためて感服しております。

4 新婦の△△さんはきめこまかな仕事ぶりで、私どもの部にはなくてはならない存在です。また、新郎の○○くんの企画力と行動力にはこれからも大いに期待するところです。今後ともお互いに刺激し合って、ともに成長してくれることを願っています。

5 これからは家庭での時間も充実させて、仕事にもそれを生かしてくだされば、これほどうれしいことはありません。お二人の末永い幸せを願って、私のごあいさつとさせていただきます。

原稿ができたら実際に声に出して練習をしておきます。話すスピードや間のとり方など、録音や録画をして客観的にチェックするのもおすすめです。

また、当日用に、原稿の要点をまとめたメモを作っておくとよいでしょう。スピーチであがってしまっても、メモがあれば安心して話せます。

余興は誰もが楽しめるものを

余興を頼まれた場合も、できるだけ引き受けましょう。宴を盛り上げることで、新郎新婦への祝福の気持ちをあらわします。

二人の思い出の曲や、皆が口ずさめるような曲を歌ったり演奏したり、また踊りや手品などの特技を披露したり、クイズなどを企画してもよいでしょう。ふざけすぎたり、仲間内でしか通じないものは避けます。時間は3分程度におさまるように事前にリハーサルしておきます。

Q&A

Q 好印象を与えるスピーチのコツは？

A 人前で緊張するのは当然のこと。背筋を伸ばし、一度深呼吸してから話すようにすると緊張がやわらぎます。会場全体をゆっくり見渡しながら、いつもよりゆっくりと、一語一語、語尾までていねいに発音することを心がけましょう。心配ならメモを見ながらでかまいません。

Q 突然指名されたら？

A 披露宴の進行によっては、「ひとことメッセージを」などと突然指名されることも。そんなときでもお祝いの席なので辞退はせず、まずは落ち着いてマイクを持って自己紹介を。簡単なエピソードなどがあれば話しますが、思いつかなければ、心を込めたお祝いの言葉を伝えるだけで十分です。無理に気のきいたことを言うよりも、お祝いの気持ちを伝えることがなによりたいせつだということを忘れずに。

お祝いと結びの言葉いろいろ

お祝い

「○○くん、△△さん、またご両家の皆様、本日はまことにおめでとうございます。このような晴れやかな席にお招きいただき、ありがとうございます」

「本日めでたくご夫婦となられた○○くん、△△さん、本当におめでとうございます。今日まで育ててこられたご両親、そして親族の皆様にも心よりお祝いを申し上げます」

結びの言葉

「これからは二人で力を合わせ、幸せな家庭を築いてください。末永くお幸せに。本日はおめでとうございます」

「お二人のご多幸とご両家の繁栄をお祈り申し上げ、私の祝辞とさせていただきます。本日はおめでとうございます」

忌み言葉に注意

おめでたい席では縁起が悪いとされる忌み言葉を避けます。原稿を一度作ってチェックし、忌み言葉はできるだけ別の言い回しに。

◆別れを連想させる言葉
戻る　離れる　壊れる　冷える　割れる

◆不幸を連想させる言葉
苦しい　薄い　短い　浅い　失う

◆再婚を連想させる言葉
重ね重ね　いよいよ　くれぐれ　わざわざ

◆不吉な音の言葉
四　九　塩　梨　無事　苦労

●言いかえの例
ケーキを切る➡ナイフを入れる
宴を終わる➡お開きにする
ますます➡大いに、さらに

披露宴の係を頼まれたら

受付

受付は両家の代表と心得て

披露宴の受付は、両家を代表してゲストを迎える重要な役目です。失礼のないよう、笑顔と落ち着いた態度で務めましょう。

当日は開宴の1時間前には会場に入り、新郎新婦や家族にお祝いのあいさつをしたら、服装、化粧を整え、芳名帳、筆、広蓋《ひろぶた》（祝儀袋をのせる塗り盆）、招待客名簿、席次表などがそろっているかどうかをチェックします。ゲストからトイレやクロークの場所などを尋ねられることもあるので、確認しておきましょう。

ゲストに芳名帳への記入をお願いし、席次表を渡すのが受付の主な仕事です。さらに披露宴当日にご祝儀を持参するのが一般的なので、これを受け取るのも重要な仕事です。受け取ったご祝儀を最終的に誰に渡すかを事前に確認しておきましょう。

また、来賓への「お車代」などを渡すよう頼まれる場合もあります。名簿でチェックしておき、渡し忘れのないようにしましょう。

受付係はお金を扱う大事な係でもあるので、受付開始から披露宴が始まるまで、途中で席をはずすことのないようにしましょう。

ゲストへの応対の仕方

ゲストを立って出迎え、一礼して「ご出席ありがとうございます。こちらにご記帳をお願いいたします」と記帳を促します。祝儀袋を差し出されたら必ず両手で受け取り、「ありがとうございます」とお礼を述べて、静かに受け盆に納めます。

服装は一般招待客と同様に。主催者側の顔として、あらたまった雰囲気や清潔感をたいせつに。

Q&A

Q 係を頼まれたときのお祝いはどうする？

A 司会や撮影などの係を務める場合でも、披露宴に招待されていれば、一般の招待客と同様のお祝いを贈ります。食事をゆっくりとれないからといって、お祝いを省いたり、少なくしたりするのは考えもの。新郎新婦がお礼を準備していることも多いので、あとで気まずい思いをすることになりかねません。二次会の幹事を頼まれたときも、会費は払うようにします。

Q 係を引き受けたときの服装は？

A 基本的には一般の招待客と同様に考えます。会場のスタッフとは違うので、いかにも裏方という服装をする必要はありません。特に撮影を引き受けた場合は、動き回るからといってスニーカーなどは避けましょう。

司会

打ち合わせをもとに台本を用意する

披露宴の進行を担うとともに宴のムードメーカーともなる司会は、披露宴の係の中でも一番の大役。新郎新婦、会場担当者と事前にしっかりと打ち合わせをし、タイムテーブルや台本を用意しておきましょう。

とはいえ、プロのように流暢な司会をめざす必要はありません。友人・知人代表として頼まれているのですから、お祝いの気持ちをもって、プロにはないあたたかみのある進行を心がけましょう。

気をつけたいのは、敬語と忌み言葉、そして人の名前です。司会者は主催側に立つので、ゲストには敬語を、新郎新婦側には謙譲語を使うのが基本です。忌み言葉（P95参照）にも注意を。また、スピーチをする人などの名前や役職も入念に確認しておきます。

撮影

事前の準備と計画がたいせつ

一生の記念になる写真やビデオの担当は責任重大。事前にどんな写真を撮ってほしいか、本人たちによく確認し、会場の見取り図や進行スケジュールなども手に入れて、どの位置からどのシーンを撮影するか、計画を立てておきます。

各演出の要所を押さえるのはもちろん、なにげない歓談風景や、控室、ロビーでの様子、会場全体の雰囲気など、いろいろなシーンを撮影しておくと見応えのあるものになります。ゲストにも配慮し、全員が必ず1枚は写真におさまるようにしましょう。

万が一の失敗を防ぐためには、一人ではなく複数で係を引き受けるのもよい方法です。いずれにしろ、当日に不備のないよう、機材の点検は前日までにしっかりとしておきましょう。

乾杯のあいさつ

乾杯のタイミングをわかりやすく

披露宴の乾杯は、セレモニーとしてひとつのヤマ場。厳粛な雰囲気を壊さず、明るく盛り上げる役目があります。

乾杯役は、ゲスト全員にグラスが行き渡ったのを見届けたら、自己紹介と二人に贈る言葉を手短に述べます。そして新郎新婦に目をやり、力強く明瞭に乾杯の音頭をとります。「それでは」「ご唱和ください」などとゲストを促して、全員が声をそろえられるようにすることがたいせつです。

乾杯のひとこと

* お二人の輝かしい前途を祝して乾杯したいと思います。それでは、乾杯！
* 新郎新婦のご健勝と、ご列席の皆様がたのご多幸を祈念いたしまして、皆様がたの乾杯のご協力をいただきたいと思います。乾杯！
* ご両家の繁栄とお二人のご多幸をお祈り申し上げ、乾杯の音頭をとらせていただきます。乾杯！
* 諸先輩がたをさしおき、まことに僭越《せんえつ》ではございますが、お二人の末永い幸せをお祈りいたしまして乾杯したいと思います。皆様ご唱和ください。乾杯！
* ご列席の皆様がたと新郎新婦のご多幸を祈念いたしまして、乾杯したいと存じます。本日はおめでとうございます。乾杯！

披露宴会場でのマナー

到着から入場まで

20〜30分前に到着し受付をすませる

披露宴の当日は、時間に余裕をもち、遅くとも開宴の20〜30分前までには会場に着くようにします。コートや手荷物をクロークに預け、化粧室で身だしなみを整えて受付に向かいます。

受付係は主催者側なので、こちらから「本日はおめでとうございます」とお祝いの言葉を。お祝い金を持参したときは、「心ばかりですが、お納めください」と述べて渡します。その後、芳名帳に名前を書き、席次表などを受け取ります。すでにお祝いを贈ってある場合は、お祝いを述べ、芳名帳に記入するだけでかまいません。「お祝いはすませております」とひとこと伝えてもいいでしょう。

祝儀袋は受付でふくさから出し、正面を相手に向けて両手で差し出します。

控室では周囲に気をくばって

開宴までは控室で待機します。新郎新婦やその両親に会ったら、お祝いの言葉と招待のお礼を伝えましょう。ほかのゲストもいるので、長々と話し込んで主役を独占することは遠慮します。

控室では、顔見知りとはしゃいだりせずに、面識のない人とも言葉を交わしてなごやかに過ごしましょう。椅子の数が限られていれば、年配者にゆずります。

係員の指示に従って披露宴会場に移動します。スムーズに移動することがたいせつなので、目上のかたを先に、などの遠慮は不要。入り口で新郎新婦や両親が出迎えていれば、ひとことお祝いを言いますが、話し込んで流れを止めないようにしましょう。

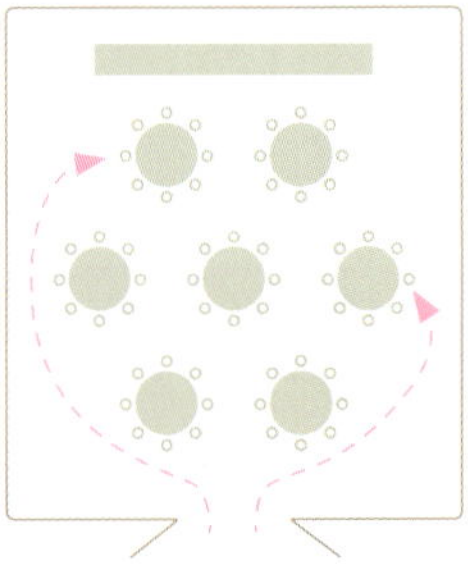

会場の端を通って自分の席に

自分の席に着くとき、真ん中を突っ切ったり、人前を横切るのはNG。遠回りでも端から進みます。

挙式や写真撮影に招かれたら

招待状に「挙式にもご参列ください」「○時から写真撮影がございますのでお越しください」などと書かれていたら、できるだけ参加するようにします。

式に参列するときは、肌の露出に気をつけ、きらびやかなアクセサリーははずします。挙式会場では厳粛な雰囲気を保ち、おしゃべりや写真撮影は控えましょう。写真撮影では、係員の指示に従ってすみやかに動くようにしましょう。

Q&A

Q 突然の遅刻や欠席、どうしたらいい？

A 当日、やむをえず遅れてしまう場合は、わかった時点で会場に連絡を入れ、到着したら係員の指示に従い、宴の進行の合間に目立たないように入場します。お祝い金は宴のあと、新郎新婦の親かきょうだいに直接手渡します。

急な欠席の場合も会場に連絡し、会場から主催者に連絡してもらいます。お祝い金は後日、出席した場合と同額を、お詫びの手紙とともに贈ります。

披露宴会場で

披露宴を盛り上げるのもゲストの務め

招待客としてたいせつなのは、二人の結婚を心から喜び、お祝いする気持ちです。場の雰囲気づくりにも積極的に協力しましょう。着席するときは、同じテーブルの人に軽く会釈を。隣席が初対面の人であれば、簡単に自己紹介をし、会話のきっかけをつかんでおきましょう。

新郎新婦の入場は大きな拍手で迎えます。乾杯までは儀式的な要素が強いので、厳粛なムードをたいせつに。媒酌人や主賓のあいさつは、話している人のほうを向いて話を聞きます。

乾杯がすんだら、周囲の人と歓談しながら食事を楽しみます。初対面の人や連れのいない人にも話しかけ、リラックスした雰囲気をつくりましょう。スピーチ中に食事をしてもマナー違反ではありませんが、できれば手を止めて注目したいものです。

また、食事は同じテーブルの人の料理がすべてそろってから食べ始めます。ひとりだけ遅れたりしないよう、ペースも周囲の人に合わせましょう。

乾杯のときは椅子の左側に立って

西洋では自分の右側が上座にあたるので、下座の左側に立ちます。はじめに着席するときも、左側から座るのが正式です。

乾杯ではグラスを右手で持ち、新郎新婦のほうを向いて「乾杯」と唱和したら、グラスを目の高さに軽く掲げます。飲めなくても口はつけましょう。グラスを合わせて鳴らすのはマナー違反です。

披露宴の最後は厳粛に見守る

披露宴が終わりに近づき、両親への花束贈呈や両家代表のあいさつが始まったら、食事も私語もやめ、セレモニーに集中しましょう。宴の最後を厳粛に、あたたかく見守ります。

お開きになったら、司会者の指示に従ってすみやかに退場します。席を立つときは、同じテーブルの人たちに「ありがとうございました」と軽く礼をしましょう。

席次表やテーブルの席札や座席表、メニューはそれぞれのゲストに用意されたものなので、引き出物とともに持ち帰るのがマナーです。

出口では、新郎新婦と両親、媒酌人夫妻が見送りをしています。招待のお礼を述べ、「素敵な披露宴でした」「末永くお幸せに」などとあいさつしましょう。入場のときと同様に、流れを止めないように手短にすませます。

Q&A

Q 中座するときに気をつけることは？

A 終宴までなるべく席を立たないのがマナー。トイレなどは事前にすませておきましょう。やむをえないときはスピーチの合間や歓談中に目立たないように出入りします。席を離れるときは、ナプキンは軽くたたんで椅子の上に。テーブルの上に置くと、退席の合図になってしまいます。気分が悪いなどで早退せざるをえなくなったときは、静かに会場を出て、係員から主催者に伝えてもらうようにします。お祝いの雰囲気を壊してしまうので、まわりの人や主催者にあいさつする必要はありません。

二次会でのマナー

カジュアルな中にもマナーを守って

友人や同僚が中心となって祝福する二次会は、カジュアルな雰囲気でマナーもうるさく問われません。ただし、披露宴と同様、お祝いの気持ちを第一に、新郎新婦や参加者が楽しく過ごせる心くばりが必要です。

二次会の招待状が届いたら、お祝いの言葉を添え、早めに返信します。当日は必ず開宴時間前に会場に到着すること。立食スタイルのパーティは出入りが自由と誤解されがちですが、開宴時間が決まっている以上、遅刻は失礼です。パーティが始まってからは仲間だけで盛り上がらないように注意を。初対面の人にも積極的に声をかけ、会場全体でなごやかな雰囲気をつくりましょう。披露宴から続けて出席する人はすでにしっかりとお祝いがすんでいるので、二次会からの人に場をゆずるような気持ちで控えめにするとよいでしょう。

いつもより華やかな装いで祝福を

二次会には服装の決まりもありませんが、場所や時間を考慮して決めるとよいでしょう。男性ならスーツに華やかなシャツやネクタイ、女性ならドレッシーなワンピースやスーツで。アクセサリーなどでいつもより華やかに装って、祝福ムードを盛り上げましょう。

会費制の場合はお祝い金は不要

二次会が会費制の場合は、会費がお祝いになります。別にお祝いをしたいときは、本人の負担にならない程度の品を、事前に贈るとよいでしょう。荷物となってしまうため、当日に持参するのは控えます。会費は祝儀袋には入れず、受付でスムーズに支払えるよう、おつりのないように準備しておきましょう。

column

二次会の幹事を頼まれたら

準備はできるだけ早めに

二次会の幹事を頼まれたら、早めに準備を始め、綿密にプランを立てましょう（準備のスケジュールなどはP69参照）。

二次会には特に決まったスタイルはないので、新郎新婦の意向をよく聞いて、希望に添ったパーティにすることがたいせつです。

招待状は友人主催であれば幹事の名前で出します。招待状には幹事名、連絡先、日時、場所のほか、会費や服装（「平服で」など指定があれば）を明記し、遅くとも４週間前には届くようにします。

二次会成功のポイント

◆新郎新婦の希望に添ったプランを

あくまでも主役は新郎新婦。まずは、新郎新婦を交えて綿密なプランを練りましょう。

◆会場は食事よりも雰囲気を重視

二次会は立食式が一般的。自由な演出が楽しめる会場選びを。披露宴会場から移動しやすいことも条件です。

◆ゲームなどで盛り上げる演出を

新郎新婦も参加できるゲームなどを盛り込んで、アットホームな雰囲気を演出しましょう。挙式や披露宴の映像を上映するのもおすすめ。

PART 3

人生の祝い事

●赤ちゃんに関する祝い事は主に身内のお祝い
●子どもの成長に伴う祝い方とお返し
●日常の祝い事はいつ、どう祝う?

妊娠・出産・子どもの成長のお祝い事 スケジュールと費用

	祝い事	いつ？	金額の目安	表書き（水引）	贈られる側
妊娠 5カ月	帯《おび》祝《いわ》い	妊娠5カ月目の戌の日までに	3000～1万円	御祝／御帯祝（紅白蝶結び）	お返しは不要。安産祈願後に会食をするなど
出産 0才	出産祝い	出産後1カ月以内に	3000～1万円	御祝／御出産御祝（紅白蝶結び）	いただいた⅓～半額の品の内祝いを贈る
	お七夜《しちや》	当日	5000～1万円	御祝／祝御七夜／祝命名／御酒肴料（紅白蝶結び）	お返しは不要。祝いの席でもてなす
	お宮参り	当日	1万～10万円	御祝／祝御宮参り／衣装料（紅白蝶結び）	お返しは不要。祝いの席でもてなす
	お食《く》い初《ぞ》め	当日	5000～1万円	御祝／御初膳御祝（紅白蝶結び）	お返しは不要。祝いの席でもてなす
1才	初誕生祝い	当日	5000～2万円	御祝／初誕生御祝（紅白蝶結び）	お返しは不要。祝いの席でもてなす
	初節句《はつぜっく》	当日	5000～5万円	御祝／初節句御祝（紅白蝶結び）	お返しは不要。祝いの席でもてなす
3才 5才 7才	七五三	当日	5000～1万円	御祝／七五三御祝（紅白蝶結び）	お返しは不要。祝いの席でもてなす
	入園・入学	入園・入学式までに	5000～2万円	御祝／御入学御祝／御進学御祝（紅白蝶結び）	お返しは不要だが、お礼状を出す
20才	成人式	成人式までに	5000～3万円	御祝／御成人御祝（紅白蝶結び）	お返しは不要。本人がお礼状を出す

帯《おび》祝《いわ》い

お祝い

水引　紅白蝶結び
表書き　御祝／御帯祝
贈る時期　妊娠５カ月目の戌の日までに
金額の目安　3000～１万円

お返し

基本的には不要。安産祈願後に会食をするなど。

お産が軽い犬は安産のシンボル

岩田帯は安産祈願の神社でも買い求めることができる。ガードルや市販腹帯も喜ばれる。

腹帯《はらおび》を巻いて安産を祈る儀式

安定期に入った妊娠5カ月目の戌《いぬ》の日に、岩田帯《いわたおび》と呼ばれる腹帯を巻いて妊娠を祝い、出産の無事を祈る「帯祝い」。戌の日に行うのは、多産でお産の軽い犬にあやかりたいという縁起から。以前は妊娠・出産に危険が伴っていたため、近親者を招き「着帯式《ちゃくたいしき》」を行っていましたが、今日では戌の日前後に神社に安産祈願し、授け物としていただいた（祈祷料とは別に購入した）さらしの腹帯を、セレモニーとして巻きます。

岩田帯は通常、妊婦の実家から贈られます。儀式用の紅白二筋の絹帯と白木綿一筋の帯を重ねて奉《ほう》書紙《しょがみ》で包み、蝶結びの水引をかけます。現在では、着用が簡単なガードルタイプや伸縮性のある腹帯が喜ばれています。使いやすいものを帯祝いの品として贈るとよいでしょう。基本的にお返しは不要です。

岩田帯の由来

三韓出兵のときのこと、懐妊した神功皇后《じんぐうこうごう》が、神羅《しらぎ》を平定する間に産気づかないよう、また出産の無事を祈る意味から行われたのが始まり。もともとは「斎肌帯《ゆはだおび》」と呼ばれ、「斎」は心身を清浄に保ち、けがれを避けて慎むという意味です。その後、「岩のように丈夫な赤ちゃんが生まれますように」という願いを込めて「岩田帯」と呼ばれるようになりました。

❶ 巻きやすい形に整える
帯はさらし１反分の半分の長さ（幅34㎝×長さ約５ｍ）が一般的。幅を半分にしてから、ぐるぐるとロール状に丸めます。

❷「わ」を下にして巻き始める
「寿」の文字入りの場合は、文字をおへその位置にして巻き始めます。１周したら、手を差し込んで斜めに折り上げ、背中側に回します。

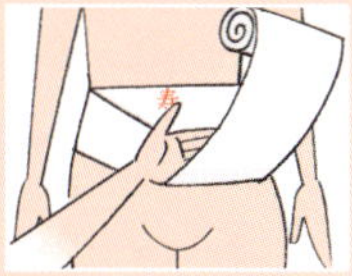

❸ 下にずらしながら巻いていく
体の中央で折り返しながら３回ほど巻きます。さらしの端は、三角に折って、巻いた帯にはさみ込みます（下から巻き上げる方法も）。

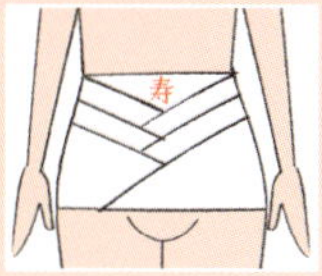

安産祈願の仕方

事前に祈祷料を準備します

祈祷料（初穂料《はつほりょう》）が決まっている神社なら、当日、神社の神札所《しんさつじょ》で現金を払います。「お気持ちで」と言われたら、紅白蝶結びののし袋に「初穂料」と書き、3000～5000円を入れます。

❶ 入り口で手と口を清める
入り口の手水舎（てみずや、ちょうずや）で手と口を清めます。

❷ 祈祷を申し込む
神札所で申し込み、初穂料を渡します。

❸ おはらい・祝詞奏上《のりとそうじょう》
本殿に上がり、おはらいを受けたあと、神主による安産祈祷の祝詞を聞きます。

❹ 二礼・二拍手・一礼
祝詞が終わったら起立し、２回礼をし、パンパンと２回手を打ち、深く一礼します。

❺ 授与品が渡され、終了

出産祝い

贈る側

お祝い

水引　紅白蝶結び
表書き　御祝／御出産御祝
贈る時期　出産後1カ月以内に
金額の目安　3000～1万円

お返し

赤ちゃんの名前で「内祝」ののし。いただいた額の3分の1～半額を贈る。

Q&A

Q 二人目の場合はどうすればいいの？

A 一人目と同様にお祝いを。ただし一人目のときより簡素にしても失礼にはなりません。

Q 遅れて知ったときはどうするの？

A 遅れたお詫びとお祝いの言葉を添えて贈れば、失礼にはなりません。

Q こんなとき出産祝いはどうするの？

A
- **贈り先に不幸があった場合**
出産と同時に葬儀もあるという場合、お祝いの贈り物は控えます。
- **双子の場合**
同じ品を二そろえ贈ることが原則です。現金は倍にして贈ります。
- **両親へのお礼は**
なにかと世話になった両親にもお礼はしたいもの。「内祝」とせず「御礼」に。

出産祝いによい品・不向きな品

好みではない服、スタイ
何枚あってもと思いがちだが、趣味に合わないものは結局、使われないまま。

高品質の食器セット、おもちゃ
自分では買いにくい高級ライン。本物を与えたいという親心にもマッチする。

ミトン、帽子、靴下
見た目がかわいいので選んでしまいがちだが、実際には使わないという声も。

大きめサイズの服
大きなサイズの洋服を見ながら、赤ちゃんの成長を夢見るうれしさも贈れる。

紙おむつ、おしりふき
必需品だが身近すぎて、ありがたみは疑問。赤ちゃんの肌に合わないメーカーも。

現金、商品券
必要なものや好みのものを買える点から、贈られる側にとってはうれしい贈り物。

出産祝いに添える文例

　ご出産おめでとうございます。母子ともにご健康とのお知らせに安心し、家じゅうで喜んでおります。初めてのお子さまに、若いパパ、ママをはじめ、お二人のご両親のお喜びはひとしおのことと存じます。
　本日は心ばかりのお祝いの品をお送りいたしますので、ご笑納ください。
　末筆ながら、奥様のお肥立ちの早からんことをお祈りいたします。

お祝いを贈るのはできれば1カ月以内

　出産祝いは、出産後1カ月以内に贈りたいもの。出産直後は母子ともに落ち着かないので、病院にまでお祝いに駆けつけるのは、親しい場合以外は避けます。退院後、状態が落ち着いてからにしましょう。伺うときは、前もって電話などで都合を確かめ、昼間の短時間の訪問にとどめます。
　いずれの場合も身内以外の男性は遠慮する、幼児を連れていかない、新生児を抱かないなどの配慮が必要です。お祝いの気持ちをすぐに伝えたいときは、祝電や手紙を利用しましょう。
　お祝いは、ベビー服やベビー用品、絵本、アルバムが定番人気です。また、銀のスプーンをくわえて生まれた子どもは幸せになる、という言い伝えがあり、銀のスプーンや銀製品を贈る習慣もあります。親しい間柄であれば、希望の品を聞いてもよいでしょう。

贈られる側

内祝いで気をつけること

出産の内祝いは、赤ちゃんの名前のお披露目を兼ねているので、赤ちゃんの名前で贈ります。表書きを「内祝」とし、のし紙の下部には赤ちゃんの名前を書きます。いただいたお祝いの３分の１程度が目安。品物はタオルや赤ちゃんの名入りのお菓子など消耗品がよく使われます。かつては赤飯や紅白の砂糖などを配りました。

内祝いはタオルや食器などを、2000～3000円の品で一律に贈るのがほとんど。名入りのお菓子や赤ちゃんの出生体重と同じ重さの米も内祝いとして人気です。

双方の実家からの出産祝いは?

生まれた赤ちゃんと三世代同居をする家が多かった時代は、父方の実家からは家族である孫には出産祝いを贈らないかわりに、出産内祝いを行いました。一方、母方の実家からは祝い着や、その後の節句飾りなどを贈るのが一般的でした。しかし核家族が増えた現在は、しきたりにはこだわらず、ベビーカーなど値の張る品や現金を両家から贈るというケースが増えています。

Q&A

Q 報告はどこまでするの？

A 赤ちゃんが生まれたら、すぐに双方の両親やきょうだいなどの近親者に、母子の状態を知らせます。夫が仕事を休んで付き添った場合は、勤務先にも報告します。友人・知人、親戚、妻の仕事関係者などへは、退院後、少し落ち着いてからでOKです。

Q 病院関係者へのお礼は？

A 医師や看護師さんには、感謝の気持ちを込めてお礼をしましょう。主治医には5000～１万円程度の商品券が一般的です。看護師さんへは3000～5000円が目安。菓子折りや果物が適切です。病院によっては、規則で受け取らないところもあるので注意しましょう。

内祝いはお宮参りの時期に贈る

出産したら近親者をはじめ、勤務先や友人、知人などに知らせます。ただし喜びのあまり広範囲に知らせると、お見舞いの気遣いを与えたり、お祝いを催促したりしているように見えるので注意。

出産祝いをいただいたら、お宮参りの時期（生後1～2カ月）に内祝いを贈ります。内祝いとは、本来はお祝いをいただいたかどうかにかかわらず「自分たちとともに祝ってください」という気持ちで、近所にお赤飯などを配って行うものでした。しかし現在では、お祝いのお返しという意味で、くださったかたにだけ贈ります。

里帰り出産の場合は、父方の実家または父親本人から母親側に、滞在費相当のお礼をすることが多いようですが、母方の実家が受け取ったお礼の金額をそのまま「出産祝い」として返すのが慣例の地域もあるようです。

お七夜《しちや》

お祝い
水引 紅白蝶結び
表書き 御祝／祝御七夜／祝命名／御酒肴料
贈る時期 当日
金額の目安 5000～1万円

お返し
お返しは不要。祝いの席でもてなし、記念写真などを渡す。

命名書は三方（儀式で物をのせる台）にのせて神棚や床の間に飾るのが正式。

命名書の書き方

楮《こうぞ》を原料としたやわらかい厚手の奉書紙に墨で書くのが正式。横半分に折ってから三つ折りにし、表側中央に「命名」と書きましょう。略式なら色紙か半紙に墨で書きます。

略式

命名
悠太《ゆうた》
平成○年十月八日生

- 子どもの生年月日を書く。
- 中央に「命名　○○」と子どもの名前を大きく書き、ふりがなをふる。

正式

長男
悠太《ゆうた》
平成○年十月八日生

平成○年十月十五日
父　香川孝明
母　玲奈

- 奉書紙を横半分に折る。折り目を下にして、さらに縦三つ折りに。
- 子どもの生年月日を書く。
- 続柄（長男、長女、次男、三女など）を書く。
- 中央に子どもの名前を大きく書き、ふりがなをふる。
- 両親（命名者がいれば命名者）の名前を書く。
- お七夜の日付を書く。

命名書を飾り祝い膳を囲んで

生まれた日から数えて7日目に命名書を飾ってお祝いするのが「お七夜」です。昔は、せっかく誕生しても生後まもなく死亡することもあり、お七夜は、成長する見込みが立った節目として重要なお祝いでした。命名書は名づけ親が作り、三方《さんぼう》にのせて神棚に飾るのが正式ですが、現代では略式の命名書を作り、壁やベビーベッドの上に貼るのが一般的。

お七夜は退院直後にあたるため、退院祝いを兼ねた祝い膳を内輪で囲みます。赤飯や尾頭《おかしら》つきの魚を用意しますが、すしを頼むなど簡略化して母親に負担がかからないようにしたいもの。お七夜に招かれたら、ご祝儀《しゅうぎ》や祝い膳の費用として酒肴料《しゅこうりょう》を包みます。招待を受けた祖父母が包む場合は「御酒肴料」とします。お祝いする赤ちゃんが孫や姪などの場合、金額は奇数にするのがマナーです。

お宮参り

お祝い

水引　紅白蝶結び
表書き　御祝／祝御宮参り／衣装料
贈る時期　当日
金額の目安　1万～10万円

お返し

お返しは不要。祝いの席でもてなし、記念写真などを渡す。

神社へのお礼

まずは神社に予約の有無や初穂料《はつほりょう》の金額を確認します。金額が決まっていればその金額を、「お気持ちで」と言われたら5000円程度を準備しましょう。紅白蝶結びののし袋に入れて「初穂料」と書き、当日持参します。

赤ちゃんの服装はどうすればいいの？

白羽二重《しろはぶたえ》（やわらかく光沢のある白い絹織物）の内着に祝い着（晴れ着）を重ねます。祝い着は3才の七五三用に仕立て直して用いることもあります。母方の実家が贈るものとされますが、最近はこだわらず、ベビードレスやレンタルを利用する人も。

付添人の服装は？

付添人の正装は紋服・留め袖。最近では、赤ちゃんも祝い着のかわりに白のベビードレスを着せて、付き添い人はスーツかワンピースですませる人が多いよう。いずれも、赤ちゃんと付き添い人の服装のバランスがとれていることが大事。

男の子

鶴や鷹、かぶとなどの絵柄の羽二重の紋付き。色は黒や紺、グレーなどが多い。

女の子

花、蝶、手毬《てまり》などの華やかな友禅模様が伝統的な柄。多い色は赤やピンクなど。

記念写真の上手な撮り方

★自宅または神社の近くで
移動の距離や時間が長いと、母子ともに疲れます。神社の近くにはたいてい写真館がありますが、利便性が高い分、混雑しやすいので予約を。

★お参りの前に撮影
お参りの間に赤ちゃんがお乳を吐いて、祝い着も母親の服も汚れることもあるので、事前に撮影する手も。その日は十分、時間に余裕をもって。

1カ月健診を過ぎたら地域の神社にお参りを

「お宮参り」は、その土地の守り神に赤ちゃんの誕生を報告し、健やかな成長を祈願する行事。男児は生後30日、女児は31日に行うところが多いようですが、地域により異なります。日数にこだわらず、1カ月健診で問題がなければ赤ちゃんの体調を見ながら決めて。

正式には両親が付き添い、赤ちゃんは父方の祖母が抱いてから和装の〝祝い着〟をかけます。お産がけがれたものと考えられていた時代には、このお参りをけがれをはらう意味もある「忌明《きあ》け」として、抱くには忌明けのすんでいない母親ではなく、父方の祖母になったのです。産後の母親をいたわるという意味でも、理にかなったしきたりといえるでしょう。祝い着にはひもをつけ、抱く人の肩とわきの下から背中に回して結びます。祝い着は本来、母方の実家から贈られます。

お食《く》い初《ぞ》め

お祝い

水引 紅白蝶結び
表書き 御祝／御初膳御祝
贈る時期 当日
金額の目安 5000～1万円

お返し

お返しは不要。祝いの席でもてなし、記念写真などを渡す。

Q&A

Q 祝い膳の漆器は誰が贈る？

A 祝い膳では、母方の実家が、父方の家紋入りの漆器を贈るのが正式。漆器は男児の場合は朱塗り、女児は外側が黒塗りで内側が朱塗り。祝い膳の膳、椀、箸などはすべて新しいものをそろえましょう。本来は柳の白木の箸、椀は素焼きでしたが、いまは漆器を用います。

Q 離乳食食器を使ってもOK？

A この機会に離乳食食器をそろえ、儀式に使ってもよいでしょう。漆器のかわりに今後、毎日使える陶器で、家紋のかわりにかわいい絵がついているベビー用の食器セットでもOK。献立も、赤ちゃんが実際に口をつけられる薄めた果汁や野菜スープを用意しても。

祝い膳の整え方

漆器膳に尾頭《おかしら》つきの焼き魚、煮物、香の物、汁（鯛か鯉）、赤飯か白飯という一汁三菜をのせ、紅白のもちを５個添えた二の膳がつきます。そのほか、歯固めの小石や梅干しを添える地域もあります。

年長者が食べさせるまねをする

正式には、祖父母や親戚の中の長老が「養い親」として、赤ちゃんを膝に抱いて箸をとり、食べさせるまねをします。養い親は、男児は男性、女児は女性が務めるのが通例。歯固めの小石に箸でさわったあと、赤ちゃんの歯ぐきにそっとふれる風習もあります。

一生、食べ物に困らないように願う

お食い初めは、子どもが一生、食べ物に困らないようにと願い、祝い膳を整えて赤ちゃんに食べるまねをさせる儀式です。

お食い初めの歴史は古く平安時代で、初めて魚を食べさせるので「真魚《まな》始め」、初めて箸を使うので「箸ぞろえ」「箸祝い」ともいいます。お祝いする時期は100日目、110日目、120日目と地方によって異なりますが、100日の場合が多いので、「百日《ももか》の祝い」という呼び名もあります。祝い膳を用意して人を招くときは、双方の両親や身内、ごく身近な人たちだけにします。

お祝いに招かれたら、お祝い金か品物を贈ります。金額は奇数偶数にこだわらなくてもよいですが、4と9は避けましょう。お祝い品としては、持っていると一生食べるのに困らないといわれる銀のスプーンなどが人気です。

初誕生祝い

お祝い

水引　紅白蝶結び
表書き　御祝／初誕生御祝
贈る時期　当日
金額の目安　5000～2万円

お返し

お返しは不要。祝いの席でもてなし、記念写真などを渡す。

手形や足形を記念に残しましょう

子どもが無事に満1才の誕生日を迎えられたことは、両親にとっても格別の喜びです。身長、体重、手形、足形などをとったり、この1年のアルバムなどを見ながらこれからのことについて話し合うのもたいせつなことです。

「誕生もち」での祝い方

初誕生を祝う一升もちは、地域によって「誕生もち」「立ちもち」「一才もち」などとも呼ばれます。一般的には「寿」「祝」などの文字や子どもの名前を書いた一升もちを、風呂敷またはリュック式のもち袋に入れて子どもに背負わせます。約2kgの重さがあるので、立つのは難しいですが、はいはいや尻もちをつくのがよいとされる地域もあります。

何を贈ればいいの？

お祝いを贈る場合には、歩き始めの足をやさしく包む靴やおもちゃ、絵本などにメッセージを添えるのがよいでしょう。ケーキなどは確認してからに。また、年賀状などで赤ちゃんの誕生を知り、出産祝いを贈りそびれたときは、初誕生にお祝いを贈ります。

一升もちを背負わせて満1才を祝う

誕生日を祝う風習はもともと欧米のものですが、日本でも昔から満1才の初誕生はお祝いをしました。満1才を迎えた赤ちゃんは、そろそろ歩き始めるころ。この赤ちゃんに「誕生もち」「立ちもち」などと呼ばれる一升もちを背負わせて、子どもが健康で力強く育つように祈ります。

また、赤ちゃんが初誕生前に歩くと、成長してから家を離れるといって嫌い、一升もちを背負わせてわざと転ばせたものです。

お祝いを贈るのは、初誕生当日をめどに多少前後しても可。祖父母は2万円程度の品物か現金、友人は5000円程度が一般的です。かつては、近所に誕生もちを配ったものですが、いまはあまり行いません。お祝いをいただいても特にお返しをする必要はないでしょう。後日、子どもの写真などを添えてお礼状を書けば十分です。

初節句《はつぜっく》

お祝い

水引　紅白蝶結び
表書き　御祝／初節句御祝
贈る時期　当日
金額の目安　5000〜5万円

お返し

お返しは不要。祝いの席でもてなし、記念写真などを渡す。

Q&A

Q　人形を飾る時期としまう時期は？

A　一般的には1カ月前、遅くとも1週間前には飾り、節句のあとはなるべく早くしまいます。「ひな人形は早く片づけないと縁遠くなる」といわれるのは、片づけのたいせつさを説くためとされます。

Q　初節句の人形は母親の実家が用意するの？

A　節句飾りは、男児、女児に限らず、母親の実家が贈るならわしがありましたが、それにこだわる必要はなく、近親者が相談して重なりがないようにすればよいでしょう。費用の足しに、と両親が現金を贈るのも喜ばれます。

Q　こいのぼりを飾るときのマナーを教えて

A　マンションのベランダ用こいのぼりも市販されていますが、集合住宅の場合は落下の危険性もあるので、飾るときは安全対策を徹底しましょう。洗濯物を干してはいけないマンションなら、規約を確認すること。

身内で祝う家庭がほとんど

お祝いは家族を中心に内輪で行うケースがほとんどです。双方の祖父母に声をかける程度にしましょう。初節句の祝儀は、人形の購入金額もしくはその一部として、1〜2週間前に贈りましょう。人形を贈る場合は重複しないように事前に相談するとよいでしょう。

招かれたときのあいさつ例

★ お健やかなご成長ぶりで、なによりです。
★ 初ひなのお祝い、おめでとうございます。
★ すくすくと成長され、さぞかしお楽しみのことと存じます。

生まれて初めての節句のお祝い

赤ちゃんが初めて迎える節句を「初節句」といってお祝いをします（生後1カ月以内なら翌年にくり越す場合が多い）。女の子は3月3日の桃の節句にひな人形を飾ります。男の子は5月5日の端午《たんご》の節句にこいのぼりを立て、武者《むしゃ》人形（五月人形）などを飾ります。

初節句は身内のお祝いですから、招かれるとしても祖父母や近親者だけです。お祝いの額は地域や親族間の慣習で大きく異なりますが、親戚なら5000〜1万円、祖父母となれば3万〜5万円ほど包むのが珍しくないでしょう。

子どもの成長に伴うお祝いは、冠婚葬祭の「冠」にあたり、「冠」に関するお祝いのお返しは、基本的には不要です。お返しをするなら、ちまきや柏もち、赤飯などを贈ります。「内祝」「菖蒲《しょうぶ》一枝にかえて」と書き、子どもの名前で贈ります。

桃の節句

古代中国では、3月最初の巳《み》の日を忌《い》むべき日とし、けがれをはらうために水辺で遊び、人形を川に流す習慣がありました。

これが日本に伝わり、平安貴族が紙人形でまね、子どもの「ひいな遊び」と結びついたのが始まりです。今は、ひな人形を飾り、祝い膳を囲みます。

協力／久月

ひな人形

豪華な七段飾りや内裏《だいり》びなのみの人形（親王飾り）、コンパクトなものなどさまざま。ひな人形は災厄を引き受ける身代わりになるので、姉妹や母娘で共有せず1人にひとつ用意を。

祝い膳

白酒

もち米を原料にした甘みのあるお酒で、長寿をあらわす。甘酒とは別のもの。

はまぐり

はまぐりの殻は、別のはまぐりとは決してぴったり合わないことから貞操をあらわす。吸い物が定番。

ひしもち

ひなあられとともに、ひな壇に飾る。ひしもちの赤は花の色（厄除け）、白は雪（清浄）、緑は草木（邪気をはらう）といわれる。

ちらしずし

海の幸、山の幸をとり合わせ、錦糸卵で彩りよく仕上げる。薄焼き卵で包んだひなずしもかわいい。

端午の節句

端午とは、月の初めの午《うま》の日という意味。古代中国では5月を物忌みの月とし、なかでも5が重なる5月5日を特別な日と考えて邪気をはらいました。この風習が伝わり、奈良時代にはよもぎや菖蒲で厄除けを、鎌倉時代に菖蒲が転じて尚武《しょうぶ》になり、男児の立身出世を願う祝日になりました。

協力／久月

五月人形

武者人形、金太郎、よろいかぶと、弓矢、太刀《たち》でひとそろいに。こいのぼりはコンパクトサイズも普及している。勇壮なよろい飾りは、魔除けとして子どもや家族を守るといわれる。

祝い菓子

ちまき

中国の戦国時代の英雄にちなんだもので、笹または茅《ちがや》の葉にもち米を包んで蒸したもの。ういろうやくずを包んだ和菓子も親しまれている。

柏もち

柏の葉であん入りのもちを包んだもの。柏の木は新芽が出るまで古い葉が落ちないことから、子孫が続く縁起のよい木とされる。

七五三

お祝い
水引　紅白蝶結び
表書き　御祝／七五三御祝
贈る時期　当日
金額の目安　5000～1万円

お返し
お返しは不要。祝いの席でもてなし、記念写真などを渡す。

成長に感謝し、健康と幸せを祈願

7才までは神の子といわれた時代に、3才、5才、7才という成長の節目に氏神様《うじがみさま》に参拝して成長を感謝し、将来の幸せを祈るのが「七五三」。もともとは宮中や公家、武家の風習でした。3才になると男女ともそれまでそっていた髪を伸ばし始める「髪置き」、5才は男児が初めて袴をつける「袴着《はかまぎ》」、7才は女児が着物のつけひもを除

七五三の祝い着

着物はお宮参りのときに着た祝い着を仕立て直すこともある。

花かんざしの髪飾り。現在ではリボンなどでも。

扇子（末広）を帯にさす。「はこせこ」という箱型の紙入れを胸元に入れることも。

羽織は黒紋付きや、色地に鷹やかぶとなどのおめでたい柄が入ったものも人気。

帯は袋帯を飾り結びにする。作り帯（結び帯）を使うことが多い。丸ぐけの帯締めを締める。

守り刀（懐剣）を身につける。

「しごき」（芯のない薄手の飾り帯）を帯の下のほうに結ぶ。

白い扇子（末広）。

四つ身仕立ての着物。華やかな友禅模様や現代的な柄も。

袴は黒、茶、紺などの無地か、仙台平《せんだいひら》の縞柄など。

白い鼻緒の雪駄《せった》をはく。

着物に帯は結ばずに、袖なし、襟つきの「被布《ひふ》」を重ねることが多い。
☆男児は袖なしの羽織。

布製のぞうりや「ぽっくり」という木下駄をはく。

5才男児
紋付き羽織に仙台平の袴、白足袋、白い鼻緒の雪駄、白い扇子に守り刀を身につけます。

3才男女児
お宮参りの祝い着に、男児は袖なしの羽織、女児は袖なし、襟つきの被布を着て髪飾りをつけます。

7才女児
本裁ちにした友禅の着物に、作り帯、しごきをしてはこせこを胸に、ぽっくりをはき、手には袋物を。

☆ 男児は5才のときだけ行うという考え方もある。

き、帯を初めて締める「帯解き《おびとき》」の儀式が、明治に入って現在のような七五三として定着しました。本来、3才、5才、7才は子どもの厄年といわれています。11月15日は鬼が自分の家にいる「鬼宿日《きしゅくび》」とされ、鬼のいぬ間に厄払いと神の加護を願うのに最良の日とされたことや、霜月祭で氏神を山に送り出す日だったことから、11月15日を七五三の日にしたといわれています。

従来、七五三は数え年で祝うしきたりでしたが、満年齢で行う人が増えてきています。七五三は内々の祝い事。お祝いを贈るのも身内ですから、事前に祝い方を聞いて品物を決め、10月中旬には届くようにします。双方の祖父母を招いてレストランで会食するスタイルが増えていますが、地方によっては、自宅に祝い膳を用意して親戚を招いたり、ホテルでパーティを開くことも。身内だけなら内祝いは不要ですが、行うなら千歳《ちとせ》飴《あめ》を用意するのが定番です。

七五三の段取り

参拝前

日取りを決める

11月15日前後で都合のよい日に決めます。15日を過ぎるよりは早めに行うのが主流。日取りを決めたら、神社やレストランを予約します。

衣装を用意する

子どもが正装の場合は、母親も訪問着や色無地、格の高いつけさげなどにするのが正式です。洋装ならスーツなど。貸衣装は予約が必要です。

記念写真は前撮り

参拝後は子どもが疲れたり、衣装が乱れたりすることがあるので、撮影は参拝前か参拝当日より前の日程で「前撮り」をしておくとラクです。

参拝

移動は車がベター

子どもが和装の場合、車は移動手段としてだけでなく、休憩所、着替え場所、荷物保管所にもなります。可能なら車を利用しましょう。

氏神様に参拝する

お参りは遠くの有名神社よりも地元の氏神様へ。おはらいを受けるなら申し込み、お礼として「初穂料《はつほりょう》」を用意しましょう。

終わったら即、着替える

子どもが和装に耐えられるのは1～2時間程度でしょう。お参りが終わったらすぐに着替えさせましょう。食事に行くなら、洋服に着替えて。

参拝後

お祝いの食事をする

自宅に招くならメニュー決めや調理の準備をしましょう。外で食事をするなら、人数を確認のうえ予約を。祖父母や親戚など年配の人が多い場合は和食がよいでしょう。ピーク時間をはずす、個室を予約するなどすれば気兼ねがありません。

十三参り

陰暦3月13日、現在の4月13日に、数え年13才になった男女が虚空蔵菩薩《こくうぞうぼさつ》に参詣し、福徳と知恵を授かる風習。「知恵詣で」「知恵もらい」とも呼ばれています。

十三参りは、今から200年ほど前の江戸時代に始まったものです。特にこのころの女の子は初潮を迎える年齢で、大人としての自覚とこれからの無事を祈りました。現代でも、13才という年齢は男女とも肉体的にも精神的にも大人への変換期。両親ともども心身の健康を祈るのは有意義なことです。

現在では数え年の13才は受験準備期にあたり、知恵を授かる十三参りは、合格祈願を兼ねたものになってきています。親子そろって参拝し、「知」「美」「合格祈願」などと書いた自筆を添え、祈祷してもらいます。装いは本裁ちの中振り袖や小振り袖を肩揚げ、腰揚げしておき、成人式にも着られるようにしておくのがよいでしょう。

「知」など願う漢字一文字を毛筆で書いた紙を持参し、祈祷してもらう。帰り道で振り返ると、せっかく授かった知恵を落としてしまうという言い伝えもある。

入園・入学・進学祝い

お祝い

水引　紅白蝶結び
表書き　御祝／御入学御祝／御進学御祝
贈る時期　入園・入学式までに
金額の目安　5000～2万円

お返し

基本的に品物でのお返しは不要だが、お礼状を出す。中学生以上は、子ども本人にお礼状を書かせる。

お礼状の文例

子ども（中学生）から

先日は入学祝いをいただきまして、本当にありがとうございました。これから勉強に役立つ品を買わせていただきます。

これからは、勉強も難しくなり、部活も始まりますが、充実した中学校生活が送れるよう、努力していきたいと思います。これからもどうぞよろしくお願いいたします。ありがとうございました。

親から

このたびは○○（子どもの名前）のために、過分な入学祝いをいただき、まことにありがとうございました。さっそく（有効に）使わせていただきます。

この○日に入学式も無事終わり、毎日元気に通学しており、親としてもひと安心というところです。当日の写真を同封いたしますのでご高覧いただければ幸いです。

まずは取り急ぎ御礼申し上げます。

何を贈ればいいの？

幼稚園

クレヨンとスケッチブックや絵本、ひらがな入り積み木など。キャラクターつきは本人の好みに合わせて。

小学校

植物や動物の図鑑、物語の全集など。書き方鉛筆や色鉛筆セットのほか、傘やリュックサックなども喜ばれる。

中学校以上

電子辞書など辞書類のほか、地球儀、定期入れや万年筆も定番。大学入学で一人暮らしを始めるときは家電も。

年齢に合わせた贈り物が喜ばれる

入園・入学・進学は身内のお祝いなので、儀礼的なつきあいでお祝いする必要はありません。お祝いをするなら、祖父母や両親のきょうだい、日ごろ親しくしている人などと。幼稚園や小学校に上がるときは、バッグや雨具などの通園・通学の必需品が喜ばれます。ランドセルは祖父母からのお祝いの定番ですが、学校によっては規定があるので、親と相談をしてから。中学生以降になると好みもはっきりしてくるので、贈り物は本人の希望を優先しましょう。

入園・入学・進学祝いは、ごく身内のことであり、お返しの意味での内祝いは不要です。ただ、もらいっぱなしで音沙汰なしでは失礼なので、式がすんだら、子どもにお礼状を書かせたり、電話でお礼を言わせたりすればよいでしょう。感謝の気持ちやお礼の仕方を身につけていくチャンスです。

成人・卒業・就職祝い

お祝い

水引　紅白蝶結び
表書き　御祝／御成人御祝／御卒業御祝／御就職御祝など
贈る時期　成人式、卒業式、入社式の前までに
金額の目安　5000～3万円

お返し

基本的に品物でのお返しは不要だが、本人からお礼状を出す。

成人式の服装

男性

主流はダークスーツだが、羽織袴《はおりはかま》姿も見られる。学生なら黒や濃紺のスーツを用意しておくと、就職活動でも着ることができて合理的。この機会にフォーマルな靴の用意も。

女性

振り袖姿が目立つが、この機会にフォーマルスーツを用意しておくと便利。貸衣装は小道具もセットになっているもの、写真撮影も含まれているものがあるので比較検討を。

卒業・就職祝いは何を贈ればいいの？

男性

ネクタイ、ワイシャツ（お仕立券つき）、スーツ、ビジネスバッグ

女性

ハンドバッグ、アクセサリー

男女とも

名刺入れ、腕時計、財布、印鑑、家電（一人暮らし用）、専用のパソコン

お返しは初月給から

就職祝いのお礼は、親同士のつきあいでも社会人の第一歩として本人に行わせます。お礼状を書き、その後、初月給でささやかでもお礼の品を買って贈りましょう。

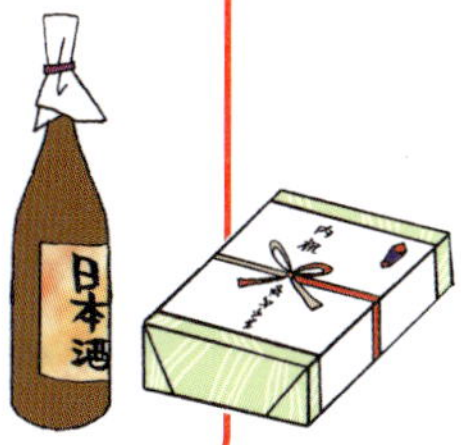

人生の節目の喜びを家族で祝って

人生の四大儀式である冠婚葬祭のひとつ、「冠」のお祝いの由来となった「加冠《かかん》の儀」、つまり一人前の成人と認められる「元服《げんぷく》の式」が、今日の「成人式」にあたります。女性は「髪揚げの儀」や「初笄《はつこうがい》の儀」ともいいます。成人の日は1月の第2月曜日。各自治体による式典が開催されます。お祝いするのはごく身近な人で、親から記念になる品を贈ることが多いようです。女性には、振り袖が多く見られます。

卒業や就職も身内のお祝いなので、儀礼的なつきあいでのお祝いは不要です。卒業はひとつの段階を無事に終えた節目の喜びを家族で祝いたいものです。就職祝いに何か贈りたいというときには、ビジネス用の小物類が喜ばれます。しかし、本人の好みがわからなければ、商品券やお仕立券、食事券が無難でしょう。

column

子どもにかかるお金

生まれてから中学校卒業までの年間子育て費用額

費目	未就学児 未就園児	未就学児 保育所・幼稚園児	小学生	中学生
衣類・服飾雑貨類	68,754	66,462	68,970	76,507
食費	166,387	224,627	278,294	356,663
生活用品費	149,425	92,522	83,419	97,139
医療費	11,867	13,462	21,791	22,624
保育費	62,790	379,407	19,268	—
学校教育費	—	—	105,242	274,109
学校外教育費	15,635	30,784	106,089	248,556
学校外活動費	11,449	43,179	94,985	57,337
子どもの携帯電話料金	21	127	3,823	23,453
おこづかい	487	1,318	9,605	39,022
お祝い行事関連費	59,882	41,066	31,974	33,539
子どものための預貯金・保険	199,402	187,212	163,037	179,910
レジャー旅行費	97,127	136,383	167,044	146,710
子育て費用総額	843,225	1,216,547	1,153,541	1,555,567

＊出典：内閣府平成21年度「インターネットによる子育て費用に関する調査」

妊娠・出産費用の平均額は約101万円

(財)こども未来財団「子育てコストに関する調査結果」(2003年) によると、妊娠出産費用の平均額は約50万4000円、０才児の子育て費用は約50万6000円。ただし妊娠・出産費用は公費でかなりカバーできます。

公立・私立別に見た教育費

費目	幼稚園（3年間）	小学校（6年間）	中学校（3年間）	高校（3年間）	大学（4年間）
公立	約67万円	約193万円	約145万円	約123万円	国立 約287万円
私立	約149万円	約922万円	約402万円	約299万円	文系 約386万円 理系 約522万円

医学部は特別な準備を

医学部の場合は、国公立なら授業料は他学部と同じですが、６年間なので２年分が加算されます。私立なら学費や施設費、研修費などで、かかる費用は６年間で2000万～5000万円。

進路別にかかる教育費

公立（幼稚園～高校）＋国立大学	公立（幼稚園～高校）＋私立文系大学	公立（幼稚園～高校）＋私立理系大学	私立（幼・高・大）＋公立（小・中）	私立（幼稚園～高校）＋私立理系大学
公立幼稚園 67万円	公立幼稚園 67万円	公立幼稚園 67万円	私立幼稚園 149万円	私立幼稚園 149万円
公立小学校 193万円	公立小学校 193万円	公立小学校 193万円	公立小学校 193万円	私立小学校 922万円
公立中学校 145万円	公立中学校 145万円	公立中学校 145万円	公立中学校 145万円	私立中学校 402万円
公立高校 123万円	公立高校 123万円	公立高校 123万円	私立高校 299万円	私立高校 299万円
国立大学 287万円	私立文系大学 386万円	私立理系大学 522万円	私立文系大学 386万円	私立理系大学 522万円
合計 815万円	合計 914万円	合計 1050万円	合計 1172万円	合計 2294万円

＊出典：「平成26年度子どもの学習費調査」（文部科学省）、「平成26年度学生生活調査」（独立行政法人日本学生支援機構）、「平成26年度私立大学入学者に係る初年度納付金平均額」（文部科学省）

結婚記念日

お祝い

水引　紅白蝶結び
表書き　御祝／祝○○婚式など
贈る時期　当日または事前に
金額の目安　1万～10万円

お返し

祝賀会や祝宴を開いてもらったときは、「内祝」として引き出物を準備。

Q&A

Q 親の金婚式祝いを前倒しにしてもOK？

A 日程をずらす場合、「弔事はくり上げ、慶事はくり下げる」という言い伝えがあります。あくまでも言い伝えですが、親や列席者が気にするなら、前倒しは避けるのが賢明でしょう。

Q 内祝いで喜ばれるものは？

A 一般には、風呂敷やふくさ、二人の趣味を生かした品物が選ばれます。内祝いの品を贈るときは「○○婚式内祝」や「寿」とし、夫婦二人の名前を連名にして、紅白蝶結びの水引をかけます。

銀婚式、金婚式は盛大にお祝いを

欧米では銀婚式や金婚式を迎えた夫婦が、結婚披露宴の列席者をもう一度招き、パーティを開くならわしがあります。日本でも、子どもや近親者が主催して祝宴を開くことが多く、夫婦は服装の一部に金色をあしらったおしゃれをすると、宴の雰囲気もさらに盛り上がります。

区切りのいい年は盛大にお祝いを

結婚記念日を祝う風習は、もともとイギリスからきたもの。日本では1894年（明治27年）に明治天皇の銀婚式「大婚二十五年祝典」が開催されたのが始まりです。

結婚記念日の祝い方に特にルールはありません。年数が浅いうちは夫婦でプレゼントを交換し合うのが一般的です。1年目の紙婚式なら手帳、3年目の革婚式なら財布と、記念日の名にちなんだものを贈り合うことが多いようです。

結婚25周年の銀婚式といえば子育ても一段落するので、小旅行や外食などを楽しむのもいいでしょう。子世代が料理を作って届けるなどの祝い方もあります。結婚50年目の金婚式は、子世代が音頭をとってお祝いします。

結婚記念日の名称とお祝い品

年数	名称	お祝いや贈り物に向く品物
1年目	紙婚式	ペーパークラフト製品、和紙製品
2年目	わら婚式、綿婚式	ハンカチ、コットン製品、ぬいぐるみ
3年目	革婚式、糖菓婚式	バッグなど皮革製品、お菓子
4年目	花婚式、書籍婚式	花束、本
5年目	木婚式	家具などの木製品、観葉植物、記念植樹
6年目	鉄婚式	鉄加工のインテリア小物、トレーニング用品
7年目	銅婚式	銅製のなべ類や食器、銅貨
8年目	ブロンズ婚式、ゴム婚式	ブロンズ製品、ラバー製品
9年目	陶器婚式	陶器、陶製のインテリア小物
10年目	アルミ婚式、錫婚式	アルミ製のなべ類、錫製の食器・小物
11年目	鋼鉄婚式	ステンレス製のなべ類、鋼鉄製品
12年目	絹婚式、麻婚式	シルク製品、麻のテーブルクロスや服
13年目	レース婚式	レースの手袋、テーブル小物
14年目	象牙婚式	象牙のアクセサリー、象牙色（アイボリー）の小物
15年目	水晶婚式	ワイングラスなどのクリスタル製品
20年目	磁器婚式	磁器の食器や置物
25年目	銀婚式	銀製の食器、アクセサリー、写真フレーム、銀貨
30年目	真珠婚式	真珠のアクセサリー
35年目	珊瑚婚式、翡翠婚式	珊瑚や翡翠のアクセサリー
40年目	ルビー婚式	ルビーのアクセサリー
45年目	サファイア婚式	サファイアのアクセサリー
50年目	金婚式	金のアクセサリー、金箔を使った食器、金貨
55年目	エメラルド婚式	エメラルドのアクセサリー
60年目または75年目	ダイヤモンド婚式	ダイヤモンドのアクセサリー

長寿のお祝い

お祝い

水引　紅白または金銀蝶結び
表書き　御祝／祝○○（賀寿名）／寿福など
贈る時期　当日（誕生日）または事前に
金額の目安　１万～３万円

お返し

祝賀会や祝宴を開いてもらったときは、「内祝」として引き出物を準備する。

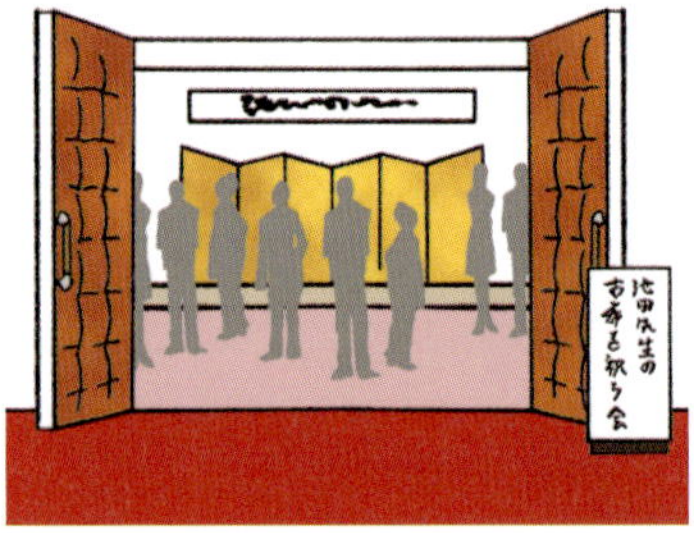

祝賀会を開くこともあります

もともとは本人または家族がお客さまを招いて祝ったものですが、いまは子どもや孫、教え子、後輩などが祝宴を催して、本人を招くケースが増えています。関係者が多い場合は会場を借り、にぎやかに祝賀会を開きます。

Q&A

Q お祝いは満年齢？それとも数え年？

A 還暦は満年齢で祝いますが、次の古稀からは数え年で祝います。お祝い事は延ばしてもかまわないので、翌年に満年齢でお祝いしても。

Q 遅れて知った場合はどうすればいい？

A お祝いはその年の初めか誕生日に贈りたいものですが、遅れて知った場合でも、その１年間はおめでたいのでお祝い状を添えて贈って。

Q お返しをするなら、どんなものを？

A 紅白のまんじゅうや赤飯のほか、「喜」「米」など年齢にちなんだ文字を染め抜いた湯のみやふくさを配っても喜ばれるでしょう。

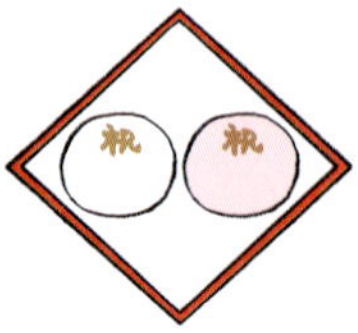

協力／日比谷花壇

何を贈ればいいの？

名称や基調色にちなんだ品物を贈ります。たとえば還暦には赤い服やバッグ、赤い花束など、古稀と喜寿には紫の座布団、傘寿なら傘などが考えられます。本人の好みとかけ離れたものにならないように配慮したいものです。

本格的に祝うのは喜寿や傘寿以降

長寿の祝いはもともと中国の礼式で、古くは「賀寿《がじゅ》」「算賀《さんが》」とも呼ばれ、賀＝祝い、算＝年齢の意味から年齢のお祝いのことをいいます。初老の40才をお祝いの始まりとして、四十賀《しじゅうのが》（四＝死を嫌って「五八賀《ごはちのが》」ともいう）といい、以後10年ごとに無病息災を祝いました。いまは、生まれた年と同じ干支《えと》に戻る、満60才の還暦から祝うようになっています。

賀寿を祝われることをうれしく思うのは、主に現役を退いてから。現役のうちは年寄り扱いを嫌う人も多いものです。本格的にお祝いをするのは喜寿や傘寿以降がいいでしょう。祝い方は身内で祝宴を開く、夫婦旅行に招待するなどが一般的ですが、本人の健康状態によっては負担になることも。形式にこだわらず、離れて暮らす子どもや孫など親しい人が集まり、楽しく語り合うのがよいのでは。

賀寿の名称と由来

年齢	名称	由来	色
満60才	還暦《かんれき》	昔の暦は、十干十二支を組み合わせた合計60種。つまり人は61年目に、生まれた年と同じ干支になり、暦に戻る。これを還暦という。	赤
数え70才	古稀《こき》	杜甫（中国の詩人）の詩「人生七十古来稀」に由来。	紫
数え77才	喜寿《きじゅ》	「喜」という字を草書体で書くと「㐂」で、七十七に通じる。	紫
数え80才	傘寿《さんじゅ》	「傘」の略字は「仐」と書き、八十と読めるところから。	金茶
数え88才	米寿《べいじゅ》	「米」の字は離すと八十八になる。	金茶
数え90才	卒寿《そつじゅ》	「卒」の略字は「卆」で九十と読める。	白
数え99才	白寿《はくじゅ》	「百」の字から一をとると「白」になる。	白
数え100才	百寿《ひゃくじゅ》	「百賀の祝い」といい、その後は毎年祝う。	—

「厄年だからお祝いはなし」と言われたら？

干支が一巡する61年目（満60才）が還暦ですが、一方で数え61才は男性（説によっては女性も）厄年とされており、気にする人も多いようです。厄年だからこそ、祝って厄除けをするという前向きな考えをもちたいもの。地域によっては赤は厄除けの意味をもつところも。

厄年一覧

	男性	女性
厄年	25才	19才
大厄	42才	33才
厄年	61才	37才

※年齢は数え年。※厄年は地域や宗派により年齢が異なりますが、男性の42才と女性の33才は大厄（たいやく）とされます。また厄のきざしがある前年を前厄（まえやく）、厄が薄らぎながらも残る翌年を後厄（あとやく）といいます。

年齢の別称

中国の思想家である孔子が弟子の疑問に答える問答集「論語」による年齢の別称。意味は次のとおり。

年齢	名称	由来
15才	志学《しがく》	「吾十有五にして学に志す」。十五才で自分の学問の方向を決めなさいということ。
20才	弱冠《じゃっかん》	「二十日弱、冠」。古代中国では、男子20才を弱といい、元服して冠をかぶった。
30才	而立《じりつ》	「三十而立（三十にして立つ）」。学問の基礎を固め、自分なりの考えをまとめなさい。
40才	不惑《ふわく》	「四十而不惑（四十にして惑わず）」。あれこれ迷わず、自由に物事を受け入れなさい。
50才	知命《ちめい》	「五十而知天命（五十にして天命を知る）」。自分の与えられた役割を知るということ。
60才	耳順《じじゅん》	「六十而耳順（六十にして耳したがう）」。相手の言葉を素直に受け入れることができる。

新築・新居祝い

お祝い

水引　紅白蝶結び
表書き　御祝／御新築御祝／御新居御祝など
贈る時期　新居の落成・転居後
金額の目安　5000～２万円

お返し

新居に招待してもてなすことがお返しになる。招待できないときは別途内祝いを。

何を贈ればいいの？

赤い花、赤い包装紙（△）
タブーの「赤」は極力避ける。

シャンパン、ワイン、日本酒（○）
お祝いのイメージが強い消耗品。

絵画、掛け軸、インテリア小物（△）
好みに合わないものがある。

現金、商品券（○）
相手の必要なものが買える。

赤いもの（×）
火を連想させるのでタブー。

観葉植物（○）
長く楽しめてインテリアを選ばない。

コンロ類（×）
火に関係する道具はタブー。

重箱や花瓶（○）
「入れ物」は縁起のいいものとされる。

新築にかかわる行事

地鎮祭《じちんさい》
基礎工事開始にあたり敷地を清め、土地の神を鎮めて守護を祈願する儀式。神主を招き、施主や工事関係者で行います。神主には1万～3万円の「御祭祀料《おさいしりょう》」、工事関係者には「御祝儀」を。

上棟式《じょうとうしき》
柱や梁を組んで棟木を上げる際に、建物の無事を祈る儀式。当日は幣串《へいぐし》を立て、祭壇を作り、地鎮祭と同様のものを供えます。終了後は祝宴を開いて、工事関係者に「御祝儀」を配ります。

工事開始時のあいさつ回り
地鎮祭前後に近所のお宅に菓子折りなどを持参し、あいさつ回りを。工事担当者が同行するか、連絡先を伝え、問い合わせに対応できるようにしておくこと。

入居時のあいさつ回り
新居に入居するときは、小さな菓子折りやタオルなどを持って近所にあいさつ回りをします。できれば家族全員で出向き、顔を覚えてもらいます。

お祝いは招待された場合に限り贈る

新築祝いは本来、親しい間柄でするもので、新築披露に招待された場合に贈ります。というのも新築祝いのお返しは、親しい人を家に招いて、もてなすことだからです。多くのかたからお祝いをいただくと、招待客が増え、かえって負担が大きくなってしまいます。

新築披露に招かれたら、お祝いの品は当日までに届くようにし、ほかの招待客の手前、当日持参するのは避けましょう。品物のかわりに現金や商品券を持参するときは、さりげなく渡します。

新築だけでなく、大がかりな増改築、マンションや中古住宅購入の場合もお祝いをしましょう。表書きは「御祝」「御新居祝」とし、お祝い金は5000～2万円を目安に、おつきあいの程度に合わせて考えましょう。招待していない人からお祝いを贈られたら、半額程度の品を内祝いとして贈ります。

開店・開業祝い

お祝い

水引　紅白蝶結び
表書き　御祝／御開店（業）御祝／祝御開店（業）など
贈る時期　開店・開業パーティなどがあれば当日
金額の目安　5000～1万円

お返し

パーティを開く場合は「開店（業）記念」と表書きした引き出物を配る。

何を贈ればいいの？

× **「流れる」水関連の品**
飲料、洗剤など。

○ **現金、商品券**
目上のかたにも贈ってOK。

× **「燃える」火関連の品**
ライター、ヒーターなど。

○ **花**
花輪、スタンド、アレンジ、観葉植物など。

× **「切れる」刃物**
包丁、ナイフなど。

△ **調度品**
鏡、時計、絵画など。相手の趣味に合わせて。

× **赤い色の品物**
「赤字」を連想させる。

△ **縁起物**
招き猫、七福神の置物など。

縁起物を贈るしきたりが

友人や知人がお店を開いたり、事務所を開業したときには、そこをできるだけ利用し、ほかの友人たちにも紹介してあげることが、なによりのお祝いになります。

開店や開業のお祝いには、縁起物を贈るしきたりがあります。招き猫や生花、名入りの鏡、時計などですが、贈り物はお店や事務所の雰囲気に合うかどうかの配慮が大切です。親しい間柄なら、先に希望を聞いたほうが失敗がないでしょう。迷ったら現金でも失礼にあたりません。招待を受けたのに都合で欠席する場合は、とりあえず電話や祝電でお祝いの気持ちを伝え、後日あらためて訪問します。

招待客に対しては、原則として内祝いは不要ですが、店名や電話番号が入った実用品などを、PRを兼ねた記念品として配ることはよくあります。表書きは「開店記念」「開業記念」とします。

開店パーティでのあいさつ例

　本日は皆様、お忙しいところを大勢お集まりいただきまして、まことにありがとうございます。お取引先、工事関係者、また多大なご支援をお寄せいただいた皆様のおかげで、こうして念願の開店の日を迎えることができました。

　ささやかな店ではございますが一人一人のお客さまを大切に、地道に商いを続けてまいりたいと存じます。どうか、今後ともよろしくご指導くださいますよう、心よりお願い申し上げます。

日本酒を贈るときは？

開業、婚礼、新築、年賀と数多くの場に用いられてきた日本酒。一升びん2本で一対とめでたさをあらわし、数にはこだわりませんが4本はNG。角樽や樽酒はおめでたい席に喜ばれます。余裕をもって注文を。

受賞・受章・叙勲《じょくん》祝い

お祝い

水引　紅白蝶結び
表書き　御祝／御受賞御祝／祝○○章受章など
贈る時期　知らせを受けたら。祝賀会があれば当日
金額の目安　5000～2万円

お返し

祝賀会や祝宴を開いてもらったときは、「内祝」「御礼」の表書きで引き出物を準備する。

お祝いはすぐに伝えて

受賞（章）の知らせを受けたら、電話や電報などですぐにお祝いの気持ちを伝えましょう。豪華な漆電報は慶事に花を添えます。親しい人なら駆けつけてお祝いを述べたいもの。何も持参しなくてよいのですが、酒類を届けると、来客が多いときだけに喜ばれます。

勲章の名称と対象

菊花章	大勲位菊花章頸飾
	大勲位菊花大綬章
旭日章	勲一等旭日桐花大綬章
	勲一等旭日大綬章
	勲二等旭日重光章
	勲三等旭日中綬章
	勲四等旭日小綬章
	勲五等双光旭日章
	勲六等単光旭日章
	勲七等青色桐葉章
	勲八等白色桐葉章
宝冠章	勲一等～勲八等（女性のみ）
瑞宝章	勲一等～勲八等
文化勲章	

褒章の名称と対象

紅綬褒章	人命救助をした人に
緑綬褒章	徳行卓越な人、実業に精励した人に
藍綬褒章	公共の事業に尽力した人に
紺綬褒章	公益のために多額の私財を寄付した人に
黄綬褒章	業務に精励した民衆の模範になる人に
紫綬褒章	学術、芸術に功労のあった人に

格式ある授賞式など、正装で出席する場合は、男性はモーニングかダークスーツ、女性は色留め袖か色無地、ロングドレスという装いに。

○○賞なら「授賞」、「受章」は勲章や褒章

受賞と受章、言葉の響きは同じですが、幅広い分野の民間団体の賞を受けるのが「受賞」で、国が年2回贈る勲章や褒章を受けることを「叙勲」あるいは「受章」といいます。菊花章《きっかしょう》、旭日章《きょくじつしょう》、宝冠《ほうかん》章《しょう》、瑞宝章《ずいほうしょう》は、国家または公共に対して功労のあった人に、文化勲章は芸術、文化、科学などに功労のあった人に贈られます。

受賞（章）の知らせを受けたら、すぐにお祝いの気持ちを伝えましょう。大きな賞の場合は、関係者を招いて祝賀会を開くことが多いよう。周囲の人が発起人となって行うなら「祝賀会」ですが、本人が主催するなら「感謝の会」に。招待制なら、会の規模や様子によって1万～2万円のご祝儀を包みますが、会費制なら会費を払えばOK。お返しは原則不要ですが、簡単な記念品を「内祝」の形で贈ることが多いようです。

発表会・展覧会祝い

お祝い

水引 紅白蝶結び
表書き 御祝／祝発表会／楽屋御見舞
贈る時期 会の初日、会期中。祝賀会があれば当日
金額の目安 1万〜2万円

お返し

日本舞踊などは「まき物（お土産）」を渡すが、そのほかは基本的に不要。

お祝いの仕方

発表会

ピアノやバレエなどの発表会を見に行くときは、花束やお菓子などプレゼントを用意しておきたいもの。舞台で本人に直接渡すことはできないこともあるので、プレゼントにはカードをつけておくとよいでしょう。

展覧会

会場に足を運び、声をかけることが一番のお祝い。本人が会期中ずっと会場にいるとは限らないので、事前に確認しておきましょう。グループ展なら、お菓子など分けて食べられるものを差し入れしても。

招待を受けたら足を運んでお祝いを

発表会や展覧会などの招待を受けたら、都合がつく限り出向くことが最大のお祝いになります。チケットを頼まれて購入した場合は、その代金がお祝いになるので、別に金封を用意する必要はありません。有料の入場券や招待券をもらったら、それに見合う額＋αを「御祝」として贈りましょう。

発表会の楽屋見舞いは、花やお菓子が好適品。花を贈るときは、形式や花の種類に決まりがある場合もあるので確認してからにしましょう。展覧会の場合、作品と色調が合わないこともあるため、花を贈るのは基本的にNGです。

一般的な発表会や展覧会は、お礼状くらいでお返しの必要はありません。先生やお世話になった人には皆と歩調を合わせてお礼をします。日本舞踊などのおさらい会の場合は、お礼の意味で記念品やお弁当を配るしきたりがあります。

自費出版の本が送られてきたら…

本が送られてきたら、必ずお礼の手紙を書きましょう。出版記念会を行わない場合には、金品でのお祝いは必要ありません。手紙の内容は本を贈ってくれたお礼と、出版に至るまで創作や作業を重ねたことへの敬意を中心に。

Q&A

Q 出向くときは手ぶらで行ってもOK?

A チケットを買って見に行くことが最大のお祝いなので、基本的には手ぶらでOK。何か贈りたいなら、会の形式に応じて花やお菓子を。

Q 招待する側が知っておきたいマナーは?

A 発表会は、招待される側の都合も考え、広範囲に声をかけるのは控えて。展覧会はある程度広範囲に案内状を出してもよいでしょう。

Q 「お祝いは辞退」とあったらどうすればいい?

A 文面どおりに受け取ってかまわないでしょう。後日、その会の感想を添えたお礼状を出すことを忘れないことです。子どもの演奏会などの場合は、簡単なおもちゃやクッキーなどを贈っても。

昇進・栄転・退職祝い

お祝い

水引　紅白蝶結び
（餞別の場合はP128を参照）

表書き　御祝（昇進・栄転）／御餞別（栄転、退職）／御礼（定年退職）など

贈る時期　辞令交付後、最終の出勤日までに

金額の目安　3000～１万円

お返し

基本的には不要。転勤や退職のあいさつ状にメッセージを添える。

お祝いの仕方

昇進・栄転

異動・転勤になる人には送別会を開くのが慣例です。本人は会費免除にして、出席者が頭割りで分担する会費制で行いましょう。職場での前例や決まりがあれば、それに従います。

退職

定年退職、途中退職を問わず、退職者を送るときは送別会を開くとともに、職場一同から贈り物をするのが一般的です。１人あたりの金額は2000～3000円程度が目安でしょう。

お祝いの言葉と本人のあいさつ例

昇進する上司へ

「鈴木課長のもとで鍛えられたチームの一員として、たいへんうれしく思います」
「ますますお忙しくなられると存じますが、お体をたいせつになさって、ご活躍ください」

本人

「このたびのことは、皆様の働きに支えられた結果です」
「今後も、皆様と力を合わせて頑張っていきたいと思います」

何を贈ればいいの？

昇進や栄転のお祝いは現金が一番です。目上のかたには商品券を。定年退職者は送る側からすると目上にあたるので、現金を送るのは失礼です。本人の希望を聞いたうえで、趣味などに関連した記念になるものを選んでも。高級文具や花束、旅行券なども定番人気。

昇進や栄転の祝いは状況を見極めてから

ひとくちに昇進・栄転といっても、さまざまなケースがあります。お祝いを言っていい状況かどうかをまずは把握しましょう。また、おめでたい異動の陰には、そのチャンスを逃した人もいます。そういった人の心情も考え、慎重にすることです。お祝いの言葉はあくまでさりげなく、お祝いをするなら仲間内でささやかに祝う程度に。お世話になった人、家族ぐるみで交際している人、身内であれば、お祝いの席を設けて祝いましょう。昇進・栄転は本人の祝い事ですから、妻同士が親しくてもその夫に対するお祝いは不要です。

　転勤の場合、一般的にはお祝いを兼ねた餞別《せんべつ》を贈ります。また引っ越しの手伝いなどの労力提供もお祝いの気持ちをあらわすひとつの方法。親子で親しくしていたのなら、ほかの親子も招き、簡単なパーティを開くのもよいでしょう。

転勤族の妻と子のお別れマナー

妻たちの送別会

赴任先で仲良くしていたグループが送別会を開き、転勤する側はハンカチやタオル程度の記念品をお礼として渡すというパターンが一般的。あらたまった餞別は不要ですが、引っ越しの手伝いや子どもを預かるなどの申し出が、相手にとっては助かるものです。

子どもの転校

転勤が決まったら早めに学校に連絡して、必要な手続きを行います。いままでの学校のクラス全員に50～100円程度の文房具などのプレゼントを贈る慣例もあります。いっさい行わないところもありますので、事前に担任教師に様子を尋ねてみるとよいでしょう。

こんな言葉はNG！

定年退職の場合

「これからはゆっくりなさってください」「これからは好きなことができて幸せですね」など、いかにもフリーな状況を強調する言葉や、責任がなくなった状況を喜ぶような言葉は慎みたいもの。長年の苦労をねぎらいつつ「今後ともよろしくご指導ください」と前向きに送り出します。

妊娠・出産の場合

「うらやましいわ」「私も早くそうなりたいわ」などのような自分を卑下した表現は、むしろ尊大にも聞こえる場合があるので避けましょう。自分で決断し、新しい道に踏み出す中途退職者には応援の気持ちを込めて、あたたかく送り出しましょう。

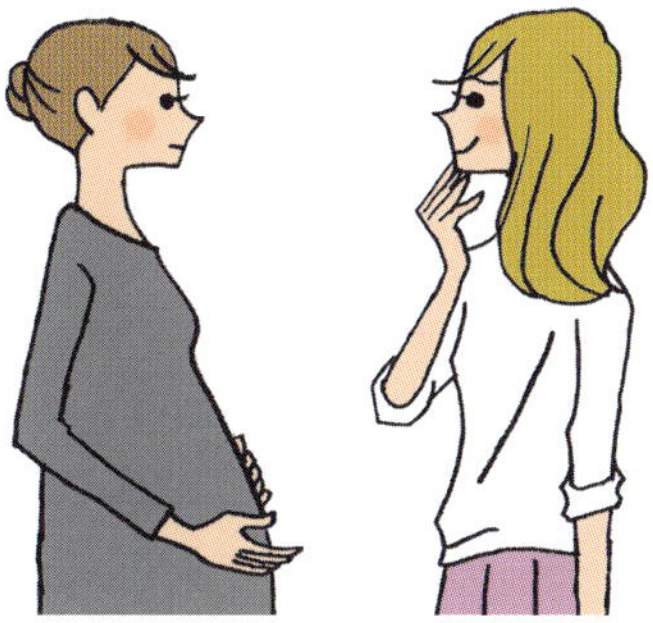

Q&A

Q 特にお世話になった人に個人的にお礼をしたい場合は？

A 仲人をお願いした、プライベートな相談にのってもらったなど、仕事以外でお世話になった上司や取引先の人が異動・転勤になり、個人的にお礼をする場合は、社内で渡すのは避け、社外でお祝いを渡す、自宅に届けるなどしましょう。会社に私的な関係を持ち込まないけじめがたいせつです。

Q リストラなど事情があって退職する人にはどう対応する？

A 仮に退職までにトラブルやリストラなどいろいろな事情があったようなときでも、いったん決まったからには周囲も気持ちを切りかえ、今後につなげる前向きな言葉であたたかく送り出すのがマナーです。新しい門出に激励の気持ちを贈りましょう。

今後を応援する気持ちで送り出して

長年勤めた職場を去るのは寂しいもの。特に定年退職の場合は、周囲が早々と引き継ぎを始めたりしないよう配慮したいものです。職場での送別会も「激励」に重きを置いた明るい会にするよう心がけます。定年退職の日、家庭では感謝の言葉とともに、家族そろって笑顔で迎えましょう。再就職や趣味の話など今後の話を語り合う、明るくにぎやかな夜にしたいものです。結婚や出産での中途退職者にも、これからを応援する気持ちを込めて送別会を開きましょう。

いずれも、お祝いのお返しは基本的に不要です。ただ最後の出勤日には職場全体に行き渡るような個別包装のお菓子などを持って「お世話になりました。今後ともよろしくお願いします」とあいさつに回りましょう。落ち着いたころに、近況報告を兼ねたお礼状を出すのもお忘れなく。

餞別《せんべつ》について

渡す側

のし袋は状況に合わせて選んで

「餞別用」として市販されている袋の水引は主に３種類あり、どれを選べばいいか迷う人も多いことでしょう。水引の形にもそれぞれ意味があるので、状況に合わせて選びますが、どれにすればよいか迷った場合は、水引なしの「赤線つきの袋」を使いましょう。

紅白蝶結びの水引の袋

蝶結び：何度あってもよいことに使う（栄転、海外赴任、転居、旅行に出かける人に）。

紅白結び切りの水引の袋

結び切り：一度しかないことに使う（定年退職、結婚のための退職など）。

赤線つきの袋

赤線：おおげさにしたくないときに使う（餞別全般に）。迷ったときはこれに。

いただいたら

転勤のあいさつ文例

拝啓　陽春の候、ますますご清栄のこととお喜び申し上げます。さて私こと○月○日をもちまして○○支社勤務を命ぜられ、○月一日着任いたしました。

△△支社在勤中は公私共に一方ならぬお世話になり、心より御礼申し上げます。

今後も誠心誠意、任務に精励する所存でございますので、皆様には一層のご指導ご鞭撻を賜りますようお願いいたします。

まずは、略儀ながら書中をもちまして、お礼かたがたご挨拶を申し上げます。敬具

定年退職のあいさつ文例

謹啓　仲秋の候、皆様にはいよいよご清祥のこととお喜び申し上げます。さて私ことこのたび○○株式会社を定年退職いたしました。昭和△年の入社以来、三十八年間の長きにわたり大過なく勤め上げることができましたのも、ひとえに皆様からのご教導とご厚情のおかげによるものと、あらためて衷心より御礼申し上げます。

今後は妻と二人、旅行などを楽しみたいと願っております。本来ならばお目にかかりまして御礼申し上げるべきところ、略儀ながら書中をもちましてご挨拶とさせていただきます。　敬具

餞別は別れのしるし。お返しは不要

餞別とは、遠くへ旅立つ人や転任、移転する人へ、別れのしるしとして贈るもの。いただいた餞別に対してお返しは必要ありません。のちのち、祝ってくれた人の身に同様の喜び事があったときには忘れずにお祝いをすることが、お返しのかわりになります。

お祝いをいただいた人やお世話になった人には、お礼のあいさつ状を出すのがマナー。はがきに「在勤中にお世話になったお礼」「在勤中の思い出」「新任地への意気込み」などを書き、お祝いや記念品をいただいたかたには重ねてお礼の言葉を自筆で書き添えます。

海外に赴任する場合の餞別は5000～1万円が目安ですが、国内の転勤より多めに包むようです。お返しは不要ですが、赴任したら現地の状況を報告するのが礼儀です。その土地の品物を贈っても喜ばれます。

PART 4

暮らしの歳時記

- 年中行事は暮らしを彩る四季の節目
- お正月の行事から大晦日までの祭り事
- 暮らしの祝い事のいわれがわかる

1月
JANUARY

睦月 ● むつき ●
睦月とは、家族、親族が集まり仲むつまじくする月という意味。
1月の異名→正月、初月、祝月、初春月、初空月、端月、年端月、慎月、太郎月

季語
新年　元旦　初春　屠蘇　嫁が君　若水　松の内　七草　厳寒　風花　雪見　霧氷　寒雀　寒牡丹　寒菊　寒梅　初天神　厄落　春待つ　春近し

CALENDAR
- 1日［元日］
- 7日［七草］
- 10日ごろ［初釜］
茶人が客を招いて、その年初めてお茶をふるまう日。
- 15日［小正月］
- 20日［二十日正月］
この日ですべての正月行事が終わる。女正月ともいわれ、忙しかった女性たちが疲れをとる休息日。

お正月飾り

お正月飾りやおせち料理などは、「年神様《としがみさま》」を家にお迎えする行事に由来したもの。年神様は「歳徳《としとく》神《じん》」「正月様」とも呼ばれ、お正月に1年の幸福を授け、年玉（魂）を与えるとされています。

門松

年神様が家に降り立つ目印として、自宅の門前に飾られるのが門松。「松飾り」「正月飾り」ともいわれ、松を中心に3本の竹、梅などを添えるのが正式ですが、若松の枝を奉書紙《ほうしょがみ》で巻き、水引を飾り、門柱などに取りつける方法も。

松を中心にすえ、３本または５本、７本の葉つきの竹を添え、すそに松の割り薪を並べて荒縄で３カ所を３巻き、５巻き、７巻きと筋目を見せて七五三に結んだ形が正式です。これを道路から見て門の左側に雄松、右側に雌松と左右一対で飾ります。竹の上端を斜めに切りますが、関西地方では切らないのが正式。略式の場合も左右一対にします。

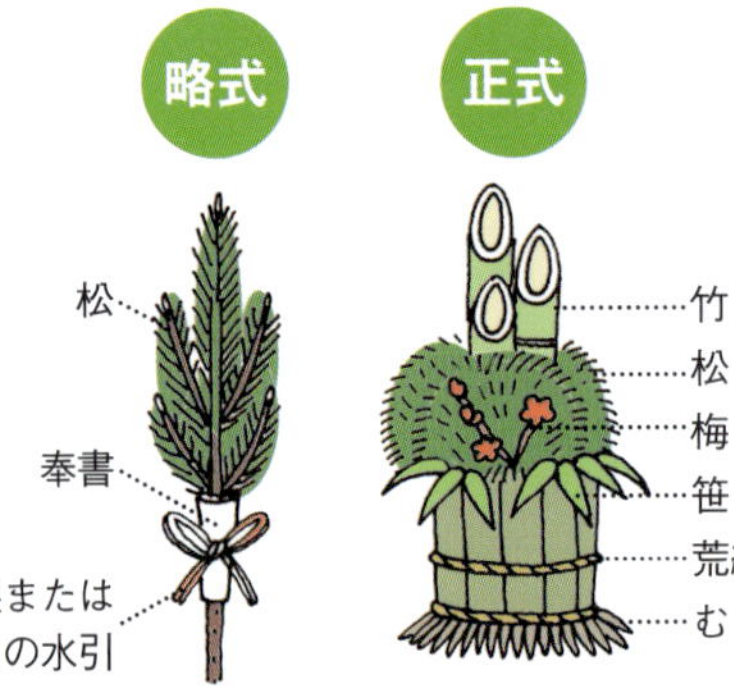

しめ飾り

しめ飾りとは、しめ縄で作ったお飾り全般をさします。神を祭る清浄な場所をあらわすもので、神社や神棚には正月に限らずしめ縄が張られています。一般家庭で用いるお正月のしめ飾りは3種類に分けられます。

★玉飾り　玄関の軒下や神棚の前に飾ります。

★輪飾り　玉飾りを簡略化したもの。台所（火の神の入り口）、蛇口やトイレ（水の神の入り口）のほか、商売道具や車などに飾り、

正月飾りのいわれ

正月飾りは、それぞれが意味をもっています。

うらじろ　葉裏が白く、うしろ暗さがないことと長命をあらわす。

ゆずり葉　新しい葉が出ると古い葉が落ちることから、福を後世にゆずる。

だいだい（みかん）　家系が「代々」繁栄する。

こぶ　よろ「こぶ」の意。

干し柿　幸運をとり込む。

ほんだわら　３ｍの長さにもなることから縁起がいいとされる。

伊勢えび　腰が曲がるほどの長寿を願う。

お正月飾りは、12月26日から28日の間に立てるのがしきたり。29日は「苦（九）待つ（松）」「苦立て」で縁起が悪く、31日は「一夜飾り」といって、神様への誠意がないとして嫌われる。

新しい1年の無事を祈願します。

★しめ縄　神棚や戸口に飾ります。太いほうが右で、四手を下げます。

大きめの輪飾りに、だいだい、うらじろ、ゆずり葉などの縁起物を結びつけ、清浄を示す四手を下げた玉飾り(右)、うらじろと四手だけの輪飾り(中)、しめ縄(左)。

床の間飾り

床の間は、古くは仏間だったものが、部屋の中の上座を意味するようになったものです。一般的には、中央に香炉、向かって右に鏡もち、左側に正月の生け花を配します。屠蘇《とそ》器や干支《えと》にちなんだ置物を飾る場合もあります。掛け軸は、福寿の意味をもつ書や字句が上位とされ、七福神、日の出、藤やつるなどの絵が続きます。

最近では床の間のない家が多くなってきましたが、サイドボード、本棚、テレビやユニット家具の上を床の間に見立てて、お盆に小さな鏡もち、独楽《こま》やお手玉、羽子板や破魔矢などを飾り、壁にちぎり絵や朱や金の舞扇《まいおうぎ》をあしらえば、お正月の雰囲気になります。

床の間がない場合は、サイドボードの上などに飾りつけを。掛け軸のかわりに新年の趣のある絵を飾るのも気分が違う。

鏡もち

もちは、古くから神饌《しんせん》（神様の食べ物）とされ、年神様へのお供え物として鏡もちを床の間に飾りました。鏡もちが丸いのは、人の魂（心臓）をかたどったからといわれ、鏡は魂を表わす神器《じんぎ》でもあることから、年神様にお供えしたもちを食べると、新しい生命が授かると言い伝えられています。

もちを大小二つ重ねるのは、陰（月）と陽（日）を重ね、福徳が重なることを願うためです。

飾り方は地方によってさまざまです。基本は、三方《さんぽう》の上に奉書紙か半紙を敷き、四手を下げます。葉裏を見せたうらじろとゆずり葉の上にもちをのせ、その上からこぶをたらして一番上にだいだいを飾ります。

三方のかわりに、四角いお盆や、きれいな角板を使ってもよいでしょう。

三方に半紙を敷き、ゆずり葉、うらじろ、もち、こぶ、葉つきだいだいをのせた飾り。

お客を迎える花

正月は別名「松の節句」ともいわれ、したがって、祝い花も松が主役になります。おめでたい松、竹、梅のほか、福寿草、葉牡丹、水仙、千両、椿、雪柳などを飾ると正月らしい雰囲気に。

床の間に飾る花は、掛け軸の図柄とのコーディネートも考える必要があります。書の掛け軸の場合には花材は自由ですが、掛け軸に植物が描かれている場合は、その植物を避けて祝い花を整えます。

玄関などの花はあまり煩雑にせず、やや丈の長い花材を選んで飾るようにします。

お正月の祝い事

おせち料理

「おせち」というのは「節会《せちえ》」「御節供《おせちく》」の略で、昔は人日《じんじつ》（正月7日）、上巳《じょうし》（3月3日）、端午《たんご》（5月5日）、七夕（7月7日）、重陽《ちょうよう》（9月9日）の五節句などの節目に出される料理や、神に供える料理のすべてが「おせち料理」と呼ばれていました。

お正月におせち料理を食べるのは、神に供えたごちそうを皆でいただくという意味と、神様を迎えている間は煮炊きするのを慎むということからきています。

伝統的なおせち料理は4段重ねが正式。壱の重から与の重までで春夏秋冬をあらわします。壱の重は「祝い肴」、弐の重は「口取り肴」、参の重は焼き物、与の重は煮物が一般的です。最近では参の重、弐の重のおせち料理もふえています。

お重は彩りよく、とりやすくをモットーに詰める。

重箱の詰め方には、色違いを正方形に交互に詰める「市松」、四方の隅から詰める「隈取り」、斜めに詰める「手綱」、対角線に三つに分ける「三種」、煮物などをまぜ合わせて詰める「乱れ盛り」などがあります。

おせち料理のいわれ

黒豆　1年の邪気をはらってまめに暮らせる。

かずのこ　にしんの卵で、「二親」に通じて子宝に恵まれる。

こぶ巻き　「喜ぶ」に通じる。こぶはお正月だけでなく、おめでたい席には欠かせないもの。

ごまめ　田作りともいわれ、豊作を祈願するもの。

だて巻き　卵は子孫繁栄の象徴。

なます　神聖な色「白」と慶事の色「紅」を、大根とにんじんであらわしたもの。

里いも　子いもが多いことから、子孫繁栄を願う。

頭《かしら》いも　人の先頭に立てる。

れんこん　穴があいていることから、先が見通せる。

結びこんにゃく　むつみ合える。

えび　目が出ているため、「めでたい」に通じる。老人のように腰が曲がっているので、長寿を願う意味も。

ぶり　出世魚であることから、出世を願う。

鯛　恵比寿様が釣り上げた、めでたい魚。

祝い膳・祝い箸

お正月には、脚つきの塗り膳を使う祝い膳をセットします。器も塗り物を用意し、最初にお屠蘇《とそ》で祝って、祝い肴、おせち料理、お雑煮《ぞうに》の順に、目上の人から箸をとります。

箸は、新しい柳の両細のはらみ箸を使います。白木の箸は香りもよく、「清浄と神聖をあらわし、邪気をはらう」、柳は「薬木で長寿をもたらす」といって、お正月や祝い事には欠かせません。

また、この箸は神様を迎えて過ごす「ハレの日」のため、神様の口と人間の口用に両端が細くなっています。その箸を家族それぞれが清め、自分の名入りの水引がついた箸袋におさめ、三が日に使います。来客用にも用意します。

祝い膳・祝い箸はお正月には欠かせないもの。

お屠蘇

屠蘇は薬酒で、山椒《さんしょう》、桔梗《ききょう》、肉桂《にっけい》、陳皮《ちんぴ》などの薬効成分が入っている「屠蘇散」を大晦日《おおみそか》のうちにみりんか日本酒にひたして作ります。年の初めに祝いとして飲む習慣は中国から伝わり、1年の邪気をはらい、長寿をもたらすといわれています。

杯は三つ重ねの朱塗りで、年少者から飲み、男性は片手、女性は両手で受けます。

屠蘇器は蒔絵をあしらった漆塗りの三つ重ねの杯に。銚子には祝い飾りをつける。

お雑煮

大晦日の夜に年神様《としがみさま》に供えたもちや野菜を元日の朝に下げ、年男がくんだ若水で煮て、皆で食べたのが始まりです。

「隣雑煮」という言葉どおり、雑煮は土地や家々によって異なります。

関東から東の地域では切りもちを一度焼いてからすまし汁に入れ、関西から西では丸もちをみそ仕立ての汁に入れるものが多いようです。地方によっては「くるみ雑煮」「あずき雑煮」「あんもち雑煮」などもあります。

各家庭に合ったお雑煮でお祝いを。

お正月用品のしまい方

門松・しめ飾り
「松の内」（1月7日）の最終日にとりはずし、「どんど焼き」などと呼ばれる行事で火にくべるのがならわし。ゴミ回収に出すときは、ゴミとは別に包む心くばりを。

和服・足袋
和服はハンガーに掛け、1日干して汗を抜き、シミなどを点検してからたたみます。
足袋は汚れた部分に液体洗剤を直接塗り、一晩つけておいてからブラシでこすって仕上げます。干すときは形を整え、手でたたいてしわを伸ばしてから。

漆器類
ぬるま湯で、ガーゼかスポンジを使ってぬぐうように手早く洗います。そのあと、すぐふきんでふいて水けをとり、しばらく風を通してからしまいます。

お正月の行事

初詣

初詣は、新年の初めに寺や神社にお参りして、1年の無事を祈る行事です。「恵方《えほう》参り」ともいわれ、元旦に陰陽道《おんみょうどう》の示すその年の最もよい方角（恵方）にあたる神社に参詣すると、特に福が授けられるという信仰に由来したものです。

　恵方は、その年の干支によって毎年変わりますが、現在は本来の意味は失われています。

　大晦日《おおみそか》のうちに除夜の鐘が鳴り終わるのを待って参拝する人も多いのですが、元旦に限らず、三が日、または松の内ならよいとされています。参道脇の手水《ちょうず》で手と口を清め、神前に進んだら、さい銭をおさめ、鈴を鳴らして二礼二拍手一礼します。

年始回り

かつては大晦日の夜、仕事上の主人、親族の本家などに集まり、大勢で新年を迎えるならわしがありました。

　それが時代とともに、各自の家で年越しをするようになり、本家と分家に分かれた一族がお互いの家を行き来したり、主人の家に新年のお祝いのあいさつに行くようになりました。

　しかし、最近では夫婦それぞれの実家など、親族が中心になっています。年末年始に旅行に出かけたり、逆に家でゆっくりしたいなど、お正月の過ごし方も多様化しているため、礼を尽くすつもりで年始のあいさつに伺ったものの、不在だったり、相手にとっては迷惑ということもあります。

　仲人宅や特にお世話になっている人のお宅におじゃまするときは、事前に様子を尋ねてからにしましょう。仕事関係への年始回りは、業界の慣例に従います。「お年賀」の品も忘れずに用意を。

年賀には、お歳暮を贈っている場合はタオルや菓子など、送っていない場合はお歳暮相当の品を。

お年玉

神様に供えたもちを下ろし、年神様から賜ったもちを分け与えるという意味で、年長者から年少者に、丸いもちに小物を添えて渡したのが始まりです。時とともに両親や親族が子どもにお金を贈るならわしに変化しました。

年始に伺うときなどには、新札とお年玉袋を用意していきましょう。目下に渡すものなので、両親や目上のかたには「お年玉」ではなく、「お年賀」とします。

初夢

古くは大晦日の夜から元旦にかけて見る夢をいいましたが、江戸時代から、物事を始めるという意味で、1月1日または2日の夜に見る夢をさすようになりました。「一富士、二鷹、三なすび」などのよい夢を見るためには、宝船の絵や回文（上から読んでも下から読んでも同じ文）を枕の下に敷いて寝るとよいとされています。

書き初《ぞ》め

年が明けて初めて書や絵を書くことで、昔はあらたまった気持ちで筆をとり、若水ですった墨で恵方に向かってめでたい詩句を書いたといわれます。2日に書くと上達すると言い伝えられています。どんど焼きの火に入れて、燃えて高く上がるほど字がうまくなる、とも。

1月の行事

七草がゆ

7日の朝に「春の七草」と呼ばれる野菜を炊き込んだおかゆを食べると、1年間病気をしないとされています。中国ではこの日に7種類の野菜の吸い物を食べて息災を願う行事があり、それが伝わって江戸時代に定着したものです。

七草とは、せり、なずな、ごぎょう(御形＝母子草)、はこべら(繁縷＝運べ)、ほとけのざ（たびらこ)、すずな（かぶ)、すずしろ（大根）をさします。はこべらはたんぱく質、すずな、すずしろはジアスターゼなどの消化を助けるものを含み、いずれも滋養に富んでいます。お正月のごちそうで疲れた胃を休め、青菜の少ない冬場に栄養補給をするという効用もあります。

平安時代には宮中行事として七草を汁に入れて食べていた。かゆにしたのは室町時代から。

七草がゆのレシピ

［材料・４人分］米１カップ　水７カップ　塩適量　丸もち４個　七草適量

❶米は洗って土なべなどに入れ、水を加えて蓋をし、弱火で炊く。❷もちはやわらかく煮ておく。❸七草は塩ひとつまみを入れた熱湯でさっとゆでて冷水にとり、水けをきってこまかく刻む。❹①が炊き上がる直前に塩少々を加えて味をととのえる。火を止めて、②と③を加えてざっとまぜる。

鏡開き

お供えしていた鏡もちを1月11日に割って食べる行事で、元旦にかたいあめを食べて延命長寿を願う中国の儀式に由来しています。江戸時代にもちに変わり、「刃柄《はつか》」にかけて20日前後に行われていましたが、徳川三代将軍家光が20日に亡くなったことから忌日として避け、11日に改めたといわれています。

鏡もちを飾るのは武家の風習であったため、刃物で「切る」「割る」という言葉を忌み、運を開くという意味を込めて鏡開きと呼ぶようになりました。

刃物を使わずに手や木づちで割り、ぜんざいやおしるこ、お雑煮にしていただくのが一般的です。

鏡開きのもちは、ぜんざいやおしるこにするのが一般的。

女正月

1月20日は「二十日正月」といわれ、この日で正月のすべてが終わります。この日は「女正月」ともいわれ、女性たちが暮れのおせち料理作りから年始客の接待まで、なにかと忙しかった正月の疲れをとるための休息日とされています。近畿地方から西では、ほとんど骨だけになった正月用の鯛やぶりなどを雑煮などにして食べることから、「骨正月」と呼ぶところも。

初釜

茶道の稽古始めにあたるのが「初釜」。茶人は元日の朝にくむ若水で釜を開き、新年のあいさつがすんだ10日ごろ、客を招いてその年初めてのお茶をふるまいます。

招かれた場合の服装は、女性は未婚者なら振り袖、既婚者なら紋付きの色無地程度の格式のもの、男性はダークスーツで。

小正月《こしょうがつ》

元日の「大正月」に対して、15日は「小正月」と呼ばれています。旧暦では月の半ばを1カ月の区切りとしていたため、「旧正月」とも。

小正月にはもちをまゆの形に作った「まゆ玉」を神棚に供えたり、お正月飾りを集めて焼く「どんど焼き」や「左義長《さぎちょう》」と呼ばれる行事が行われます。どんど焼きの火で焼いたもちを食べると病気にかからないという言い伝えがあり、この火で鏡もちを焼く地方もあります。

この日、中国では魔除けの力があるとされるあずきがゆを炊いて五穀豊穣を祈り、一家の健康を願うならわしがあり、日本でも15日の朝に食べる風習があります。

米に対して4～5倍の水とあずき適量で炊き込み、塩で味をつける。

お飾りをくべる行事は、神事として神社で行われるのが一般的。

どんど焼き・左義長

どんど焼きとは、神社などで火をたき、門松やしめ飾りなどの正月飾りや書き初めなどを家々から持ち寄って燃やす行事のこと。左義長も同じ行事ですが、宮中や公家の正月行事に由来します。炎にご利益があり、書き初めをくべて炎が高く上がると字がうまくなるとも。

寒中見舞い

夏の暑中見舞いに対して、冬に出すもの。寒さのために相手の健康にさわりがないかどうかを気遣う便りです。

年賀状を出しそびれた人や、喪中欠礼をいただいた人に、寒の入り（1月6日前後）から立春までの間に出します。喪中の相手には、めでたい松の内に手紙を出すのは緊急以外タブーとされています。

寒中見舞いには、年賀はがきは使わないのがマナーです。

寒中お見舞い申し上げます。
寒さ厳しき折ではございますが、皆様にはいかがお過ごしでいらっしゃいますか。
ご服喪中と伺いまして、年頭のごあいさつはさし控えさせていただきました。
時がお悲しみを少しでもやわらげてくれればとお祈りしております。
ご家族の皆様、時節柄、どうかおかぜなどお召しになりませんよう、ご自愛ください。

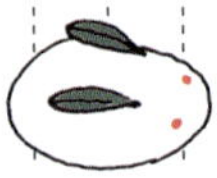

松の内と松納め

元旦に迎えた年神様《としがみさま》がいる間を「松の内」、門松などをとりはずして正月に別れを告げるのを「松納め」といいます。

松の内の期間は、地方によってさまざま。もともとは半月だったのを江戸幕府が命令を出し、関東では7日間に。年始回りや「明けましておめでとうございます」のあいさつも松の内までです。

歌会始《うたかいはじめ》

「歌御会始」「和歌御会始」「御会始」と呼ばれ、皇居で1月中旬に行われる宮廷行事。第1回は明治2年に京都御所の小御所で行われたそう。明治7年以降は勅題を一般に発表し、明治12年から一般の入選歌が御前の披講に加えられました。現在は両陛下、皇族、陪聴者が列席し、披講を楽しみます。

厄払い

昔は暮れから新年に、「お厄払いましょ」というかけ声で厄払い売りが回っていました。厄年は数えで、男25才と42才、女19才と33才。前の年は前厄、あとの年は後厄になるため、それぞれ3年間は厄になります。

特に男の42才（死に）、女の33才（さんざん苦労）は大厄とされています。気になる場合は、神社やお寺で厄払いの祈祷をしてもらいます。

2月

FEBRUARY

如月 ●きさらぎ●

如月とは草木の芽が生え出るころという意味と、寒さのために衣を重ねるところから、きさらぎ、きぬさらぎ（衣更着）という呼び名に。

２月の異名→梅見月、初芽月、初花月、雪解月、雪消月、梅月、麗月、早緑月

季語

立春　余寒　節分　薄氷　春寒し　春浅し　斑雪　白魚　猫柳　雛菊　海苔　春菊　紅梅　猫の恋　鶯　春告鳥　初午　針供養　春の風邪　春時雨

CALENDAR

● 3日ごろ［節分］

● 4日ごろ［立春］
春の始まりの日で、昔は１年の始まりでもあった。「八十八夜」や「二百十日」などはこの日を起点に数える。

● 8日［針供養］
裁縫の針仕事を休み、折れた針を集めて豆腐やこんにゃくに刺して供養する。年の暮れ12月８日にもある。

● 初旬［初午］
２月最初の午の日。京都伏見稲荷大社の神が降りた日とされ、全国各地にある稲荷神社にお参りし、開運、福徳、商売繁盛を祈願する。

● 14日［バレンタインデー］

節分

節分とは「季節が移り変わるとき」という意味で、もとは立春、立夏、立秋、立冬の前日をいい、年に4回ありました。立春の前日だけになったのは、旧暦で年があらたまる重要な日にあたっていたからです。

昔の宮廷では、季節の変わり目に起こりやすい災害や病気を鬼に見立てて追い払う儀式「追儺《ついな》」「鬼遣《おにやらい》」が行われ、今も豆まきとして残っています。

豆まきは「鬼は外、福は内」のかけ声で行う節分の定番行事。神社で、その年の年男やお相撲さんが豆をまく「節分会《せつぶんえ》」は、春を呼ぶ風物詩となっています。最近では、節分の夜に食べると縁起がよいとされる「恵方巻《えほう》き」の風習も一般的に。

節分に豆をまくのは、年男か厄年の男性、あるいは一家の主人の役目とされていた。

豆まきの作法

❶節分当日の夕方までに炒った大豆をますに入れ、神棚に供える。
❷「鬼は外」と2回唱えながら、まず玄関から外に向けてまく。
❸「福は内」と2回唱えながら、家の中に向けてまく。まき終わったら、福が逃げていかないように戸を閉める。各部屋の窓からも同様にまき、すぐに閉める。
❹年の数または1つ足した数の豆を食べて無病息災を祈る。

やいかがし

いわしの頭とひいらぎの枝で作った魔除け。焼いたいわしの頭をひいらぎの枝にさして、門や軒下につるします。いわしのにおいとひいらぎのトゲで鬼が逃げていくとされています。

恵方巻き

近年人気の太巻きずしにかぶりつく習慣。

その年の吉方（恵方）を向いて、無言で太巻きずしにかぶりつきます。巻きずしは「福を巻き込む」に通じ、中部や関西地方の習慣が全国的に広まったものです。

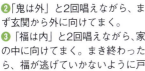

初午《はつうま》

2月最初の午の日は、商売繁盛と豊作の神とされる稲荷神社の祭日。稲荷は「いねなり」の意味で、五穀をつかさどる「倉稲魂命《うかのみたまのみこと》」がまつられています。お稲荷様には、そのおつかいであるきつねの大好物である油揚げのほか、紅白の初午だんごなどをお神酒《みき》とともにお供えします。

いなりずしやきつねうどんは、油揚げをたくさん食べられるように考えられたメニューです。商家ではいなりずしをお供えすることも。

針供養《はりくよう》

裁縫をする人たちの間では2月8日が「事納め」、12月8日が「事始め」とされています。この両日は針仕事を休み、針供養を行います。江戸時代から続いている風習で、古い針を供養して、裁縫の上達やけがのないことを願う行事です。

折れたり、使えなくなった針を、やわらかい豆腐やこんにゃくに刺して神棚に上げたりして、今まで仕事をしてくれた針をねぎらいます。その後は、川に流したり、神社に奉納したりするのがしきたりでした。

バレンタインデー

2月14日は、3世紀ごろ、兵力増強のための結婚禁止令に抵抗し、ひそかに恋人たちを結婚させていたローマの司教・聖バレンティノが殉教した日です。そのため、欧米では愛の守護聖人とされ、この日は恋人や大事な人とお互いにプレゼント交換をする日になっています。

外国では、女性から男性にチョコレートを贈って愛を告白するという決まりはなく、日本独自のイベントです。最近では、チョコレートを友達に贈る「友チョコ」、男性から女性に贈る「逆チョコ」、自分への「ご褒美チョコ」なども広まっています。

高価な市販品も人気だが、手作りも楽しいもの。

3月

MARCH

弥生 ●やよい●

弥生とは、草木がいよいよ花や葉を成長させることを「いやおい」といったことから。
3月の異名→桜月、花月、花見月、桜見月、桃見月、桃月、春惜月、夢見月、花咲月、嘉月

季語

啓蟄　春雷　春一番　春めく　水温む　春雨　陽炎　山笑う　田螺　暖か　若鮎　御水取り　燕　木の芽　鰊　鱒　霞　椿　摘草

CALENDAR

- 3日［桃の節句・ひま祭り］
- 6日ごろ「啓蟄」冬ごもりしていた虫たちが、陽気に誘われて動き出す日といわれる。

14日［ホワイトデー］菓子メーカーが「バレンタインデー」のお返しをする日として始めた日本の行事。

- 21日ごろ［春分の日］

桃の節句

「ひな祭り」ともいい、女の子の成長、良縁、幸福を願う行事。旧暦3月3日が十二支の巳《み》の日にあたることから「上巳《じょうし》の節句」ともいわれます。古代中国ではこの日を邪気が来る日とし、水辺で手を洗い、身を清めることで厄や災いを免れるとされました。これが日本に伝わり、人形にけがれや災いを移して海や川に流す風習が生まれ、平安貴族のひな遊びなどと結びついて、江戸時代中期から華やかな段飾りとなったのです。

ひな人形はその子どもの災厄を引き受ける身がわりとなるものなので、本来一人に一式用意する。姉妹や母娘で共有することはしない。
（協力／久月）

◆ひな人形の飾り方

ひな人形は、2月中旬ごろから遅くても1週間前くらいには飾り、一夜飾りは避けます。

中国では古くから「君主南面す」といわれ、天帝は北を背にして座りました。北から見ると太陽が上る東は左側になるため、二人並んだときは左（向かって右側）が上位となります。

ひな飾りも同様に、部屋の上座に南向きに飾り、向かって右に男びな、左に女びなを飾りました。しかし、現在は国際儀礼にのっとって、向かって右に女びな、左に男びなが一般的です。段飾りの2段目以下は日本古来の並べ方です。

節句の翌日にはしまわないと女性の婚期が遅れるといわれます。

お供えや食べ物のいわれ

桃の花・白酒　中国では若さを保ち、病を除くといわれる香りの強い桃花酒を飲む。日本ではかわりに長寿をあらわす白酒になった。桃の花を太陽、白酒を月になぞらえて、「日と月をまつる」の意味も。

ひしもち　桃の葉あるいはひしの実をかたどったもの。紅は花の色（厄除け）、白は雪（清浄）、緑は草木（邪気を払う）の意味。

ひなあられ　本来はひしもちを細かく切って揚げたもの。いわれは、ひしもちに同じ。

はまぐりのお吸い物　はまぐりの殻は、別のはまぐりとは絶対にかみ合わないことから、貞節をあらわす。

お彼岸《ひがん》

彼岸というのは仏教の言葉で、「仏の住む世界」のことです。仏教では極楽浄土は西方にあると考えられており、太陽が真西に沈む春分の日と秋分の日前後は、先祖の住む極楽と現世が交流しやすいとされています。

◆お墓参り

お彼岸は、春分の日、秋分の日をそれぞれ「中日」として、前後3日間を入れた7日間をさします。初日を「彼岸の入り」、最終日を「彼岸明け」といい、墓参りをするなど先祖の供養をします。

一般の風習としては、お墓やお寺に参ります。墓参りは彼岸中であればいつ行ってもかまいません。家族のほか、故人と縁のある人もそれぞれお参りします。

僧侶へのお礼は、一周忌、三回忌、七回忌などの重要なときは別ですが、お経をあげてもらわず、お墓に参るだけなら、5000～3万円くらいが目安です。表書きは「御布施」とします。

◆家庭では

自宅に仏壇がある場合には、彼岸の入りの前日には仏壇をきれいに掃除し、花を飾り、水をあげます。彼岸の間は、朝晩に水を供え、灯明をともして線香をあげ、故人の好物やぼたもちなどを供えて供養します。

お墓参りの作法

❶お墓の掃除をする。周囲の雑草などをむしり、墓石には水をかけて、タオルなどで洗い清める。

❷古い花は墓所の規定どおりに片づけ、新しく花を生けてお供えをする。線香は束のまま火をつけて供える。

❸故人と縁の深い人から順に、手桶の水を墓石にかける。これを「水手向《たむ》け」といい、仏に水をささげるという意味がある。

❹しゃがんで合掌し、一礼する。立ったままでは先祖より頭が高くなり、礼を失することに。お供えした食べ物は持ち帰る。

ぼたもちは、もとは「ぼた米」といわれるくず米で作られた「持ち飯」という携帯食。秋はやや小ぶりに作り、おはぎと呼ぶ。

春分の日

二十四節気の一つ。太陽の中心が春分点上にきたときをいい、この日は昼夜の長さがほぼ同じになります。

年によって違いますが、現在の暦では3月21日ごろにあたり、昭和23年には国民の祝日に制定されました。「暑さ寒さも彼岸まで」といい、この日を境に冬が去り、春が訪れるとされます。

4月
APRIL

卯月 ●うづき●
うつぎの花が咲く月という意味。うつぎはユキノシタ科の落葉低木で山野に生え、初夏に白い花が咲く。
４月の異名→卯の花月、花残月、夏初月、清和月、鳥待月、鳥月、鳥来月

季語
春の日　花曇　花篝　桜吹雪　沈丁花　春愁　春眠　花　花見　朧月　チューリップ　シクラメン　菜の花　甘茶　若草　竹の秋　風光る　蜃気楼　蛙の目狩時　潮干狩り　夏近し

CALENDAR
- １日［エイプリルフール］
- ８日［花祭り］
- 13日［十三参り］
- 29日［昭和の日］

エイプリルフール

4月1日はエイプリルフールといい、うそをついても許されることになっています。

江戸時代からの古い習慣で、キリストがユダに裏切られた日、仏教徒の苦行明けの日で、再び迷いの世界に戻るのを戒めることなどが由来といわれます。他人を傷つけないようなユーモアあふれるうそで楽しんで。

花祭り

お釈迦様の誕生日で、お寺ではそれを祝う「灌仏会《かんぶつえ》」という仏教行事が行われます。色とりどりの花が飾られるため、「花祭り」と呼ばれています。お寺の境内には花御堂《はなみどう》という小さなお堂を作り、中に釈迦像を安置します。参加は自由ですが、檀家として出席する場合は「お花料」を持参します。「御布施」とはしないので注意しましょう。

参拝者は竹のひしゃくで甘茶を釈迦像の頭に３回かけてから飲み、無病息災を祈る。

イースター

キリストは死後3日でよみがえったといわれ、これを祝うキリスト教の祝日がイースター（復活祭）です。毎年、春分の日を過ぎた最初の満月直後の日曜日と決められています。

信者たちは白い祭礼服を着て、家には白百合を飾ります。イースターエッグという、彩色した卵を贈り合う風習があります。

十三参り

七五三と同様、子どもの成長の節目を祝う行事で、主に京都や大阪など西日本で行われています。生まれ年の十二支が一巡した男女（数え年で13才）が、智恵の菩薩《ぼさつ》といわれる虚空蔵《こくうぞう》菩薩に参詣し、大人になったことを感謝して、福徳と知恵を授かるという風習です。「智恵詣り」「智恵もらい」とも。

新生活のスタート

春は新入学や進級、入社など新しい生活が始まる時期。特に小学校入学時は、生活リズムを整え、事故に遭わないよう、通学路や交通ルールなどの確認を。

5月

MAY

皐月 ● さつき ●

早苗を植える「早苗月」という意味。夜が短いので、さよ月（狭夜月）が転訛したとも。
5月の異名→菖蒲月、橘月、梅の色月、田草月、多草月、雨月、草月、月不見月、佐月

季語

初夏　端午　鯉幟　菖蒲　薄暑　薪能　祭　新緑　若葉　筍　鯖　初鰹　桐の花　風薫る　麦　茶摘み　田植え

CALENDAR

● 2日ごろ［八十八夜］
立春から数えて88日目。「八十八夜の別れ霜」といい、霜も降らず穀物の種をまくのに最適といわれている。この日に摘んだお茶は長寿につながるとされている。
● 5日［端午の節句・こどもの日］
● 第2日曜日［母の日］

端午《たんご》の節句

「端」というのは「はじめ」という意味で、「端午」は月の初めの午《うま》の日をさします。中国では、5月は物忌《ものい》みの月とされ、5が重なるこの日に邪気をはらう行事が行われていました。日本に伝わって奈良時代には菖蒲《しょうぶ》とよもぎで厄除けをするようになり、鎌倉時代に流鏑馬《やぶさめ》などを競う「尚武《しょうぶ》」の催しに転じて、男子の立身出世を願う行事になりました。現在は「子どもの日」として、男女問わず健やかな成長を願う祝日となっています。

五月人形は、江戸時代の武家が家の前に「かぶとや人形」を飾って祝ったのが始まりといわれています。家の外に鯉のぼりを立て、室内にかぶとやよろいなどの五月人形を飾ってお祝いし、柏もちやちまきを食べ、菖蒲湯に入ります。鯉のぼりは、「鯉が滝を登って竜になる」という中国の故事から、男子の出世を祈るもの。

よろいかぶと、弓矢、太刀のセットが一般的。（協力／久月）

祝い菓子のいわれ

ちまき　ちがやの葉でまいて蒸すちまきは、中国の戦国時代の武人・屈原の命日に、その供養として竹の筒に米を入れて無図海に投げ、魂を鎮めたのが始まり。

柏もち　柏は、若葉が生えるまで古い葉が落ちないことから、「後継ぎが絶えない」縁起が良い木とされている。

母の日

1907年、アメリカのアンナ・ジャーヴィスという女性が、亡母の命日にしのぶ会を催し、お母さんが好きだった白いカーネーションを配ったことに始まります。彼女は議会に「母親に敬意を払う日」をつくってほしいという手紙を送り、1914年、第28代大統領ウィルソンがこの日を制定しました。

八十八夜

立春から数えて88日目。農事の暦では「別れ霜」といい、八十八を組み合わせると「米」の字になるので、農家ではこの日に田の神様に祈るならわしがあります。末広がりの「八」の字が重なる縁起のよい日、という意味も。

茶摘みの歌にもあるように新茶の季節でもあり、八十八夜に摘んだ新茶を飲むと、長寿につながるとされています。

6月
JUNE

水無月 ●みなづき●
田に水を入れるところから、みなづき（水月）。暑さで水が枯れるところから水無月という意味も。
6月の異名→風待月、葵月、松風月、常夏月、蝉羽月、鳴神月、涼暮月、青水無月

季語
梅雨（青梅雨　梅雨冷　梅雨曇）　短夜　皐月　アイリス　蜜柑の花　葵　黴　鰻　蟹　蝸牛　蚯蚓　雨蛙　さくらんぼ　紫蘇　早苗　早乙女　蛍　鮎　蠅　蟻　蚤　蚊　風薫る　夏至　白夜　夏木立　苺　単衣

CALENDAR
- 1日［衣替え］
- 10日［時の記念日］
初めて水時計が作られた日を記念し、時間を大切にする趣旨で設けられた。
- 第3日曜日［父の日］
- 22日ごろ［夏至］
太陽が北回帰線の真上を通り、北半球では昼間が1年のうちで最も長くなる。
- 30日ごろ［夏越しの祓］

衣替え

衣替えの習慣は、かつては宮中行事でもあり、平安時代には4月1日から夏装束、11月1日から冬装束にし、調度品も改められました。江戸時代には回数が増え、年4回が義務づけられました。

6月1日と10月1日が衣替えの目安になったのは明治以降です。現在は学校や会社の制服以外、厳密ではありません。最近では、節電のために夏の間軽装にする「クールビズ」をとり入れる会社も増え、こちらは5月から始まることが多いようです。

ただ、和服だけは気温にかかわらず、6月と9月はひとえ、7、8月は薄物（絽《ろ》、紗《しゃ》など）、10月から5月までの冬場はあわせを着るという約束事があります。

衣替えは衣類だけでなく、調度品やインテリアも見直して。

父の日

母の日と同様、アメリカで生まれた行事。母の日が盛んになるのを見たJ・B・ドッド夫人が、1910年に「父の日がないのは不公平」と提唱したのが始まりで、1936年に「全米父の日委員会」が設立されて、しだいに浸透していきました。

父の日のシンボルは、ドッド夫人が父親の墓前に捧げたという白いバラ。元気な父親には赤いバラをプレゼントして親子のコミュニケーションをはかって。

年齢相応より若々しい色柄を選んで。感謝の言葉を書いたカードを添えると喜んでもらえそう。

夏越《なご》の祓《はらえ》

各地の神社で行われる厄除けの行事。奈良時代、6月と12月の最終日に行われた「大祓《おおはらえ》」という宮中行事に由来します。

「茅《ち》の輪《わ》くぐり」といって、鋭利な葉をもつ茅《ちがや》で作った大きな輪を3度くぐり、その葉で心身のけがれを落とします。神社から配られた紙の人形に姓名と年齢を書いて身体をなで、神社に納めてけがれをはらうことも。

「梅雨」の由来

「ばいう」または「つゆ」と呼びます。暦の上では、立春から数えて135日目の6月11日か12日の入梅の日より30日間を梅雨といいますが、気象上はその年により大きく異なります。

名前の由来は、梅の実が黄熟するころに降る雨だからとする説のほか、カビが生えやすい時期ということから、「黴」の字をあてて「黴雨」とする説などがあります。

7月

JULY

文月 ●ふみづき●

七夕に詩歌の文を供えるところから文月という、または稲穂がふくらむ月という意味から転化したなどの由来がある。

７月の異名→七夕月、愛逢月、桐月、女郎花月、瓜月、涼月、文披月、七夜月、秋初月、親月、婦月、蘭月

季語

半夏生　月見草　雷（雷鳴　雷雨）　夕立　虹　扇　団扇　日除　日傘　滝　サングラス　登山　汗　清水　浴衣　納涼　瓜　行水　夏の夜　メロン　朝凪　夕凪　冷麦　アイスクリーム　ビール　サイダー　冷奴　冷房　扇風機　風鈴　日向水　プール　ヨット　トマト　香水　夜の秋

CALENDAR

●２日ころ［半夏生］
夏至から11日目で、現在の暦では２日ごろ。ハンゲショウという植物もあり、この時期に花を咲かせる。

●７日［七夕］

●上旬～15日ごろ［お中元］

●20日ごろから［土用］

●23日ごろ～立秋前日［暑中見舞い］

七夕

牽牛《けんぎゅう》（彦星）に恋した織女《しょくじょ》（織姫）がはた織り仕事をやめてしまったため、天帝の怒りにふれ、天の川をはさんで引き離されました。しかし、年に一度だけ7月7日の夜に、天の川にかかる橋で会うことを許される、という中国の伝説が伝わったもの。

　現在の七夕飾りは、笹竹を色紙や薬玉、切り紙細工などで飾りつけ、願い事を書いた短冊を下げます。雨の多い時期なので、月遅れの8月7日に盛大に行うところも。

七夕飾りの作り方

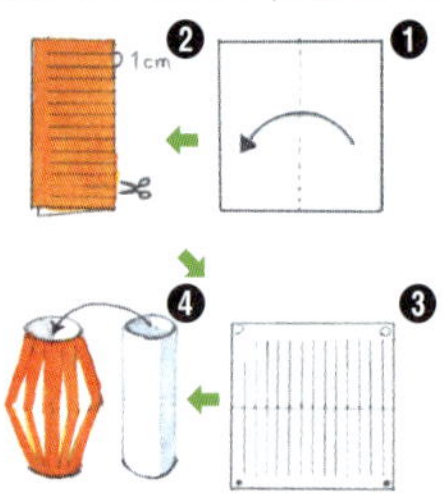

ちょうちん

❶折り紙の表が外側になるように二つ折りにする。
❷折った側から1cm幅に切り込みを入れる。
❸折り紙を開き、○と●同士を糊でつける。
❹違う色の紙で筒を作り、③の内側に入れる。

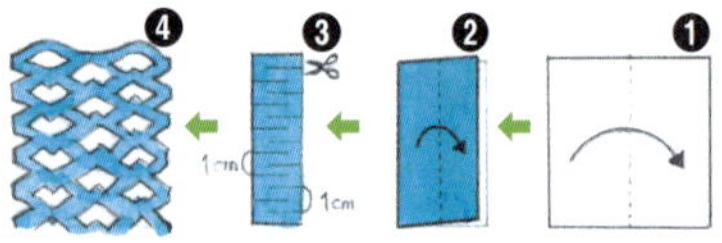

天の川

❶折り紙の表が外側になるように二つ折りにする。
❷さらに縦二つに折る。
❸両側から交互に1cm幅に切り込みを入れる。
❹上下にそっと伸ばしながら開く。

土用

本来「土用」は、立春、立夏、立秋、立冬のそれぞれの前18日間のことで年4回あるものですが、現在は夏の土用をさします。

　7月20日ごろから8月6日ごろまでにあたり、この間の丑《うし》の日に夏バテを防ごうと、栄養価の高いうなぎを食べるならわしは、江戸時代の蘭学者・平賀源内の発案によるものといわれます。

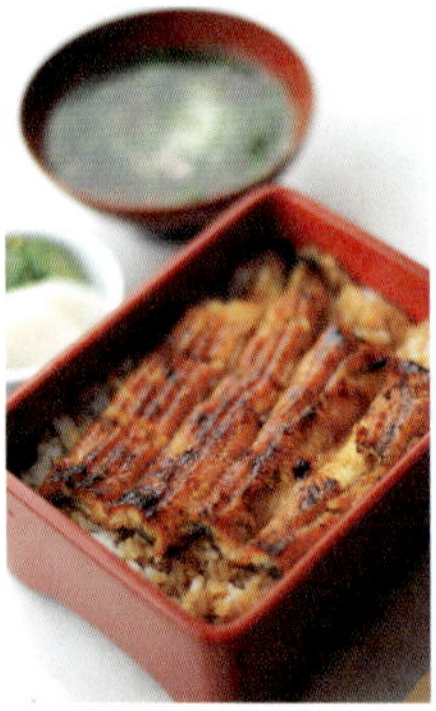

お中元

お中元はお盆と結びついた贈答習慣です。本来、1月、7月、10月の15日をそれぞれ「上元」「中元」「下元」と呼び、1年の区切りのひとつでしたが、お盆の中日に重なる中元には、祖先をまつるために一族の人たちが親元に集まりました。そのとき持ち寄ったお供えがお中元の始まりです。

　その後、行き来がしだいに減って、品物だけを送り届けるようになり、現在の形になりました。

暑中見舞い

暑中見舞いは、お中元の名残で、訪問するかわりに暑中のあいさつ状を出すようになったもの。

　暑中とは、二十四節気の中の「大暑」にあたる期間のことで、7月23日ごろから8月6日ごろの立秋の前日までをさします。暑中見舞いもこの期間中に出しましょう。立秋を過ぎたら「残暑お見舞い」とします。

8月
AUGUST

葉月 ● はづき ●

紅葉した葉が落ちる葉落ち月、初雁が来る季節から、はつき（初来）という異名がある。
８月の異名→月見月、木染月、秋風月、桂月、雁来月、葉落月、萩月、紅染月、草津月、壮月、燕去月

季語

立秋　星月夜　盂蘭盆
精霊流し　花火　残暑
朝顔　西瓜　隠元豆
カンナ　芭蕉　病葉

CALENDAR

- ４日［箸の日］
- ８日ごろ［立秋］
- 13～16日［盂蘭盆会］
- 16日［大文字焼き］
京都の大文字焼きは、先祖の霊を送り出すお盆の送り火。
- 23日ごろ［処暑］
暑さがやむという意味。厳しい残暑も少しやわらいで、朝夕、涼風が立ち始める。

お盆

先祖供養の仏教儀式で、正式には「盂蘭盆会《うらぼんえ》」「精霊会《しょうりょうえ》」といいます。お盆は盂蘭盆会を略したもので、語源は梵語の「ウラバンナ」。地獄の責め苦から救うという意味で、餓鬼道に落ちて苦しむ弟子の母親を、お釈迦様が供養して救ったという故事が始まりです。

お正月の行事が神事を中心とするのに対して、お盆行事は仏事ですが、どちらも日本の四季の暮らしを代表する風習となっています。

旧暦の7月15日を中心に行われますが、多くの地方では月遅れの8月15日を中心に行われています。

◆盆棚

迎え盆の13日の朝、仏壇を清め、仏壇の前に小机を置いて盆棚とします。その上にすのこかまこもを敷いて位牌を移し、盆の間は仏壇の扉を閉めておきます。

盆棚には季節の野菜や果物、水などを供え、なすやきゅうりで作った牛馬を並べます。できればこの日に墓参りをすませます。牛馬は迎え火のときは家の中に向け、送り火のときには外に向けます。霊をお送りしたあと、明け方までにお供え物などを始末します。

先祖の霊が馬に乗り、牛に荷を引かせて帰ってくるといわれている。

◆迎え火・送り火

ほうろくという素焼きの皿で、井の字に組んだおがら（麻の茎）を燃やします。13日の夕方には先祖が迷わず帰ってこられるように、門の前で迎え火をたいて迎え、16日には送り火で帰る道を明るく照らします。

◆盆踊り

お盆の期間中に各地でにぎやかに行われる盆踊りは、本来、お盆に戻ってきた霊を迎えてなぐさめ、これをまた送り出すために始まった仏教行事。

一説には、お釈迦様に母親を救ってもらった弟子が、喜んで飛びはねるように踊る姿が、盆踊りの起源といわれています。

日本では、平安時代に始まった空也上人の「念仏踊り」と合体して普及したようです。

新盆のマナー

四十九日の法要が終わって初めて迎えるお盆を「新盆《にいぼん》」「初盆」といい、特にていねいに供養します。新盆には白いちょうちんを飾り、親戚や親しい人を招いて僧侶に読経してもらうことも。飾った白いちょうちんは、その年限りで焼却します。

かつては親戚や招かれた人がちょうちんを贈るならわしがありましたが、現在では「御供物料」「御仏前」としてお金を包むのが一般的です。

9月
SEPTEMBER

長月 ● ながつき ●

夜が長くなる夜長月の略から、いなかりづき（稲狩月）の略など、いろいろな説がある。
9月の異名→紅葉月、夜長月、菊月、寝覚月、菊咲月、玄月、陰月、濃染月

季語

風の盆　二百十日　台風　野分　三日月　夕月夜　夜長　十六夜　秋草　秋霖　桔梗　萩　露　蟋蟀　蟲　名月　霧　蜻蛉　雁渡る　鰯　枝豆　秋鯖　秋刀魚　鮭　蘭　コスモス　桃　梨　秋冷　宵闇　初潮

CALENDAR

● 9日［重陽の節句］
● 第3月曜日［敬老の日］
● 23日ごろ［秋分の日］

重陽《ちょうよう》の節句

中国では「九」は陽の数字の中でも最大で、9月9日は陽が二つ重なるおめでたい日です。この日には、「登高《とうこう》」といって付近にある高い山に登ったり、寿命を延ばすといわれる菊の花を浮かべた酒を飲んで不老長寿を願いました。

日本でもこれにならい、宮中で「菊花宴」を催したり、民間でも「おくんち」と呼ぶ、秋の収穫を祝う氏神祭りが行われました。栗ごはんを炊き、菊酒を飲んで祝ったことから「菊節句」「栗節句」とも呼ばれています。

「おくんち」は「お九日」が転じた言葉で、現在では長崎・諏訪神社の「長崎くんち」ほか、全国各地でさまざまな収穫祭や菊花展が行われています。

菊酒を飲んで、不老長寿を祝う。

栗ごはんに、おすしやすまし汁などを。不老長寿の妙薬といわれる菊の花びらを散らして。

敬老の日

昭和26年に「としよりの日」として制定され、その後「老人の日」を経て、昭和41年に「敬老の日」として国民の祝日になりました。

この日は行政機関や民間団体による高齢者のための催しや、老人ホームへの慰問行事などが行われています。

まだ歴史の浅い行事なので、特別なしきたりはありません。高齢者本人の好物を並べた祝い膳を囲んでなごやかに会食したり、本人の健康状態に合わせて温泉や旅行を計画するなど、長年、社会に尽くしてきた年長者をねぎらうとともに長寿を祝う気持ちをあらわしましょう。

ただ、最近は「老人扱い」を喜ばないことも。元気な人には、あえて「敬老の日」を話題にせず、特別なことをしないのも、ある意味では思いやりのある祝い方かもしれません。

敬老の日のプレゼントは「若々しさ」がポイント。花も明るめの色を選んで。
協力／日比谷花壇

高齢者が得意な遊具を用意し、子どもを交えて教えてもらうと、よいコミュニケーションに。

お月見

中国では陰暦7月を初秋、8月を中秋、9月を晩秋といい、その月の満月を拝み、楽しむ風習がありました。

なかでも陰暦8月15日の満月を「中秋の名月」と呼び、1年で一番美しい月を愛で、供え物をし、詩歌を読みました。

日本でも平安貴族たちが、欠けても満ちる月を生命や不死の象徴と考えて愛して詩歌を読み、やがて江戸時代に一般家庭にもお月見が定着しました。この時期は農作物の収穫期直前ということから、豊作を祈る初穂祭の意味合いもあります。

月が見える縁側や窓辺に、おだんご、里いも、枝豆や季節の果物を供え、秋の七草を飾ります。秋の七草のすべてが手に入らなければ、おばな（すすき）だけでも。部屋の明かりを消して月を鑑賞します。

月見だんごは、中国の月餅にならったものといわれ、普通の年は12個、閏年《うるうどし》は一つ増やして13個にするのがしきたりでした。現在では、十三夜に13個、十五夜には15個を供えるのが一般的です。

正面と両脇に穴があいている台で、神や仏に供える食べ物をのせるときに使う三方《さんぽう》に盛るのが正式です。

月が見える縁側や窓辺にお供えを。

風流な月の呼び方

- ●十四夜の月＝宵待月
（そわそわと出を待つ）
- ●十五夜
- ●その翌日の月＝十六夜
その後は一夜ごとに月の出が遅くなる。
- ●十七夜の月＝立待月
（立って待つ）
- ●十八夜の月＝居待月
（じっくり座って待つ）
- ●十九夜の月＝臥待月
（横になって待つ）
- ●二十夜の月＝更待月
（夜更けまで待つ）

秋のお彼岸《ひがん》

秋分の日を中心とした前後7日間を「秋の彼岸」と呼び、お寺では彼岸会の仏事を行います。春のお彼岸と同様、仏教では祖先と交流できる日とされており、お墓参りをして先祖の供養をします。

秋のお彼岸に欠かせないのは「おはぎ」。あずきを萩に見立てて昔は「萩のもち」ともいわれました。家で作る場合は、春のお彼岸に供えられる「ぼたもち」よりやや小ぶりにまとめ、仏前に供えてからいただきます。

秋分の日

「秋分」は二十四節気の一つで、現在の9月23日ごろにあたります。春分の日と同様、昼夜の長さが等しく、秋の彼岸の中日になります。

秋の七草

秋の七草は春と違って、目で楽しむもの。春は七種、秋は七草と書き分けることも。

10月

OCTOBER

神無月 ● かみなづき ●

全国の神々が出雲に集合して、各地では留守になるため、この名がある。ただし、逆に出雲だけは神在月（かみありづき）と呼ぶ。

10月の異名→神去月、初霜月、時雨月、小春月、良月、陽月、雷無月

季語

秋晴　馬肥ゆる　秋風　初紅葉　松茸　蝗　稲　渡り鳥　林檎　柿　菊　肌寒　蕎麦　稲刈　柚子　山装う　秋思

CALENDAR

● 1日［赤い羽根共同募金］
● 9日ごろ［寒露］
露が冷たく感じられる時期という意味。秋の深まりを感じさせる。
第2月曜日［体育の日］
●13日ごろ［十三夜］
●31日「ハロウィン」

赤い羽根共同募金

スイスの牧師が「与えよ、とれよ」と書いた箱にお金を入れて道に置いたのが始まりとされています。1日から12月31日までの3カ月間行われます。

十三夜

旧暦9月13日の月見で、10月13日ごろにあたります。昔は十五夜だけまつるのは「片見月」といって嫌いました。おだんご、栗や豆類を供えるので、「栗名月」「豆名月」とも。

ハロウィン

キリスト教の祝日「万聖節」の前夜のお祭り。古代ケルト民族は10月31日を1年の最後の日とし、夜は死者の霊がこの世に戻ってきて、黒猫を連れた魔女や悪霊が悪さをするともいわれています。「ジャック オ ランタン」と呼ばれるかぼちゃのちょうちんを玄関に飾って先祖の霊を迎え、子どもたちは魔女や妖精などの仮装をしてお菓子をねだります。最近は日本でもパレードやパーティが人気。

新暦と旧暦の違い

新暦		旧暦
【小寒 しょうかん】1月6日ごろ。寒の前半15日間。寒の入りが6日ころ【大寒 だいかん】1月21日ごろ。1年で寒さが最も厳しいころ	1	【立春】旧暦では立春（いまの2月4日ごろ）が新年。「これ以上寒くならない、これからは春」という考え方から春とした。
【立春 りっしゅん】2月4日ごろ。春の気配が立つころ【雨水 うすい】2月19日ごろ。雨が多くなり、春のきざしが訪れる	2	【春分】立春から立夏まで（1～3月、いまの2～4月）を春と考える旧暦では、春のまん中にあたる。
【啓蟄 けいちつ】3月6日ごろ。冬眠していた虫が土からはい出してくる【春分 しゅんぶん】3月21日ごろ。春の彼岸の中日	3	
【清明 せいめい】4月5日ごろ。春分から15日目。草木が芽吹く【穀雨 こくう】4月20日ごろ。穀物を生育させる雨の意味	4	【立夏】旧暦では立夏から立秋まで（4～6月、いまの5～7月）が夏。
【立夏 りっか】5月6日ごろ。夏の始まりで、新緑の季節【小満 しょうまん】5月21日ごろ。万物が成長し、満ちるころ	5	【夏至】夏のまん中にあたる。
【芒種 ぼうしゅ】6月6日ごろ。芒《のぎ》のある穀物の種をまく時期【夏至 げし】6月22日ごろ。北半球で最も太陽が高く、昼が長い日	6	
【小暑 しょうしょ】7月7日ごろ。本格的な暑さが始まるころ【大暑 たいしょ】7月23日ごろ。1年で最も暑いころ	7	【立秋】旧暦では立秋から立冬まで（7～9月、いまの8～10月）が秋。
【立秋 りっしゅう】8月8日ごろ。秋の始まり【処暑 しょしょ】8月23日ごろ。厳しい暑さもおさまる	8	【秋分】秋のまん中にあたる。
【白露 はくろ】9月8日ごろ。大気が冷えて草に露が宿るころ【秋分 しゅうぶん】9月23日ごろ。秋の彼岸の中日	9	
【寒露 かんろ】10月9日ごろ。冷たい露が落ちて凍りそうになる【霜降 そうこう】10月24日ごろ。秋も終わり、初霜が降りる	10	【立冬】旧暦では立冬から立春まで（10～12月、いまの11～1月）が冬。
【立冬 りっとう】11月7日ごろ。冬の始まり【小雪 しょうせつ】11月22日ごろ。わずかながら雪が降り始める	11	【冬至】冬のまん中にあたる。中国では古くから冬至を暦の始まりとして祝っていた。
【大雪 たいせつ】12月7日ごろ。雪がたくさん降り、本格的な冬の到来【冬至 とうじ】12月22日ごろ。北半球で最も太陽が低く、昼が短い日	12	

11月

NOVEMBER

霜月 ● しもつき ●

霜が降りる月の略。霜ぐる月ともいわれる。霜ぐるとは霜で植物がしおれ、傷むという意味。

11月の異名→神楽月、神帰月、雪見月、雪待月、鴨月、霜降月、広寒月、子の月、竜潜月

季語

初冬　初霜　酉の市　鷺　山茶花　大根　小春日　落葉　枯葉　時雨　冬篝　木枯（凩）　帰り花　銀杏散る

CALENDAR

- 3日［文化の日］
- 7日ごろ［立冬］
- 12日ごろ［一の酉］
- 15日［七五三］
- 23日［勤労感謝の日］

酉《とり》の市

11月の酉の日に、各地の大鳥神社で「おとりさま」と呼ばれる酉の市（正式には「酉の祭」）が開かれます。商売繁盛の神とされる鷲（大鳥）を祭る神社のお祭りで、東京の鷲神社、大阪の大鳥神社が有名です。

最初の酉の日を「一の酉」、次を「二の酉」、三番目を「三の酉」といい、三の酉まである年は火事が多いという言い伝えがあります。神社の境内には金銀をかき集めるという大小の熊手、おかめの面、宝船などおめでたい縁起物を売る露店が並び、夜遅くまでにぎわいます。

熊手のいわれ

「かっこめ」「はっこめ」とも呼ばれ、開運と商売繁盛のお守り。買うときにはまず値切り、売り手と買い手の呼吸が合って値段の折り合いがついたら、三本締めの手打ちをして代金を支払うならわしが、いまも続いています。

熊手には、大判小判やおたふく、鯛などおめでたい縁起物がたくさん飾られている。

七五三

11月は一陽来復《いちようらいふく》の月で、よくないことが去って再び福が訪れることから、15日の満月の日に子どもの成長を祈って、神社や寺に詣でる行事です。

本来は宮中や公家、武家の風習で、3才は髪を伸ばし始める「髪置き」、5才は男の子が初めて袴をつける「袴着《はかまぎ》」、7才は女の子が初めて帯を締める「帯解き《おびとき》」の儀式でした。現在のようになったのは明治時代以降です。

11月15日は鬼が家にこもっている鬼宿日《きしゅくび》とされ、「鬼のいぬ間に」参拝しようというので、この日になったといわれます。現在では、15日前後の都合のよい日に身内で行うのが一般的です。

文化の日

昭和21年に日本国憲法が公布された日にあたり、「自由と平和を愛し、文化をすすめる日」として昭和23年に制定されました。

立冬

暦の上では、この日から立春の前日までが冬ですが、おだやかで暖かな小春日和もあります。空気も適度に乾いてくるので、冬物の風通しにも最適。

勤労感謝の日

「働くことを尊び、生産を祝い、互いに感謝し合う日」が制定の目的です。戦前はこの日を「新嘗祭《にいなめさい》」といい、宮中で五穀豊穣の祭儀が執り行われました。この時期、各地で収穫を祝って、にぎやかなお祭りが催されます。

12月
DECEMBER

師走 ●しわす●
誰もが忙しい12月は、師僧もお経をあげるために東西を走り回るところからいう。あるいは四季の果てる月の意で「しはつ」とも。
12月の異名→梅初月、春待月、三冬月、尽月、終月、臨月、極月、除月、弟月、限月、臘月

季語
冬帝　短日　鶴　鴛鴦
寒さ　冬木立　葱　蕪
白菜　おでん　湯豆腐
山眠る　狐　狸　暖炉
ストーブ　炬燵　空風
霜柱　樹氷　歳暮　餅
年越　除夜

CALENDAR
- 13日ごろ〜20日ごろ［お歳暮］
- 13日［正月事始め・すす払い］
- 22日ごろ［冬至］
- 25日［クリスマス］
- 31日［大晦日］

お歳暮

13日は「正月事始め」と呼ばれ、正月準備のスタートの日。この日に、分家は本家に、弟子は師匠に、家来は主人に、鏡もちなど年神様へのお供えを持って、1年のお礼に訪れるならわしがありました。これがお歳暮のルーツです。

現代のお歳暮は、日ごろお世話になっていながらお礼をしそびれている相手などに、感謝の気持ちとともに贈るもので、お中元よりも格が上です。

お歳暮は本来、持参してあいさつとともにさし上げるものですが、現在は配送が一般的になりました。12月13日から遅くとも20日くらいまでに届くようにします。時期を逃した場合は「御年賀」として松の内（1月7日）までに届くように送りましょう。

冬至

冬至は二十四節気の一つで、太陽が最も南に寄るため、北半球では1年で一番昼が短く、夜が長い日です。

世界の諸民族の間には、冬至を太陽の誕生日とする思想が多く見られます。

このころは寒さも本格的になることから、健康管理を主体とした言い伝えがいまも残っています。「冬至にかぼちゃを食べる」というのは、冬場に不足しがちなビタミンやカロテンなどの栄養をとれるからですが、もともとの意味は、冬に珍しくなった野菜を神に供えることにあったようです。

「ゆず湯に入ると風邪をひかない」というのも、香り高い湯にゆっくりつかって体を温めるという養生の知恵。冬至は「湯治」、ゆずは「融通がきくように」に通じるという意味合いもあるようです。

野菜の少ない冬場に、神に供えるというかぼちゃを食べるのは、栄養不足を補うのにぴったりの知恵。

ゆずはそのまま浴槽に浮かべて入る。

師走のいわれ

12月のことを「師走」といいます。最近では、「ふだんは沈着冷静な学校の先生や医者の先生も走らざるをえないほど忙しい」という解釈がほとんどのようですが、本来は「お経をあげるために、師僧（師匠である僧）があちこちかけもちで走り回る」という意味で使われてきました。

1年を締めくくるためと新しい年を迎えるために、すべきことがたくさんあって、忙しく走り回ることが多いのは、昔もいまも変わらないようです。

クリスマス

12月25日のイエス・キリストの降誕を祝うキリスト教の祝祭日。24日（クリスマスイブ）の夜、教会では荘厳な聖夜ミサが行われます。

キリストの降誕は、はじめ5月20日とされていましたが、4世紀ごろに12月25日と決められ、以来、この日とその前後を盛大に祝うようになりました。

キリスト教の信者たちは教会に行ってミサをしたあと、家族や知人が集まってパーティを開き、プレゼントを交換したり、七面鳥の丸焼きなどのクリスマス料理を食べたりして、にぎやかに祝います。

宗教的儀式であるクリスマスですが、日本でも定着しました。ただ、本来の意味合いは薄れ、クリスマスの飾りをしてケーキを食べたり、プレゼントを交換するなど、家族や恋人、友達同士が楽しく過ごすイベントとなっています。

ケーキを手作りしたり、食卓を飾ったりするのも楽しみのひとつ。

もみの木を使って本格的なツリーを飾ったり、玄関にリースを飾ったりして祝う。赤と緑はクリスマスカラー。

クリスマスカード

世界各国でクリスマスカードを贈り合うのは、日本の年賀状に匹敵する習慣。長く家に飾って楽しむため、外国に送るときは12月初旬には届くようにします。

ふつうの手紙なら黒インクが常識ですが、クリスマスカードは色インクでもOK。また、日本で喪中にあたる人に出してもさしつかえありません。

サンタクロースの由来

子どもたちの夢であるサンタクロースの伝説は、アメリカの詩人、クレメント・ムーアの詩から生まれたといわれています。

その詩に登場する4世紀ごろのミラノの聖人・ニコラウスがサンタクロースの由来といわれています。長靴、赤い服に帽子、白いひげ姿のニコラウスは子どもたちの守護者で、クリスマスイブにはトナカイに乗って北海から訪れ、家々の煙突から入って、子どもたちにプレゼントを配りました。

クリスマスグッズのいわれ

ツリー　もみの木を使うのは、16世紀にドイツの宗教家、マルチン・ルターが始めたもの。

カード　19世紀にイギリスの画家、ホースレイが描いたのが始まりという。

ひいらぎ　古代ローマで、農作物のお祭りのときに家をひいらぎで飾ったのが由来。

七面鳥　アメリカに渡った清教徒のオランダ人が、野生の七面鳥を神にいけにえとしてささげたのがきっかけ。

大晦日《おおみそか》

毎月の最後の日を「晦日」または「つごもり」といい、12月31日は、1年の最後の日なので「大晦日」「大つごもり」といいます。

昔は日暮れを一日の境目とし、大晦日の夜には新年が始まると考えられていました。そのため、前日までにはお正月の準備を終え、大晦日は心身を清めて神社にこもり、一晩じゅう起きて年神様《としがみさま》を迎えるのがならわしでした。

大晦日の晩に早寝すると、白髪やしわがふえるという言い伝えも、「年神様を迎える日に先に寝ては失礼」という意味があると考えられます。

神社では茅《ちがや》で作った輪をくぐって心身のけがれを落とす「茅の輪くぐり」という神事が行われ、寺院では、「除夜の鐘」といって深夜0時近くになると梵鐘をつきます。

除夜の鐘

本来、中国の宋の時代に始まった仏教行事に由来し、日本では江戸時代に定着しました。鐘の数は、過去、現在、未来にわたる人間の百八つの煩悩《ぼんのう》（悟りを妨げる心のけがれ）をあらわし、鐘をついてそれを鎮め、解脱するという説が一般的。ほかに、12カ月、二十四節気、七十二候の数を合わせた1年分の季節分類を総合して百八つという説もあります。

百七つは年内につき終わり、最後の一つを新年について、お正月のあいさつをします。鐘をつくことができる寺社も多いので、初詣も兼ねて出かけてみては。

除夜の鐘は百八つつくのがならわし。

年越しそばの由来

大晦日には、細く長いそばにあやかり、年越しそばを食べて長寿と家運を祈ります。

★商家では月末に「晦日そば」を食べる習慣があり、それが広がったという説。

★昔、金銀細工師は、散らかった金銀の粉を、そば粉を練ったもので集めており、「そばは金を集める」という説。

★そばは少々の風雨にも負けず、荒地でも育つので、それにあやかって強くなれるという説。

★そばにつきもののねぎは、災厄をはらう神官の総称「禰宜《ねぎ》」に通じるという説。

すす払い

13日の「正月事始め」には、すす払いといって、ほこりだけでなく、けがれもはらい清めて年神様を迎える準備をします。本来は神棚や仏壇を清める信仰的な行事ですが、一般家庭では大掃除をすす払いと呼んで、仕事を休み、家族総出で行っていました。地方によっては、すす払いが終わると、神様に「すすとりだんご」を供えたり、家族でもちや雑炊を食べる習慣もあります。現在では、会社などでも年末の大掃除が行われています。

歳の市

しめ飾りや門松などのお正月用品、羽子板などの遊び道具、おせち料理の食材などを売る市のこと。各地で行われていますが、なかには昔から続く有名なものも。

★羽子板市
東京・浅草寺で12月17〜19日に行われる。江戸時代から続いた歳の市が戦後、羽子板に特化したもの。

★世田谷ボロ市
東京・世田谷区の「ボロ市通り」で12月15〜16日に開催される蚤の市。江戸時代から続く行事で、幅広い商品を扱っている。

PART 5

日常のおつきあいのマナー

- 季節の贈答で心に留めたいマナーは？
- 食事のマナーには人柄が出る
- 訪問先での心得を知っておこう

贈る側の基本マナー

贈る気持ち

贈り物は、人生の喜びや悲しみ、日ごろの感謝の気持ちなどを品物に託して届けるもの。

贈答の目的には3種類あります。ひとつは、お中元やお歳暮などのように、日ごろお世話になっているかたに感謝の心を伝えるもの。もうひとつは、結婚祝い、誕生祝いなど、お互いに楽しさを分かつ意味のもの。そして三つめが、香典返しなどのお返しです。

贈る目的を決めて

相手に喜ばれる贈り物をするときのポイントは、何のために贈るのかをはっきりさせることです。理由のない贈り物は、いただいた側にとって負担になるものです。

贈り物の目的を明確にし、「あらたまった気持ちで贈ります」という気持ちを伝えるのが「のし紙」です。贈り物は、のし紙をかけて持参し、心のこもった言葉とともに相手に直接手渡すのが基本です。

親しい間柄ならのし紙を省略してもかまいませんが、かわりに口頭や手紙などで贈り物をする気持ちを伝えましょう。

配送の場合は

贈り物は本来、送り主が持参してあいさつを述べるのが礼儀。しかし、相手が遠隔地にいる場合や、お互いに忙しい現代、持参される側も迷惑と感じることもあり、配送することが多くなっています。

しかし、品物だけを送りつけるのはマナー違反。必ず送り状をしたためて送ります。送り状には、

生鮮食品を贈るときの注意点

★配送の期日指定サービスを利用します。先方が明らかに不在の日は避け、送り状には到着日を書き入れましょう。

★手紙は届いたものの品物がなかなか来ないと、「運送のトラブルがあったのでは？」などと相手に気をもませたりしますので、送り状は品物が配送される直前に届くよう、タイミングも考えて出すようにします。

★また、生鮮食品にはのし紙ではなく、のしなしの「かけ紙」をかけるのがしきたりです(P17参照)。

贈り物に添える文例

「○○のしるしに、心ばかりの品を別便にて贈らせていただきましたのでご笑納ください」

「○○デパートで配送し、○日に届くそうですので、よろしくお願い致します」

＊お土産、名産などに

「故郷の香りをと思い……」

「磯の香りをお届けできればと存じまして……」

「デパートの物産展をのぞいたら、お気に入りのお漬け物を見つけたので……」

＊日ごろのお礼に

「あなたに似合いそうなので、つい買ってしまいました」

「日ごろのご厚情の何分の一かに過ぎませんが……」

＊贈り物の目的

＊どこから、いつ、何が届くかを明記し、品物より先に先方に届くようにするのが基本です。ただし、親しい人に贈る場合は、品物にメッセージを同封してもよいでしょう。

品物選びのポイント

実際の贈り物の目的はさまざまです。しかし、どんな場合でも、贈る側の趣味や感覚を押しつけないようにしましょう。

たとえば家に飾るものなど、好みの分かれるものは注意が必要です。先方の家のインテリアに合わないこともありますし、贈り主が訪問するときに飾らなければならない、と余計なプレッシャーを与えることにもなってしまいます。

また、旬の生鮮食品をどっさり贈っても、先方は少人数で食べきれなかったり、留守中にだめにしてしまうこともあるでしょう。贈り物をさし上げるときは、相手の好みやライフスタイルに合った品物選びが肝要です。

さらに、相手が恐縮するほど高価な品物を贈るのは、相手の負担になってしまいます。

◆迷ったときはどうする？

何を贈ってよいのか迷ったときには、相手の好みや、家族構成、年齢や住んでいる場所などを総合的に考えて決めます。

小さな子どもがいるなら子どもが喜びそうなもの、ワイン好きなら少し高価なワインなど、自分で買うにはちゅうちょしそうなものや、いくつあっても重宝するもの、家族みんなが使える消耗品などを目安にしましょう。肌につけるものはよほど慎重にしないと失敗しますので、ご注意を。

持参する際は風呂敷に包んで

贈り物を直接渡すときは、風呂敷に包んで持参するとスマート。風呂敷は慶弔で色が異なり、赤系は慶事に、紺色は弔事に用いる。紫や緑系はどちらにも使える。

平包み
結び目をつくらないフォーマルな包み方。

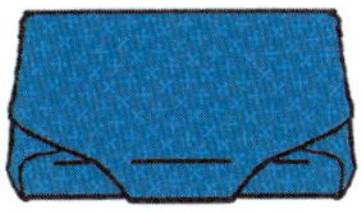

隠し包み
平包みに次ぐフォーマルな包み方。

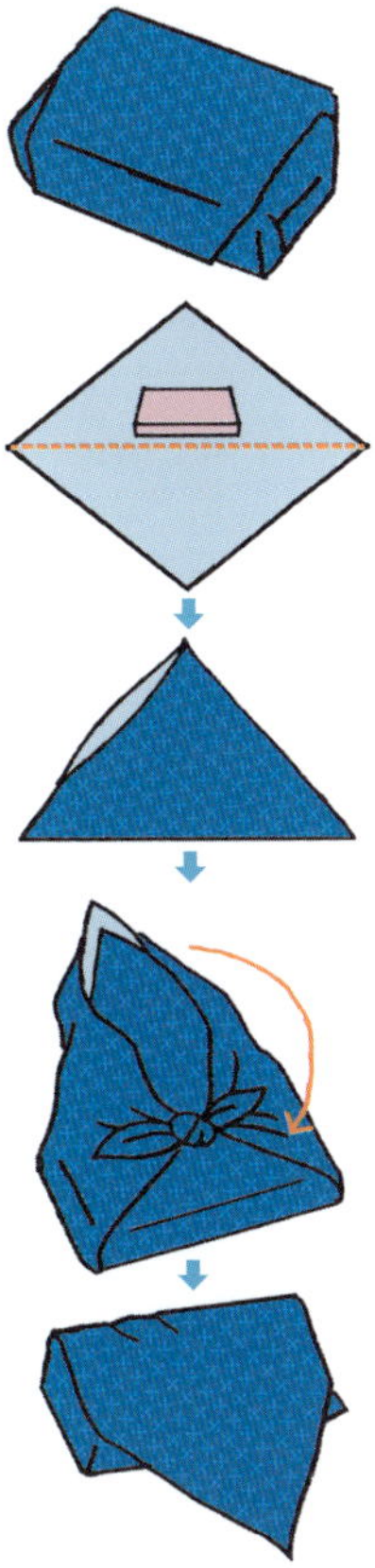

お使い包み
ふだん使いの包み方。

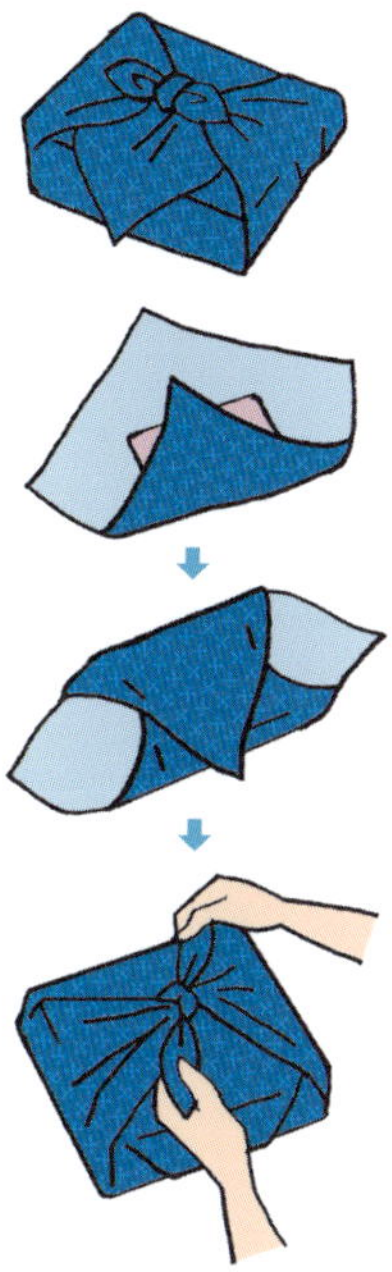

気をつけたい数のしきたり

古くから、贈り物をするときは、慶事には奇数、弔事には偶数というしきたりがあります。ただし、偶数でも8は末広がりで縁起がよいとされます。また、グラス類のようにダース単位のものや、夫婦茶碗などのペアのものは偶数でも気にしなくてよいでしょう。4、9は「死苦につながる」といって嫌われる数字なので、避けたほうが無難です。

お祝い事や病気のときなどは案外つまらないことが気になるもの。迷信とはいえ、相手の気にさわらないよう気をつけましょう。

いただく側の基本マナー

お礼はいつ伝える？

百貨店などから直接贈り物が届いた場合、贈り物をいただいたお礼は、「確かに受け取りました」という報告の意味もあるので、遅くても2〜3日中には必ずすませます。

目上のかたから、あるいはあらたまった贈り物をいただいたときはお礼状を出すのが礼儀です。日常のおつきあいの範囲なら、現在は電話でも失礼にあたりません。

お返しは？

贈り物をいただいても、必ず品物で返す必要はありません。手紙や口頭でお礼を伝え、感謝の心をその後のおつきあいに生かしたり、先方に同様のお祝い事や悲しみ事があったときには忘れずにするなどの気持ちが大切です。

お中元やお歳暮、七五三や入学祝いなど子どもの成長に伴うものには、基本的にお返しは必要ありません。お返しが通例になっているのは、病気見舞いをいただいたときの「快気祝い」、香典をいただいたときの「香典返し」です。

お返しは半額程度が基本

かつてはお祝い事のお返しといえば、目下の人には贈られた品物と同額程度、つまり全返し、目上のかたには半返しが通例でした。

現在では、どの場合も半額から3分の1程度を目安にするのが一般的です。むしろ、あまり堅苦しく考えないで、気持ちがよく伝わるよう、先方にふさわしい品物を選ぶことが第一です。

お返しの品は、10日〜1カ月以内をめどに届けるようにします。

Q&A

Q いただいてすぐ包みを開けてもいい？

A 訪問を受けて直接贈り物をいただいた場合、本来なら「お心遣い、ありがとうございます。ちょうだいします」と言って、いったん上座に置きます。

しかし、親しい間柄なら、その場で開けて、喜びを素直にあらわしてもかまいません。その場合も、「開けてもよろしいですか」のひとことを忘れずに。また、開けたときは「これ、なかなか見つからなかったの」「明日から早速、使わせていただきます」などと、ひとこと添えましょう。お菓子などの場合、相手が望めば「お持たせで恐縮ですが」と一緒にいただくのもよいでしょう。ただし、本来はお客様の手土産を出すのは正式なマナーではありません。

Q おすそ分けをいただいたときは？

A 近所のかたなどからおすそ分けをいただいた場合、基本的にお返しは不要です。「おいしい○○をありがとうございました」などと後日、感想やお礼を述べましょう。

器などに入れていただいた場合は、器をきれいに洗って返します。その際、感謝の気持ちとして「お移り」といわれるちょっとした品を入れてもいいでしょう。以前はお移りには懐紙や半紙などが用いられていましたが、現在ではキャンディやチョコレート、ペーパーナプキンなどでもよいでしょう。

「内祝い」と「お返し」は違う

内祝いというのは、身内の祝い事を一緒に喜んでもらいたいという意味で、親しい人にさし上げるものです。ですから、本来はお祝いをいただいたかどうかに関係なく届けるもので、「お返し」とは違います。

しかし、今日では、お祝いをあげていないのに内祝いをもらっては、「何もしていないのに」と恐縮したり、「なぜ私にまでくださったのか」と違和感をもったりすることも。「内祝」という名目でお返しするというように考えたほうが、現代の事情にはかなっているといえます。

たとえば披露宴には出席せず結婚祝いだけをいただいたかたには「内祝」としてお返しします。また、本来お返しが不要な子ども関連のお祝いや新築祝いなども、親族間では「内祝」の形でお返しすることもあります。

贈り物の美しい「さし上げ方」と「いただき方」

和室で渡すとき

1. まだ座布団には座らない。品物を持って正座してから、品物は下座に置く。
2. あいさつのあと、品物を下座に置いたまま、風呂敷を開ける。紙袋の場合も同様に、下座に置いたまま品物をとり出す。

ポイント
風呂敷や紙袋のまま渡さない
汚れを防ぐために包んでいたものなので、そのままでは汚れも一緒にさし上げることになってしまう。

3. 品物を膝の前にとり出す。下座の風呂敷はざっとたたんでおく。紙袋も下座に置く。
4. あらためて礼をして、お祝いなどを述べ、品物を両手で差し出す。時計回りに180度回し、品物を相手に向ける。
5. そのまま品物を両手でとり、押し出すようにして相手に差し出す。

6. いただく側は両手をついて会釈し、両手で品物の手前を持って受け取る。品物を胸の高さに持って押しいただいてから、自分の上座（床の間側）に置き、お礼を述べる。

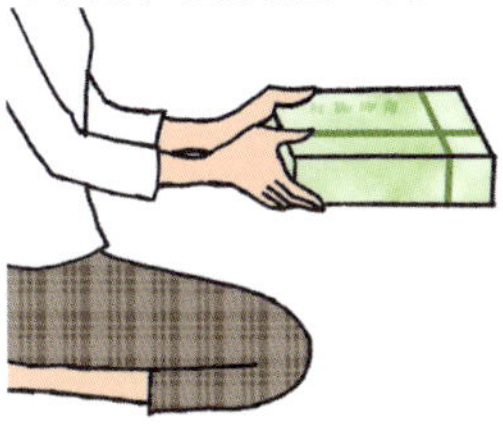

洋室や玄関で渡すとき

洋室では、椅子に座る前に、立ったままあいさつをしてから品物を渡す。いただく側は会釈をして両手で品物を受け取り、軽く品物を持ち上げて押しいただくようにしてからお礼を述べる（玄関先で品物を渡し、上がらずに失礼するときも同様）。

お中元・お歳暮のマナー

「中元」「歳暮」とは?

◆中元の由来

現在行われているお中元は、1年の上半期の区切りとして、7月の上旬から15日まで（地域によっては8月上旬から8月15日まで）の間に、お世話になっているかたに贈り物をすることです。

古くは、1月15日の上元、7月15日の中元、10月15日の下元を三元といいましたが、上元、下元が消え、中元が残ったのは、この日が仏教の盂蘭盆会《うらぼんえ》と結びついて祖先崇拝の行事になり、祖先の魂にささげるものを持ち寄ったのが起源になっています。

◆歳暮の由来

お歳暮は、もともとは、新しい年を迎える神祭りに必要なものを親元に届ける儀式に由来しています。届ける品は本来、食べ物が主で、農事に携わっているところでは収穫物である米や野菜、海に近いところでは魚の類でした。現在でも贈られる新巻き鮭やかずのこなどは、年神様に供えた祝い肴の名残です。

今日、お歳暮は、1年間の感謝の気持ちを込めて贈る意味合いが濃く、お中元よりも格は上ととらえられています。

贈る範囲は?

現在のお中元・お歳暮は、ご無沙汰のお詫びを兼ねた季節のあいさつ、あるいは、日ごろお世話になっている人に感謝の気持ちを込めたお礼、という意味になっています。

贈り先は、両親、親戚、先輩や上司、得意先、仲人、お稽古事の先生などです。ただし、社員同士の贈答を禁じる会社や公務員の場合などは、かえって迷惑になることもありますので、配慮が必要です。子どもの学校の先生の場合、特に公立学校では、保護者からの贈り物はいっさい受け止らないところも少なくありません。

また、頼まれ仲人などへは、こうした季節の届け物をするのは通常3年間とされています。しかし、親しくしているなら贈り続けるか、ぴたりとやめるのは抵抗があれば金額を抑えたり、お歳暮だけにするなどの方法がよいでしょう。仲人の側から「今後はどうぞお気遣いなく」と申し出れば、事はスムーズに運びます。

お中元・お歳暮の品物を選ぶ

お中元やお歳暮には、食料品や飲料、洗剤などの実用的なものを贈るのが基本です。人気が高いのはビールやハム、ソーセージ類、

お中元・お歳暮の贈り方

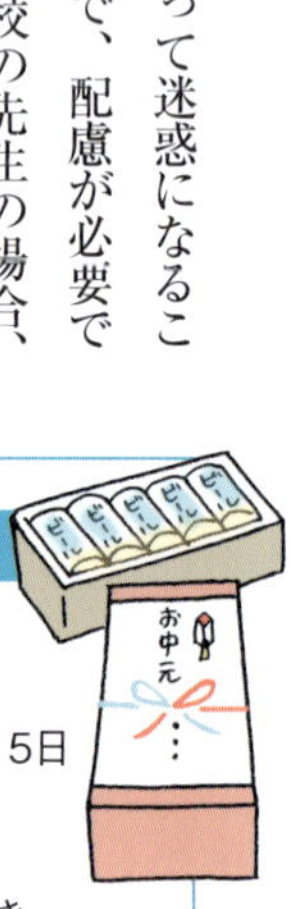

贈る時期

お中元：（関東）7月上旬～15日
（関西など）8月上旬～15日

お歳暮：12月上旬～20日ごろ

金額の目安　3000～5000円

水引・のし　紅白蝶結び・のしつき
（海産物の場合はのしなしに）

表書き　「御中元」「御歳暮」

お返し　基本的に不要。お礼状を出す

お中元・お歳暮は継続して贈るのが原則

現在のお中元やお歳暮は、日ごろお世話になっているかたに贈るもので、継続して贈る習慣があります。お中元を贈ったらお歳暮も贈るのが一般的。年に一度にしたい場合は、より重要視されるお歳暮だけにするとよいでしょう。

お世話になったときに一度だけ贈りたい場合は、お中元やお歳暮の時期であっても、表書きを「御礼」としましょう。

海苔、洋菓子やジュース、フルーツなどです。また、お中元では涼しげなもの、お歳暮では年越しやお正月に役立つものも喜ばれます。

毎年、贈る品物を決めておくと、贈る側にとっても負担が軽く、また、いただく側でも予測ができて喜ばれることも多いようです。ただし、品物が本当に喜ばれているかどうかを相手にそれとなく尋ねてからにしたほうがよいでしょう。

商品券やギフトカードも人気があり、特にお稽古事の先生などのように贈り物が集中する相手には喜ばれます。ただし、なかには現金に近いものを贈るのは失礼だと感じる人もいるので、注意が必要です。

喪中の人にも贈る？

お中元、お歳暮ともお祝いではないので、贈る側、贈られる側どちらが喪中であってもさしつかえありません。ただ、不幸のあったお宅に紅白の水引を使うのは無神経です。普通の包装紙で贈ります。

また、四十九日の忌明《きあ》け前の場合は、贈る時期を遅らせて、お中元なら暑中見舞い、お歳暮なら寒中見舞いとするほうがよいでしょう。

送り状にはお世話になったお礼とともに、お悔やみ、励ましの言葉を添える気くばりを忘れたくないものです。

さし上げていない人からいただいたら

お中元・お歳暮をいただいても、お返しは必要ありません。自分が贈っていない人から贈られてきた場合は、すぐにお礼状を出します。いただいたものへの感想などをひとこと添えて、感謝の気持ちを伝えましょう。

相手が目上のかたやお世話になった人で、礼状だけでは気が引けるなら、日をずらして「暑中御見舞」「御年賀」などとして贈ればよいでしょう。

お中元・お歳暮を選ぶポイント

●家族構成
子どものいる家庭には子どもの喜ぶお菓子やジュース、お年寄りのいる家には体にやさしいもの、大家族には量が多くて分けやすいものなど。

●相手の好み
お酒好きのご主人には高級なお酒など。好みがわからない場合はカタログギフトなどを贈る方法も。

●季節感
お中元には清涼飲料水やそうめん、お歳暮には新年にいただく日本酒や焼酎など。

●保存がきくもの
いただきものが重なったり、夏休みや年末年始で留守にしがちなことなども考えて、日持ちするものを選ぶ。

●特産物
地元の銘菓や、珍しい食べ物など。住んでいる地域の特色を生かして自分らしい贈り物に。

贈る時期と表書き

贈る時期	表書き
7月上旬～15日（8月上旬～15日）	御中元
7月16日～立秋（8月8日ごろ）	暑中御見舞、暑中御伺
立秋を過ぎたら	残暑御見舞、残暑御伺
12月上旬～20日ごろ	御歳暮
元日～1月7日（1月15日）※松の内	御年賀
松の内を過ぎたら	寒中御見舞、寒中御伺

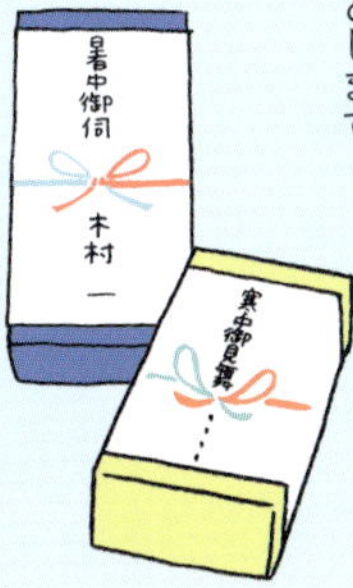

贈る時期を逃してしまったら

お中元を贈るのが遅くなってしまったときは、表書きを「暑中御伺」などにして贈ります。お歳暮は、新年になり松の内なら「お年賀」、それ以降は「寒中御伺」などとします。

年賀・お年玉

年始回り

かつての年始回りでは、扇子《せんす》、はがきなどの品物を持って、日ごろお世話になっている家を一軒一軒回ってあいさつをしていました。

現代では、日ごろお世話になっている実家や親戚、仲人、上司などのお宅に伺うのが一般的。ただし、年末年始は旅行をしたり、お正月くらいは家族水入らずでのんびり過ごしたいと思う人も多くなり、儀礼的なお年賀は少なくなっています。

上がらず玄関先で失礼するのが礼儀

年始回りには、身近な間柄でもあらたまった装いで出かけます。また、ふだんはくだけた口調で話していても、年始のあいさつは「明けましておめでとうございます。本年もどうぞよろしくお願い申し上げます」と、ていねいに述べましょう。

先方が家族でゆっくりしている元日や午前中は避け、松の内（一般的に関東では7日、関西では15日まで）の午後に訪問するのが基本です。先方の都合を伺ってから訪問しましょう。

かつては屠蘇《とそ》を飲み、祝いの言葉を交わして一年の無事と長寿を祈る習慣がありましたが、現在では、玄関先であいさつをすませるほうがよいでしょう。訪問前には相手の都合を確かめてから伺い、上がるようにすすめられても遠慮します。上がった場合でも、長居はしないようにします。

もちろん、実家や親戚の場合はこの限りではなく、お世話になっているのにご無沙汰をしているようなら、年始回りは欠かせず、親睦を深める機会にしたいものです。

年賀の品は？

年始回りの際に持参する手土産がお年賀です。お菓子やお茶、日本酒、ワイン、また干支の模様の入った手ぬぐいやタオルなどが一般的です。金額としては、1000～3000円程度が目安で、表書きは「御年賀」とします。なお、お歳暮を贈りそびれていた場合は、お歳暮と同程度の品を持参してもよいでしょう。

お年玉

お年玉は、神様に供えたもちを下ろし、年神様から賜ったもちを分け与えるという意味で、年長者から年少者にちょっとした小物を添えて渡したのが始まり。あげる年齢は、よほど親しい場合を除いて、小学生から高校生くらいまで。金額はあまり高額にならないよう、できれば親同士があらかじめ話し合っておくとよいでしょう。

お年賀の贈り方

贈る時期　年始回りのときや年明けに初めて会ったとき
金額の目安　1000～3000円
水引・のし　紅白蝶結び、のしつき
表書き　「御年賀」
お返し　基本的に不要

お年玉の金額の目安

未就学児	1000円
小学生	3000円
中学生	5000円
高校生	5000～1万円
大学生	1万円

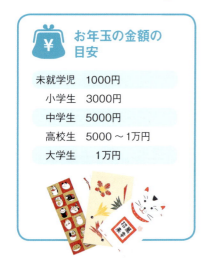

災害見舞い

状況を把握して素早い対応を

風水害、地震、火災などに遭ったかたには、すぐに協力を申し出たいもの。すぐに役立つ品物を励ましの言葉とともに届けましょう。

近所なら、直接話を聞くなどして状況を把握し、何が必要かを判断します。遠方の場合は、安否や被害状況を電話やメールで確認しますが、長電話などはもってのほか。緊急時に相手の迷惑にならないよう、慎重に行いましょう。

お見舞いにはすぐに役立つ実用品を

お見舞いには、おにぎり、パン、飲料水、米、調味料、救急箱、タオルや毛布類、紙おむつなど、生活必需品が喜ばれます。

状況が落ち着いて連絡がとれたら、希望の品を率直に尋ねると親切です。その場合は、できるだけ早く品物を贈ります。相手はその品物を買わずに待っています。

また、状況によっては、子どもやお年寄りを預かったり、宿泊場所の提供を申し出たりするのがなによりのお見舞いになることも。末永く援助したいものです。

現金を贈る場合は

災害見舞いには現金がなにかと役立つもの。被災後、少し落ち着いてからなら、現金を贈るのもよいでしょう。災害見舞いの場合、目上のかたに現金を贈っても失礼になりません。「当座の足しにしてください」と言葉を添えます。

現金は、白封筒や半紙などで包み、のし、水引は使いません。金額は5000～1万円が目安ですが、災害の度合いやつきあいの程度で判断しましょう。

お礼・お返しは

お見舞いのお返しは不要ですが、確かに受け止ったという連絡はしたいもの。まずは電話などで、簡単にお礼を述べましょう。

落ち着いたら状況の知らせを兼ねて、お礼状を。そして、一日も早く元気に生活を再建できるように努力します。それがお見舞いをいただいたかたたちの好意に報いることにもなります。

災害見舞いの贈り方

贈る時期	現金を贈るのは、被災後、少し落ち着いてからがよい
金額の目安	5000～1万円
水引・のし	なし 白封筒や半紙などに包む
表書き	「御見舞」、「御伺」（目上のかたに）、「災害（水害／震災／火災）御見舞」
お返し	基本的に不要

その他のお見舞い

◆楽屋見舞い
発表会や展覧会の招待、案内を受けたら、伺うのが一番のお祝いです。招待状をいただいた場合、有料のチケットなら、それに見合う品を贈るほか、「楽屋御見舞」「祝発表会」などの表書きで現金を包むのもよいでしょう。関係者が楽屋でいただける、おすしやお菓子も喜ばれます。

持参した品を本人に手渡すのが一番ですが、受付に預けるのも、多忙な相手に気を遣わせないマナーでもあります。

◆陣中見舞い
発表会を控えた稽古場やスポーツ選手の合宿所、多忙な職場、お祭りの関係者などに、景気づけや激励の気持ちを込めて贈るのが陣中見舞い。表書きは「陣中御見舞」「祈御健闘」「祈大勝」など。

なんといっても喜ばれるのが食べ物で、手軽に食べられるおすしやお弁当、お菓子、ジュース、アルコール類など。大勢のことが多いので、数は多めに用意しましょう。

ビール券や現金などの陣中見舞いもありがたいものです。激励の言葉を添えて渡したあとは、相手のじゃまにならないよう長居は避けましょう。

病気見舞い

見舞いのルール

相手の立場になって考えるのがマナーの基本ですが、病気見舞いでは、相手の心や体に負担をかけないよう、特にこまやかな思いやりがたいせつです。

一般的に、身内やごく親しい人以外は、入院直後や手術前後のお見舞いは控えます。まずは家族に問い合わせて、現在の容態を確認してからにしましょう。

病状が安定したようであれば病院の面会時間を確認し、15分程度を目安にしてお見舞いの予定を立て、あらかじめ本人や家族に面会の許可を求めてから伺うようにします。

大人数や子連れでのお見舞いは、相手を疲れさせてしまうので避けましょう。病室では静かな声で会話し、病状をしつこく聞いたり、相手を焦らせるような過度な激励は控えます。

見舞いの品は

見舞いの品物は、相手の病状に合わせて気持ちを込めて選びましょう。親しい間柄なら、本人に希望を聞くのが一番ですが、一般的には次のようなものが選ばれることが多いようです。

＊気分がまぎれる本や雑誌、写真集、CD、レターセットなど。

＊花は色や香りがやさしい種類を選んで。花瓶のいらないアレンジメントも人気。

＊食事制限がない場合は、相手の好物や季節のフルーツなど。ある程度日持ちするもの、同室の人に分けられるもの。

また、入院中はなにかとお金がかかるので、見舞い金も喜ばれます。4(死)、6(無)、9(苦)、13などの数字を避けて贈りましょう。

長期にわたる入院、療養の場合は、まめに手紙を書いたり、付き添いや家族へのいたわりの言葉を添えることも忘れたくないものです。

病気見舞いの贈り方

●**贈る時期**
入院中または退院してから

●**金額の目安**
3000～1万円

●**水引・のし**
紅白結び切り、のしなし
または白封筒、赤線入りのもの

●**表書き**
「御見舞」、「御伺」（目上のかたに）

●**お返し**
快気祝いまたはお礼を贈る

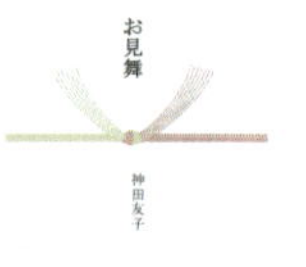

お見舞い品のタブー

＊**鉢植え**
「根つく→寝つく」に通じる。

＊**縁起がよくないとされる花**
（あじさい：「色があせる」、つばき：「首が落ちる」、シクラメン：「死苦」、菊や白い花：「葬儀」を連想させる、など）

菊

シクラメン

白ゆり

あじさい

＊**ゆりなど香りの強い花**
病室に香りが充満して迷惑に。病人は香りに敏感になっていることも多く、不快に感じやすい。

＊**花びんの必要な花、花粉の落ちる花**
病人に手間をかけさせる。

＊**パジャマ**
長患いを暗示させる。ただし、親しい間柄なら、着心地のよいものやデザインのよいものなどが喜ばれる場合もある。

＊**肌着やスリッパ、靴下など**
目上の人には失礼にあたる。

付添人にもいたわりを

長い入院の場合、はじめは多い見舞い客も、しだいに少なくなって寂しいものです。ときどき見舞うようにしましょう。

また、付き添っている家族にもいたわりの言葉をかけたいもの。病人の気持ちの負担にならないよう、ロビーなどでねぎらうとよいでしょう。病人に食べ物を避ける場合でも、ときには手作りの品を、家族への励ましの意味でさし上げるのは喜ばれるものです。

病気見舞いのお返しは「快気祝い」

お見舞い金の3分の1から半分程度の品でお返しします。品物は「病気が残らない、二度としない」との願いを込めて食べきるもの、使いきるものなど。紅白の結び切り、のしつきで、表書きは「快気祝」「内祝」とします。退院静養中の場合は不要です。

亡くなった場合のお返しは

病気療養中にお見舞いをいただきながら、お返しをしないまま亡くなってしまった場合、遺族は、四十九日の忌明《きあ》け以降に香典とお見舞いのお礼も含めて香典返しを送るのがよいでしょう。この場合、水引は不要です。

白無地の短冊に「御見舞御礼」と表書きしたものを香典返しの品につけて送ります。

病気見舞いのPOINT

* 病状が重いとき、気分がすぐれないときなどもあるので、家族に様子を聞いてからにする。
* 病院に面会時間を聞いて、その時間を守る。
* 病状が軽くても、15分程度をめどに早めに切り上げる。
* 病室では静かに。病人が元気そうだと思って声高に話したりしないこと。同室の人への配慮も。
* 病状をしつこく聞いたり、やたらと激励しないこと。病人の気持ちに共感することが、なによりの励ましになる。
* 服装は清潔にし、女性の場合は化粧や香水は控えめにする。
* 自宅に見舞うときは家族に都合を聞く。
見舞い時間は、午前なら10時～11時半、午後は3時～4時半の間が適切。
* 携帯電話は使用禁止の場合もあるので、あらかじめ電源を切っておく。
* 「見舞いに行かない」こともお見舞いのうち。相手への負担が考えられる場合は、お見舞いの手紙などで気持ちを伝えるのも思いやり。

お見舞いの手紙例

前略　ご入院なさったとのこと、おかげんはいかがかと心配しております。

さっそくお見舞いに伺いたいところですが、かえってお気を遣わせてお体にさわることになってはと思い、とりあえずお便り申し上げました。何か私にできることがございましたら、なんなりとお申しつけください。お役に立てれば、と思っております。

一日も早いご回復をお祈り申し上げます。

とり急ぎお見舞いまで。

かしこ

快気祝いの贈り方

● 贈る時期
全快後、落ち着いたら
● 金額の目安
お見舞の3分の1～半額
● 水引・のし
紅白結び切り、のしつき
● 表書き
「快気祝」「内祝」「御礼」

洋食のテーブルマナー

コース料理のいただき方

◆カトラリーの使い方

西洋料理のフルコースでは、あらかじめテーブルの上に食器がセットされています。左右のナイフとフォークを一対にして、外側から順に使っていくのが基本です。スープ用のスプーンは一番右側に置かれている場合が多いので注意しましょう。

◆持ち方

フォークは左手、ナイフは右手に持ち、料理は左端からひと口分ずつ切り分けながらいただきます。ナイフとフォークを持つときは、肩の力を抜くように心がけます。料理を切り分けたあとなどにフォークを右手に持ちかえるのはマナー違反です。格式のあるレストランでは控えましょう。

◆カトラリーの置き方

食事中に手を休めるときは、皿の上に「ハ」の字にナイフとフォークを置きます。このとき、ナイフの刃は内向き、フォークは下向きにします。

食事が終わったときは、ナイフとフォークをそろえて右下斜めに置きます。ここではナイフの刃は内向き、フォークは上向きに。食事終了のサインになるので、料理を残した場合も下げてくれます。

◆ナプキンの使い方

ナプキンは服を汚さないために用意されるものです。手前に〝わ〟がくるように二つ折りにして膝にのせます。口元や手はナプキンでぬぐいますが、その際、汚れた部分が目立たないように、二つ折りにした内側でぬぐうようにします。自分のハンカチを使うのはマナー違反です。

食事が終わって帰るときには、ざっとたたんでテーブルに置きます。きちんとたたむと「料理が気に入らなかった」というメッセージになることもあるので注意しましょう。

「ハ」の字は食事中、右斜め下にそろえるのは食事が終わったサイン。

洋食のテーブルセッティング

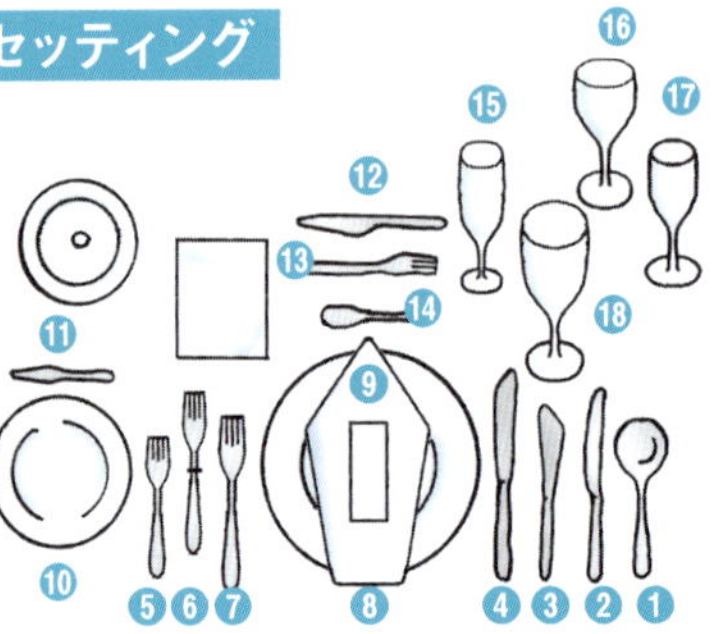

1 スープスプーン
2 オードブルナイフ
3 魚用ナイフ
4 肉用ナイフ
5 オードブルフォーク
6 魚用フォーク
7 肉用フォーク
8 サービス皿
9 ナプキン
10 パン皿
11 バターナイフ
12 フルーツナイフ
13 フルーツフォーク
14 コーヒースプーン
15 シャンパングラス
16 赤ワイン用グラス
17 白ワイン用グラス
18 水

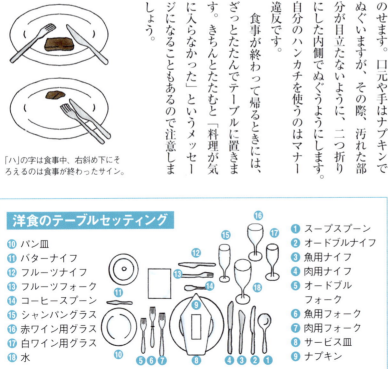

ワインの頼み方、いただき方

ワインのオーダーもテイスティングも男性の役目です。どんなワインを頼めばいいのかわからない場合は、お店の人に気軽に相談しましょう。いただく料理と予算を伝えれば、適したワインをすすめてくれます。金額を伝えるときはワインリストの価格欄をさして「このあたりでお願いします」と言えばスマートです。

テイスティングは品質をチェックするもので、好みの味かどうかを確かめる試飲ではありません。色と香り、味を確かめ、問題がなければ「お願いします」と伝えます。

ワインをつぐのはお店の人に任せます。つがれるときは、グラスはテーブルに置いたままに。いただくときはグラスの脚を持ちます。乾杯のときはグラスを顔の高さに上げるだけにし、音を立ててぶつけないようにしましょう。

立ち居ふるまい

◆椅子の座り方は？

椅子には左側から座るのが正式です。ゆっくりと、なるべく深く腰かけ、体とテーブルの間はこぶし１つ半～２つ分くらい離しましょう。間をあけすぎると、食べるときの姿勢が悪くなります。背もたれには寄りかからず、背筋を伸ばしましょう。

◆バッグはどこに置く？

ハンドバッグは背もたれと背中の間に置きます。ポーチなどは膝の上に置き、ナプキンをかけてもOKです。椅子から滑り落ちやすいときや置けない場合は、あいている席や床の上に置いてもかまいません。足元に置く場合は、サービスのじゃまにならないよう、右側に置きましょう。

Q&A

Q パンはいつから食べる？

A パンは出されたときから食べ始めてかまいません。パン皿がない場合には、左脇のクロスの上にじかに置きます。パンをいただくときは、ひと口ずつ手でちぎり、バターもひと口ごとにつけます。また、テーブルの上にパンくずが出ても、自分で集めたりはらい落としたりしないこと。お店の人に任せましょう。

Q 料理をとり分けたいときは？

A 料理は分け合わないのが基本マナー。どうしてもとり分けたいからといって、自分たちで皿のやりとりをするのはタブー。お店の人に頼みましょう。

NG 食事のタブー

×皿を持って食べる。

×ひじをつく、脚を組む。

×グラスを手にしたまま食べる。

×ガチャガチャと音を立てる。

×口に食べ物を含んだまま話す。

×落としたカトラリーを自分で拾う。

×食事中にタバコを吸う。

×ゲップをする、音を立ててすする（欧米では最も嫌われる）。

和食のマナー

和食のさまざまなスタイル

◆本膳料理

日本料理の本家ともいえるもので、三汁十一菜の五つの膳で構成されるのが基本。いまでは宮中や一部地域の冠婚葬祭などの儀礼的な料理に残っている程度です。

◆懐石料理

茶会でお茶を楽しむために出される簡素な食事。ごはんと汁から始まり、一品一品運ばれてきます。

◆会席料理

江戸時代に本膳料理を簡略化したものとされ、酒宴を中心にしたもてなしの食事です。現在でも結婚披露宴や宴会などで供されます。

吸い物、刺し身、煮物、焼き物の一汁三菜が基本です。前菜は酒の肴で、料理が終わると、ごはん、汁、香の物(漬け物)が出され、お茶、水菓子(果物)で終わります。

◆精進料理

「精進」とは、仏道で美食・肉食を避け、粗食・菜食をすること。鎌倉時代に道元禅師によって形式が整えられ、現在は、肉や魚を使わない菜食の料理として、法事などの集まりに用いられます。

美しい所作は箸の使い方から

「迷い箸」「ねぶり箸」など、箸使いにはさまざまなタブーがあります。箸を正しく使うことが和食を美しくいただく第一歩です。

たとえば、食事をいただくときは、まず箸をとり、その後に器をとります。両方を同時にとるのは「もろおこし」といってタブーとされる所作です。置くときは箸を置いてから器を置きます。ひとつひとつの動作を省略せずにていねいに行うことが、和食の美しい所作になるのです。

箸と器をとる場合

箸と器をとり上げる場合は基本的には箸を先にとり上げ、それから器を左手でとります。ただし、器が右側にある場合は、まず器を右手でとり、左手に持ちかえてから箸をとり上げます。このとき、器を持った左手の薬指と中指、または小指と薬指の間に箸先をはさんで持ち、その間に右手を箸の下側にすべらせるようにします。

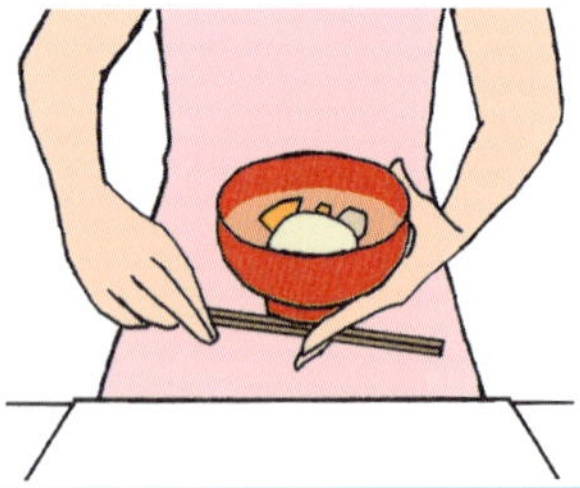

箸の正しい持ち方

❶ 箸の中ほどを右手で上からとります。親指以外はそろえておきます。

❷ 左手で下から受けます。左手は箸先にかからないようにします。

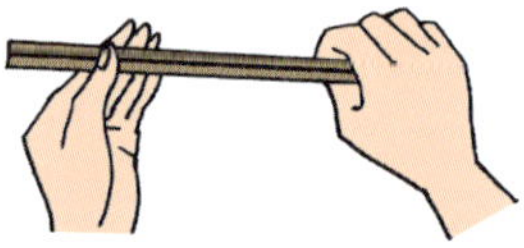

❸ 右手を箸の右端のほうにすべらせ、下側に回り込ませます。

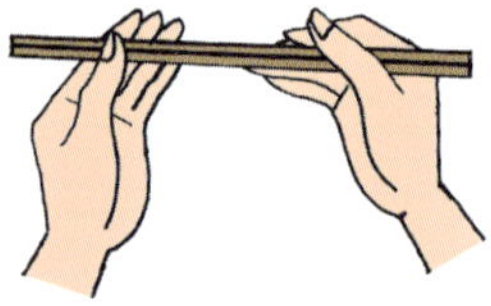

❹ 左手を離し、右手の中指を箸の間に入れます。

★箸を置くときはこの逆の手順になります。

会席料理のいただき方

会席料理は、一品ずつ出される場合は順番に食べますが、初めから料理が並んでいる場合には、食べる順序にこだわる必要はありません。基本は、あたたかいものはあたたかいうちに箸をつけること。汁物があれば、はじめにいただくと、箸が湿り、ほかの料理が箸につきにくくなるという意味でもよいでしょう。

懐紙を持参するとスマート

懐紙は懐中紙といい、本来は茶席で使うものですが、和食の場でも懐紙を携帯していると、美しい所作につながります。

- ●焼き魚などを手で押さえていただくときに。
- ●汚れた箸先をぬぐうときに。
- ●しょうゆをつけた刺し身など、こぼれやすいものをいただくときの受け皿に。
- ●口紅を押さえたり、口先の汚れをふきとるときに。
- ●骨などの食べかすをおおうときに。

懐紙は茶道具や呉服、和物雑貨売り場などで購入できるので、常備しておくとよいでしょう。

お椀などの蓋のとり方

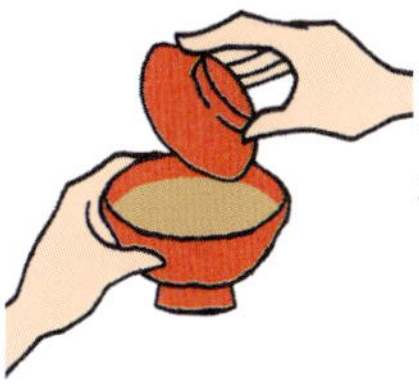

左手を器に添えて、右手で蓋を開けます。蓋は裏に返して料理の脇に置きます。その料理が右側にあれば右側に、左なら左側に置くのが基本です。食べ終わったら蓋は元どおりに。食べ終わったということがわかるように少しずらしておきます。裏返して重ねるのはマナー違反です。

お酒のマナー

お酒が飲めない人でも、1杯目のお酌《しゃく》は断らずに受けるのが礼儀です。招かれた席では立ってお酌に回る必要はありませんが、周囲の人とはお酌し合うようにします。お酌を受けるときはおちょこを右手で持ち、左手を添えて受けます。注ぐときはお銚子を右手の指で軽く包み込むように持ち、左手を添えてお酌します。

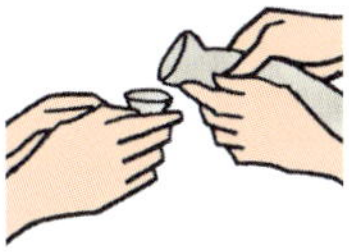

NG 和食のタブー

- ●**膳越し** 皿からとった料理を小皿に移さず、直接、口に運ぶこと。
- ●**犬食い** 口を器のほうに持っていくこと。
- ●**にらみ食い** ものを食べながら、次に何にしようかとキョロキョロ見渡すこと。
- ●**そで越し** 右側にある器を左手でとったり、左側のものを右手でとること。

NG 箸使いのタブー

- ●**探り箸** 器の中を箸でかき回して好物を探ること。
- ●**もぎ箸** 箸先についたごはん粒などを口でもぎとること。
- ●**ねぶり箸** 箸先についたものをなめること。
- ●**刺し箸** はさみにくいものを箸で突き刺すこと。
- ●**迷い箸** どれにしようかと箸を持ったまま、料理の上をうろうろすること。
- ●**寄せ箸** 遠くにある器を箸で引き寄せること。
- ●**振り上げ箸** 箸で人をさしたり、呼んだりすること。
- ●**涙箸** 汁がたれるのをかまわずに口に運ぶこと。

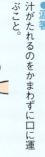

中国料理のマナー

中国料理のいただき方

◆料理をとったらテーブルを回す

中国料理では、ターンテーブルつきの円卓を囲んで、大皿に盛られた料理をとり分けることが多くあります。この場合、料理は先に主賓からとり分けます。自分の分をとったら次の人の正面に皿がくるようにテーブルを回します。全員がとり終えるのを待ってから箸をつけるのがマナー。回す方向に決まりはありませんが、時計回りが一般的です。

◆皿は手に持たない

中国料理では、取り皿は手に持たずテーブルに置いたままいただきます。スープも器を置いたままれんげですくいます。残り少なくなったら器を向こうに傾けてすくうようにしましょう。れんげは柄のくぼみに人さし指を入れ、親指と中指でつまむように持ちます。

◆料理はとり分けなくてよい

中国料理のいいところは、めいめいが好きな料理を好きなだけ小皿にとり分けられることです。したがって、ほかの人にとり分ける気遣いは無用です。

取り皿は料理ごとにかえ、味がまざらないようにするのが基本。箸とれんげは最後まで同じものを使います。

◆夫婦同伴の場合

中国ではテーブルを囲む場合、レディファーストが原則。カップルの場合は、まず女性が座り、男性は女性の左側に座ります。

NG 中国料理のタブー

×料理を一人で大量にとる。
×ほかの人がとり分けているときに回転台を回す。
×回転台を急に回したり、逆方向に回す。
×回転台から取り箸やサーバーをはみ出させたまま回す。
×回転台からサーバーや取り箸、調味類を下ろしたままにしておく。
×使った皿やグラスを回転台にのせる。

円卓はどこが上座？

入り口に対して一番奥まったところが上座で主賓の席です。その左隣が２番目の席、右隣が３番目の席、と図の番号の順になります。

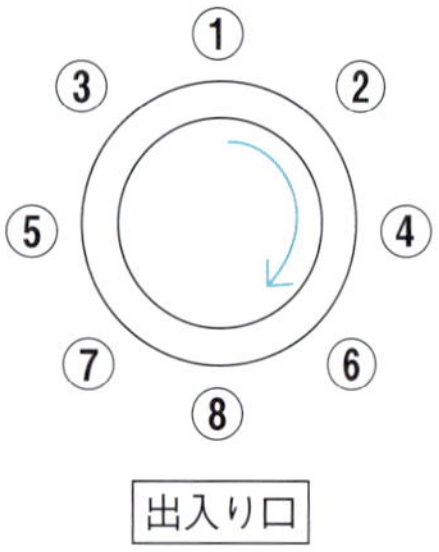

中国の地方料理

北京料理

格調高い宮廷料理が特色。炒め物がおいしいとされ、北京ダックや羊肉のしゃぶしゃぶなどが有名。

広東料理

「食は広州にあり」といわれ、新鮮な山海の素材に恵まれている。チャーシュー（焼き豚）や酢豚など。

上海料理

長江（揚子江）下流域の魚貝類を生かしたものが特徴。東坡肉（豚バラ肉の角煮）や上海蟹の蒸し物など。

四川料理

大陸の奥地の厳しい風土を反映して、とうがらしなどを使った刺激の強い料理が特徴。麻婆豆腐、家常豆腐など。

立食パーティのマナー

ここがPOINT

◆料理のとり方

❶料理は入り口から、前菜→スープ→魚料理→肉料理→デザートのように並んでいることが多いので、その順にとるとよい。わからないときは冷たい料理から。
❷好きなもの2〜3種類を少量ずつとり、大盛りにならないようにする。
❸盛りつけをくずさないように、上、端からとる。
❹冷たい料理とあたたかい料理を一緒にとらない。
❺料理をとったら、メインテーブルから離れる。
❻食べ残さない。
❼取り皿は一度使ったら使い回さず、遠慮なく新しいものにかえてよい。
❽使い終わった皿やグラスはサイドテーブルに置くか、ウエイターに渡す。皿は重ねない。
❾コーヒーなどを飲む際は、カップだけを持たず、ソーサーごと持つようにする。

◆持ち方

取り皿、グラスを左手に一緒に持つようにする。欧米では握手のため、右手はあけておくのが一般的。皿の上にグラスをのせると簡単。

◆持ち物は

持ち物の置き場は用意されていないので、ショルダーや肩からかけられるポシェット、腕にかけられるタイプのバッグなどを選ぶ。

NG 立食パーティのタブーとマナー

訪問ともてなしのマナー

訪問のマナー

訪問は事前に約束をとりつけて

他家を訪問する際は、事前に先方の都合を伺って、日時を約束してからにするのがマナーです。約束は一般的には電話でかまいませんが、目上のかたを初めて訪問するときや、就職や仲人の依頼といったあらたまった用件の場合は手紙にします。手紙が届いたころを見計らって電話をし、相手の都合を聞きましょう。

約束をする際は、「おかげさまで就職できましたので、ごあいさつに」などと目的をはっきり伝えましょう。

訪問の時間は先方の都合に合わせますが、朝や夜、食事時間を避けて伺うのがマナー。一般的には午前10時～11時、午後2時～4時ごろが比較的迷惑でない時間帯といえます。

手土産を持参し、約束の時間より少し遅めに

訪問の際は、必ず手土産を持参します。相手の負担にならない程度の品をあらかじめ用意しておきましょう。訪問先の近所で購入するのはとってつけたようで失礼です。また、生鮮食品などの持参も控えたほうが無難です。

個人宅に伺う際は、約束した時間より5分ほど遅れて到着するのがよいといわれます。これは、出迎えの準備をしている先方を気遣ってのことです。約束よりも早く到着しそうでも、そのまま押しかけることのないようにしましょう。ただし、10分以上遅れる場合は連絡を入れます。

素足で上がるのはNG

素足のまま他家に上がるのは清潔感に欠け、たいへん失礼です。必ずストッキングや靴下をはきましょう。

また、訪問の際は、化粧や香水も控えめに。正座やソファに不向きなミニスカートや、着脱に手間のかかる靴も避けましょう。靴は内側に汚れがないか点検を。相手に不快感を与えない、清潔感のあるスタイルが一番です。

身支度はチャイムを押す前に

訪問先の玄関に着いたら、チャイムを押す前にマフラーや手袋をとり、身だしなみを整えます。コートもこのときに脱いでおくのが正式といわれますが、あまり堅苦しく考える必要はありません。ヨーロッパでは「お上がりください」と言われてから脱ぐのが主流。玄関先で失礼するときは、「このまま失礼します」と断って、着たままでもかまいません。コートを脱いだ場合は、ほこりを持ち込まないよう表を中にしてたたみ、腕にかけます。

玄関に入ったら、斜め後ろを振り返るような半身の姿勢でドアを閉めます。後ろ手でドアを閉めたり、相手におしりを向けたりしないように注意します。

玄関先でのあいさつとふるまい

ドアを閉めたらゆっくり向き直り、立ったままであいさつを。「お忙しいところをおじゃまいたします。電話でお話ししましたように、○○のことでお伺いしました。よろしくお願いいたします」と手短にあいさつをし、おじぎをします。花束や冷蔵が必要な手土産は、このときに渡します。

その後、コートは三つ折り程度にまとめ、手荷物と一緒に上がりがまちの下座に置きます。正面を向いたまま靴を脱いで玄関に上がり、斜め後ろを振り返るようにして膝をついて靴の向きを直し、玄関の隅に寄せます。

コートや、ハンドバッグと手土産以外の大きな荷物は部屋に持ち込まないのが基本。そのまま玄関の隅に置かせてもらいます。「お預かりします」と言われたら預けましょう。玄関が狭い場合などは臨機応変に判断し、持って上がってもいいでしょう。コートかけやハンガーなどは、「お使いください」と言われるまで、勝手に使わないようにします。

靴の脱ぎ方・そろえ方

靴を脱ぐときやそろえるときも、相手におしりを向けないように気をつけます。クルッと後ろ向きになって靴を脱ぐのは間違いです。前向きで靴を脱いで玄関に上がり、斜め後ろを振り返るようにして膝をつき、靴の向きを変えて下座(下駄箱のあるほう)に置きます。

Q&A

Q お客様の食事はどうする?

A お客様を食事でもてなしたい場合は、あらかじめ「食事を用意してお待ちしております」と伝えておくと親切です。当日になって食事時間にかかりそうなときは、「よろしければお食事を召し上がっていってください」とします。お客様の都合もあるので、無理強いは避けましょう。

もてなす側の心得

玄関前で長く待たせない
約束の時間の10分前には準備を整え、チャイムの音に注意しましょう。

まずは手荷物を預かる
お客様が荷物やコートを抱えて困らないように、すみやかに「お預かりします」と声をかけ、コートはハンガーに掛けるなどします。荷物を置く場所もあらかじめ決めておき、「こちらへどうぞ」と案内します。

お茶とお菓子はすみやかに
お茶やお菓子はあらかじめ用意しておき、お茶の準備のためにお客様を長く待たせることのないようにします。夏は冷たいおしぼり、冬は温かいおしぼりなどとともに出すとよいでしょう。

和室に通されたら

座布団には座らず下座《しもざ》で待つ

部屋に通されたら、下座で待ちます。敷居や畳の縁を踏んだり座ったりしないように気をつけましょう。手土産とハンドバッグは自分の下座側に置きます。座布団に座るのは、あらたまったあいさつをし、家のかたに座布団をすすめられてからにします。

相手が部屋に入ってきて座ったところで、あらたまってあいさつをし、手土産を渡します。あいさつがすみ、座布団をすすめられたら、「失礼いたします」と言って、すすめられた席に着きます。上座であっても、すすめられれば固辞せずに座ってかまいません。

用件があって伺った場合は、あいさつがすんで席に着いたら、「さっそくですが」と断って、早めに用件に入りましょう。

座布団の座り方

❶立ち上がらず、座ったまま両手のこぶしを座布団の上につき、両膝を浮かせるようにしてにじり上がる。座布団を足で踏むのはマナー違反。

❷背筋を伸ばし、両手を膝に置いて正座する。座布団から下りるときは、この動きを逆に行う。

手土産の渡し方

❶あいさつがすんだら手土産を渡す。まず、手土産をとり出し、膝の上に置く。風呂敷や紙袋はさっとたたみ、自分の下座側に置く。

❷手土産を180度回転させ、相手のほうに向ける。そのまま両手で押し出すように畳の上をすべらせ、相手に差し出す。このとき、「近所で評判のお菓子です」「お口に合えばいいのですが」など、ひとこと添える。

もてなす側の心得

座布団をすすめる

部屋に案内したら、座布団をすすめてから一度下がります。お客様が身仕度を整える時間をつくるのも心遣いです。

部屋に入るときは声をかける

再び部屋に入るときは「失礼します」とひと声かけてからにしましょう。

手土産は一緒にいただいてもよい

親しいかたなら、お客様が望めば、手土産を一緒にいただいてもかまいません。「お持たせで恐縮ですが」とひとこと添えましょう。

和室の上座《かみざ》と下座

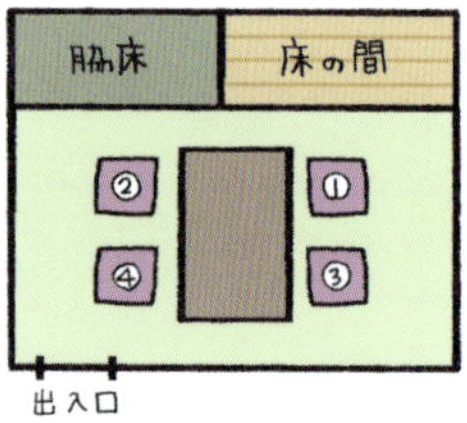

和室の上座は床の間が基準。床の間の前が上座で、床の間のない場合は、出入り口から遠い席が上座。部屋によっては逆の場合もありますので、迷うときは、額や飾り物があるほうが上座と考えればよいでしょう。

洋室に通されたら

あいさつは立って行う

洋室では、座ったままのあいさつはマナー違反です。部屋に通されたら、バッグや手土産を持ったままでかまわないので、椅子やソファに座る前に、あらためて正式にあいさつをします。家のかたにひとまず着席して待つように促された場合には座って待ちますが、相手があらわれたらすぐに立ち上がってあいさつをします。

　あいさつをすませたら手土産を渡し、すすめられてから着席します。椅子には浅めにかけるようにし、脚を組むのは遠慮したほうがよいでしょう。バッグは自分の脇や背中側、あるいは下座の足元に置きます。

　あいさつがすんだら、和室の場合と同様に、まず用件をすませるようにしましょう。

洋室での立ち居ふるまいのポイント

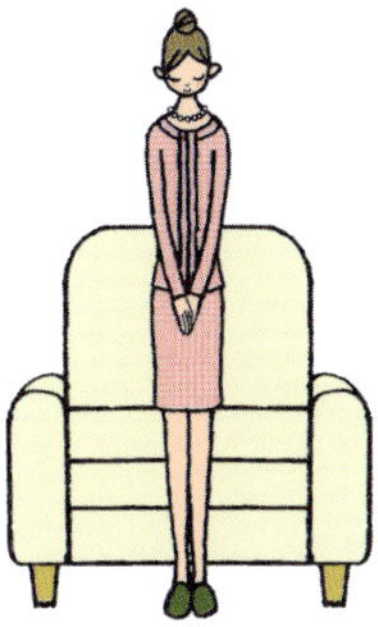

あいさつは立って

座る場所を示されたら座るが、示されないときは立って待つ。一度座った場合も、あいさつは立って行う。

ハンドバッグは自分の脇か足元に

バッグをテーブルに置くのはNG。自分の足元か、小さいものなら脇や背中側に。

手土産は紙袋から出して両手で

風呂敷や紙袋のまま渡すのはマナー違反。袋から出して、相手のほうに向けて両手で差し出す。

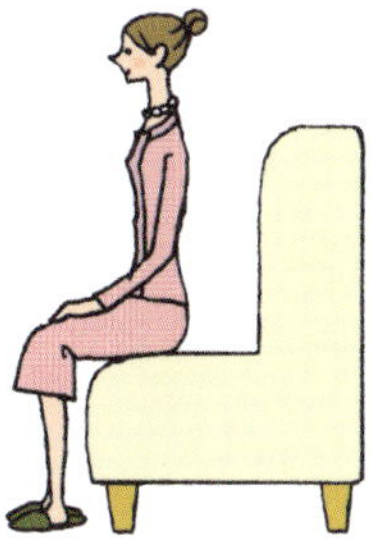

浅めに座って背筋を伸ばす

椅子やソファには浅めに座ると背筋が伸び、きれいに見える。脚を組むのはNG。足の爪先をそろえ、両手は膝の上に。

もてなす側の心得

ドアを開けて先に通す
　部屋のドアを開けて、お客様を先に通します。ドアを押して開けるときは、自分が部屋に一歩入り、ドアを押さえてお客様を迎えます。

椅子をすすめる
　お客様を立ちっぱなしにさせないように、一度下がる前に椅子をすすめます。

手みやげは放置しない
　花は部屋に飾る、ケーキなどはすぐに冷蔵庫に入れるなど、いただいたものはきちんとおさめます。

入室の際はノックを
　お客様のいる部屋に入るときには、ノックをしてから入室を。お客様が身支度をととのえている可能性があります。

洋室の上座と下座

　出入り口から遠いほうを上座と考えます。欧米では上座・下座をあまり意識せず、落ち着く場所、眺めがよい場所をゲストにすすめるのが基本。椅子も座り心地によって上座があり、①ソファ、②アームチェア、③アームレスチェアの順です。椅子の位置でも上座・下座を判断できます。

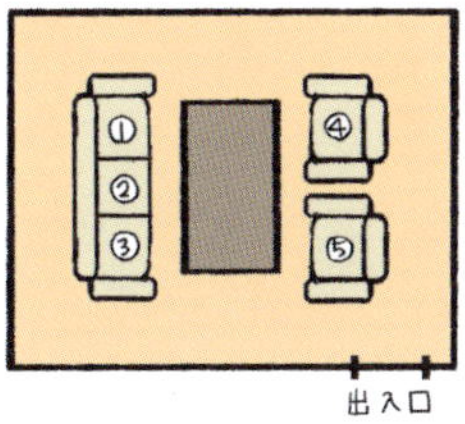

おもてなしの受け方・仕方

お茶やお菓子は遠慮せずに

部屋に通されて、お茶が自分の分だけ出された場合は、冷めないうちに口をつけます。相手の分も出されたときは、相手が来るまで待ちましょう。紅茶かコーヒーかなど好みを聞かれた場合は、素直に答えるのが親切です。

お茶やお菓子を出されたら、熱いものは冷めないうちに、冷たいものはぬるくならないうちにいただくのが基本。もちろん「いただきます」「ごちそうさま」は忘れずに。手をつけたお菓子は残さず食べましょう。食べきれそうにないときは、「食事をしたばかりですので」とはじめから手をつけないようにします。

手作りのお菓子などを出された場合は、残すのは失礼です。懐紙などに包んで持ち帰りましょう。

茶菓をいただくPOINT

紅茶・コーヒー

・角砂糖やレモンはスプーンでカップに入れる。
・使ったスプーン、とり出したレモンはカップの向こう側に。
・カップの持ち手はつまむように持ち、指を入れない。

日本茶

・茶碗の蓋は上向きにして茶碗の横に。
・茶碗は右手で持ち、左手を底に添えて飲む。
・飲み終えたら蓋をする。

和菓子・ケーキ

・フォークや楊枝などでひと口ずつ切って食べる。
・器を持ってもよい。

ティーカップの受け皿は、基本的にはテーブルに置いたままにしますが、ソファなどでテーブルと離れている場合には、受け皿を左手で持っていただいても、膝の上に置いてもかまいません。

Q&A

Q お茶を出すときの注意は？

A 飲み物は受け皿をつけて出すのが基本です。ティーカップにはソーサーを、湯飲みには茶托をつけましょう。マグカップはふだん使いのものなので、お客様には出しません。お客様のお茶がなくなったら、一度下げて、お茶の残りを捨ててから、新しくいれかえます。味が落ちるので、目の前で継ぎ足すのはやめましょう。

和菓子はかいしきにのせて

かいしきは料理の下に敷く木の葉や紙のこと。和菓子にもかいしきを敷くのがていねいです。和紙や懐紙、半紙を、角をずらして折って使います。角のずらし方を逆にすると弔事の折り方になるので注意しましょう。端を折り上げて、黒文字（楊枝）入れにしても。

もてなす側の心得

お茶と菓子は同時に出してよい

茶の湯では最初にお菓子、次にお茶の順ですが、普通のもてなしでは同時でかまいません。お客様はのどがかわいていることが多く、はじめからお茶があるほうが親切。

お茶のいれかえは1時間が目安

冷めたお茶や食べかけのお菓子をいつまでも放置しないようにしましょう。お客様の好みを聞きながら、お茶の種類を変えたり、甘いもののあとは塩けのあるものにするなど、工夫します。

[茶菓の出し方]

茶菓は「お茶は右、お菓子は左」。和室では運んできたお盆は畳の上に置き、テーブルにはのせませんが、洋室ではサイドテーブルかテーブルの端に置きます。

お客様の前に並べるときは、手越しにならないように、奥のものから並べます（お客様の右側から出すなら、お菓子、お茶の順で）。

おいとまと見送り

1時間ほどしたらいとまごいを

話が盛り上がっても、あらかじめ約束した時間内で失礼します。決めていないときは1時間を目安にしましょう。話の切れ目や、お茶のおかわりをすすめられたときなどに、「すっかり長居をいたしましたがそろそろ失礼いたします」と切り出します。

おいとまのあいさつは、はじめと同様にていねいに。和室なら座布団をはずして、洋室なら立ち上がってお礼を言います。わざわざ時間をとってもらったこと、心のこもったおもてなしなどに対してお礼を述べ、おじぎをします。

身支度は外に出てから

玄関でスリッパを脱ぐときは、出口に向かって脱ぎ、靴をはいたあとで振り返ってスリッパの向きを変えます。スリッパは勝手に重ねたりせずに、隅に寄せるだけにします。

もう一度手短かにお礼を述べ、失礼します。コートを着るなどの身支度は外に出てからが原則ですが、すすめられたら玄関で着てもよいでしょう。ただし、手袋やマフラーなどですっかり身支度するのは控えます。

門やエレベーターまで見送ってくださる気配があったら、「こちらで失礼いたします」と辞退しましょう。

帰宅したらお礼の連絡を

訪問のあとはカードやはがきでよいのでお礼状を出します。親しい間柄なら、その日のうちにメールや電話で無事に帰宅した旨とお礼を伝えてもよいでしょう。夜遅い場合は、おいとまの際に連絡をしない旨を伝えておき、翌日に。目上のかたや頼み事で伺った場合は、封書でお礼を出しましょう。

お客様が帰ったとたんにガチャンと鍵をかけない

お客様が玄関を出たとたんに鍵をかける音が聞こえたり、門灯が消えたりするのは感じが悪いもの。「やっと帰った」と思っているようにとられかねません。その日の訪問がお互いにとってなごやかでよい時間だったと感じられるように余韻を残しておきましょう。

もてなす側の心得

「お迎え三歩、見送り七歩」

出迎えよりもさらに見送りをていねいにしましょうという意味の言いならわしです。別れを惜しむ気持ちを伝えるために、駅まではおおげさでも、玄関先までは心を込めて見送りましょう。

帰路への心くばりを

電車やバスの時刻表を調べたり、タクシーを呼んだほうがいいかを尋ねるなど、お客様の帰り足にも気を遣いましょう。天候が不安定な場合は、傘を用意するか、あるいは安定するまで引き止めてもよいでしょう。また、帰りぎわには「洗面所をお使いください」というひとこともありがたいものです。

お客様の靴はそろえておく

お客様の靴は、お客様が帰る前に、上がり口の中央に置き直します。

column

美しい立ち居ふるまい

おじぎ

上体はまっすぐ伸ばしたまま、腰から曲げる。頭だけを下げたり、あごが上がったりしないよう注意を。

座礼

● 軽い座礼

会釈などに使うおじぎ。上体を約15度傾ける。目線は指先より30cmほど先に。

● ふつうの座礼

訪問で部屋に通されたあとのあらたまったあいさつや、お礼のときに行うおじぎ。体を30～45度傾ける。

● 深くていねいな座礼

謝罪や深い感謝をあらわすときのおじぎ。神前や仏前などの儀式にも使われる。頭と畳の間隔は15～20cm程度。

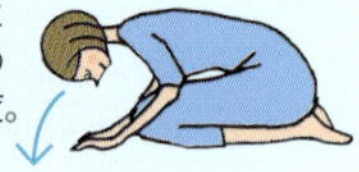

立礼

● 軽い立礼

会釈などに使うおじぎ。背筋を伸ばし、上体を15度くらい傾ける。視線はおじぎをする前は先方と目を合わせ、体を傾けたら自然に下に。

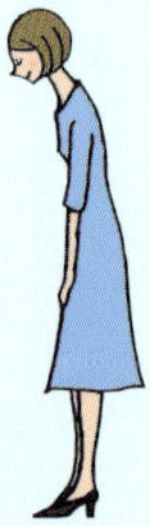

● ふつうの立礼

あらたまったあいさつやお礼のおじぎ。体を30～45度傾ける。目線は1m先。手は太もも中央あたりに。

● 深くていねいな立礼

謝罪や深い感謝をあらわすときのおじぎ。背筋を伸ばして上体を70～75度傾け、手は膝頭まで下げる。目線は真下に。

座る

左足を少し引き、背筋を伸ばしたまま座る。着物の場合は上前がきれいに見えるよう右足を引く。

1

2 両足をそろえて立った状態から左足を少し後ろに引く。

3 そのまま腰を落として左膝をつく。

4 かかとを上げたまま右膝もつき、左ひざを前に出して両膝をそろえる。

5 かかとを下ろして座る。

立ち上がる

背筋を伸ばしたまま立ち上がる。畳に手をつくなどして前かがみにならないように注意を。

1

2 正座の姿勢から両足のかかとを立てて、おしりをのせる。

3 右膝を半歩前に出して軽く立てる。

4 そのまま静かに体を引き上げるようにして立ち上がる。

5 立ち上がると同時に左足を右足にそろえる。

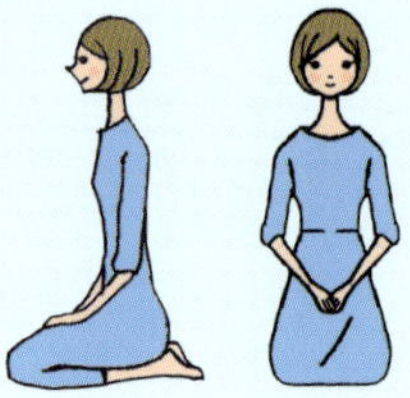

正座

背筋を伸ばして座り、膝頭は開かないようにする。手はももの中央よりやや手前に「ハ」の字に置く。

PART 6

葬儀と法要のしきたり

●危篤から納棺までの手順は?
●通夜・葬儀・告別式の進行と法要まで
●弔問のときの欠かせないマナー

葬儀の進行一覧

危篤から法要までの流れ

危篤

遺族側のすること

●自宅で危篤の場合は救急車を呼ぶ。

●家族、近親者、友人など、会わせたい人に連絡する。

●キリスト教信者は神父あるいは牧師を呼ぶ。

世話役のすること

弔問者のすること

●知らせを受けたらすぐに駆けつける。

臨終

遺族側のすること

●末期《まつご》の水をとる。自宅の場合は体を清め、死化粧をし、北枕に安置する。

●お寺、神社、教会などに連絡して、日程を打診する。

●遺族で葬儀の方針を打ち合わせる。

●葬儀社を決める。

●喪主、世話役を決め、葬儀の打ち合わせをする。

●葬儀社に連絡して、葬儀の規模、日程、予算などを打ち合わせ、見積もりをとり、葬儀全般を依頼する。

●死亡診断書を受け取る。入院中であれば病院の支払いをすませる。

世話役のすること

［世話役代表］

●葬儀全般について遺族代表と打ち合わせる。

●枕飾りを依頼する。

弔問者のすること

●控えめにふるまい、長居せず、いったん引き上げる。

協力／日比谷花壇

葬儀の進行一覧

通知	通夜の準備	納棺
●親族、その他に、死去と通夜、葬儀の日程を知らせる。 ●仕事先、町内会などへの連絡を世話役に依頼する。 ●死亡届、火葬許可証を市区町村役所に提出する（葬儀社が代行）。	●通夜、葬儀について世話役と打ち合わせをする。 ●葬儀社と葬儀内容を相談する。 ●葬儀社に会葬礼状、返礼品を依頼する。 ●通夜の席次を決める。 ●現金の用意をしておく。 ●遺体のそばで、弔問客の応対をする。 ●自宅で行う場合、家の中を整理し、祭壇を飾る部屋を用意する。 ●自宅で行う場合、必要であれば近隣に通夜を行うことをあいさつしておく。	●僧侶を呼んで枕勤めをする。 ●死装束をそろえ、納棺する。
●故人の仕事先や、必要であれば町内会などに連絡する。 ●場合によっては新聞広告の手配も。	●遺族の意向に従い、通夜、葬儀の準備をする。 ●葬儀社に祭壇を依頼する。 ●弔問客の受付、接待の準備をする。 	●葬儀社に納棺と祭壇への安置を依頼する。
●弔問できない場合は弔電を打ち、香典を送る。 	●親しい間柄なら、通夜や葬儀の手伝いを申し出る。 ●遺族のすすめがあれば、故人と対面する。 ●お悔やみの電話は、とり込んでいる遺族に迷惑がかかるので避ける。	●お悔やみに行く場合、納棺の間は遠慮する。祭壇が飾られた頃合いを見計らって、弔問する。

	通夜	葬儀の準備	葬儀・告別式・出棺
遺族側のすること	●席次を確認し、弔問客に応対する。 ●読経後に焼香し、終わりに喪主または親族代表があいさつをする。 ●僧侶にお礼のあいさつをし、「御車代」を渡す。 ●弔問客に通夜ぶるまいをし、お開きのあいさつをする。 ●葬儀の打ち合わせと確認をし、一晩じゅう灯明、線香を絶やさない。	●供花《くげ》、花輪、供物《くもつ》の並べ方、順番を決める。 ●世話役と相談し、火葬場に行く人数を確認する。 ●葬儀の席次を確認する。 ●弔電をまとめ、世話役（進行役）に渡し、披露する弔電を決める。	●席次を確認する。 ●供花、供物の配置を確認する。 ●葬儀・告別式に出席する。 ●参列者に返礼する。 ●最後の対面と棺の釘打ちの儀式を行う。 ●会葬者にあいさつをする。
世話役のすること	●弔問客の受付をし、弔問客名、香典、供物などの記帳をする。 ●飲食、茶菓の接待をする。 ●弔問客に会葬礼状、返礼品などを渡す。	●遺族と打ち合わせをして、供花、花輪、供物、弔電をチェックする。 ●火葬場に同行してもらう人に依頼し、車を手配する。 ●葬儀社と進行の手順の打ち合わせをする。	●弔問客の受付をし、参列の案内をする。 ●香典や供物の記帳をする。 ●茶菓の接待をする。 ●会葬者に会葬礼状、返礼品を渡す。 ●式終了直前に交代で焼香をする。
弔問者のすること	●葬儀・告別式に出席できなくて通夜に出向くときは、香典を持参する。		●定刻より少し早めに出向き、葬儀・告別式に参加する。 ●できるだけ出棺を見送る。

葬儀の進行一覧

火葬

●火葬許可証を火葬場に渡す。
●納めの式を行い、骨揚げをする。
●埋葬許可証を受け取り、喪主が遺骨を持って自宅（または遺骨迎えを行う会場）に戻る。

●世話役代表は火葬場まで行き、骨揚げに立ち会う。
●自宅に戻る場合は、家の内外を整理し、遺骨迎えと精進落としの宴の準備をする。

●火葬場への同行を依頼されたら受ける。
●骨揚げに参加する。

遺骨迎えと精進落とし

●後飾りをし、遺骨迎えを行う。あわせて初七日の法要を行うことが多い。
●終了後、喪主があいさつをする。
●精進落としを主催する。
●今後の法要などの日程を、できれば知らせる。

●遺骨を迎える。
●遺族とともに席に着く。

●火葬場に出向いた人は、精進落としの席に連なる。

葬儀終了後

●世話役から事務を引き継ぐ。
●葬儀全般の費用の支払いをすませる。
●寺院・神社・教会に出向き、お礼を述べて、今後の法要の打ち合わせをする。
●必要であれば近隣の人たちにあいさつをする。
●落ち着いたら、生命保険金の請求や諸手続きをする。

●遺族側に事務の引き継ぎをする。
●領収書を添えて支払いの精算をする。

法要

●法要の案内状を発送する。
●四十九日などの法要を営む。
●納骨をし、忌明けのあいさつ（香典返し）をする。
●年賀欠礼状を出す。

●法要の案内状をもらったら、すぐに出欠の返事を出す。
●出席するときは、香料（御仏前）を持参し、遅れないようにする。
●欠席のときには、遺族に見舞い状、香料または供物を送る。

column

葬儀の費用

いくらかかるか?

葬儀にかかる費用は、友人、知人、会社関係などに広く知らせて行うか、家族や親しい身内だけの家族葬にするか、といった葬儀の形や、式場を自宅にするか、斎場にするか、祭壇の種類や大きさはどうするのか、などによって、大きく違ってきます。

葬儀にかかる費用の内訳は大きく分けると、❶儀式一式の費用、❷宗教関係者への支払い、❸接待飲食費、❹香典返し、❺式場使用料、❻その他雑費となります。

葬儀社の選び方

葬儀社は、病院からの遺体の搬送から通夜・葬儀の準備、進行まで、依頼すればいっさいを引き受けてくれます。葬儀全体が葬儀社によって左右されるので、料金体系が明確で対応がていねいな葬儀社を選ぶことがたいせつです。余裕のないときですが、世話役などと相談し、2〜3社の葬儀社から見積もりをとり、比較検討して選びましょう。明確な見積もりがもらえるかも大事なポイントです。

葬儀社の料金 費用の内訳

❶葬儀一式の費用／通夜、葬儀の祭壇一式、お棺、霊柩車、収骨容器、会葬礼状、火葬料、ハイヤー・バス代など。❷宗教関係者への支払い／仏式の場合は、ご膳料、御車代、戒名料、読経料（通夜、葬儀、告別式、初七日）。神式の場合は神官へのお礼、御神饌料。キリスト教は教会へのお礼、献金など。❸接待飲食費／通夜ぶるまい、精進落としの料理、酒類、宿泊、交通費。❹香典返し。❺式場使用料（自宅以外の場合）。❻その他雑費／運転手、火葬場係員、世話役への心づけなど。

「仏式プラン90」90万円のセットに含まれる品目と価格

（株）メモリアルアート大野屋の例

祭壇価格	360,000	後飾り	20,000
御棺	150,000	消耗品	20,000
ドライアイス	8,000	式場看板	30,000
白木位牌	5,000	案内看板	25,000
遺影写真	25,000	高張提灯	30,000
会葬礼状	12,000	庭飾り・看板下花等	30,000
祭壇アレンジ花	40,000	受付用品	10,000
写真花額	25,000	司会進行	30,000
打菓子・菊糖	6,000	火葬場案内・諸手続き	10,000
祭壇供物	12,000	運営管理費	40,000
枕飾り	12,000	合計	900,000

（単位：円　消費税別）

葬儀社の別料金

葬儀料金はセット料金と別料金で組み立てられるのが一般的。あらかじめ何が別料金かを確認して、予算を立てることが大事です。

＊別料金の項目（例）
式場使用料、ドライアイス、テントなどの外装設備。霊柩車、火葬場へのハイヤー・バス代、火葬場控室使用料、通夜・精進落としの飲食費など。

香典と葬儀費用

★葬儀費用のかなりの部分を香典で補える場合もあれば、家族葬や故人が高齢で亡くなって弔問客の数が少ない葬儀や、香典を辞退する場合など、費用のほとんどが遺族の負担となる場合もあります。

★なお、葬儀関係の費用は、遺産相続のある場合に債務控除されるので、必ず領収証をもらいましょう。寺院関係も、「おしるしを」と言えば出してくれます。

葬儀費用の平均

（一般財団法人 日本消費者協会 2014年調査より）

葬儀一式費用
122.2万円
接待飲食費
33.9万円
寺院費用（御経料、戒名料）
44.6万円

戒名とは?

戒名とは本来、仏弟子となったあかしに、生前に授かる仏名でした。現代では死亡後、通夜までに、菩提寺につけてもらうのが一般的で、僧侶に白木の位牌に書いてもらいます。生前に自分で菩提寺と相談してつけてもらうこともできます。

仏名は宗派によって呼び名が違います。曹洞宗は「戒名」、日蓮宗は「法号」で男性に「日」、女性には「妙」をつけます。浄土真宗では「法名」で男性に「釈」、女性には「釈尼」とつけます。

よく「戒名料」といいますが、仏名に対するお礼「お布施」には決まりがないとされ、戒名の格や寺院の格式などによっても違いがあります。

また、依頼した寺院（僧侶）が檀那寺であるか、葬儀社に依頼した僧侶であるかによっても大きく違います。

戒名の格とお布施の目安

最高位は「○○院殿□□□□大居士（女性なら清大姉）」（100万円以上とも）の院殿号ですが、この号は昔は天皇や将軍などに限られ、現代でも社会や寺の興隆に大きく貢献した人に授けられるものです。

次が院号で「○○院□□□□居士（大姉）」（30万～80万円）。昔は奉行格の武士につけられていました。

一般に多いのが「○○○○信士（信女）」（15万～30万円。数万円のことも）。7～15才の子どもは「童子（童女）」、幼児は「孩子（孩女）」、乳児は「嬰子（嬰女）」、死産・流産した子どもは「水子」。ちなみに浄土真宗では、大居士、居士、信士はつけません。

「お布施」についてはお寺や葬儀社と相談し、事前にはっきりさせておくことが大事です。

世話役へのお礼

★世話役へのお礼は現金かプリペイドカード、商品券などを。手伝いの内容や日数により、1人につき3000～1万円が目安。

★世話役代表には、かつては後日、お礼に出向いて渡していましたが、最近は当日に渡すことが多いようです。1万～2万円を目安に包みます。

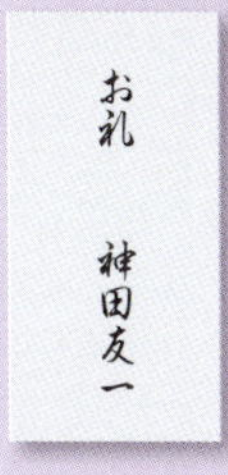

会葬者へのお礼

★通夜、葬儀・告別式の会葬者には、喪主のあいさつが刷り込まれた会葬礼状と返礼品を渡します。会葬礼状も返礼品も葬儀社に依頼します。

★返礼品はハンカチやお茶、のりなどのほか、プリペイドカードや商品券も使われます。

★返礼品の料金は葬儀のセット料金に含まれていないので、弔問客の人数を予想し多めに注文します。

★なお、香典返しを当日に行う場合もあります。

低料金で利用できる自治体の葬儀

全国の自治体には住民の福祉サービスとして、低料金の葬儀サービスを提供しているところがあります。居住者しか利用できませんが、希望する場合は市区町村役所に問い合わせを。東京23区の区民葬の場合、所轄の区役所窓口に死亡届を提出する際に申し出ると、その場で葬祭料金、霊柩運送料金、火葬料金、収骨容器料金（一式）の利用権が交付されます。葬儀は提携する葬儀社が行います。

東京23区の区民葬の料金

祭壇料金	91,000円～ 295,800円（税別・祭壇・棺の規格による） ※棺のみの利用もできるが、料金は別設定。
霊柩車料金	14,160円～（税別・走行距離、車種による）
火葬料金	**大人**　53,100円（非課税） **満6才以下**　29,000円（非課税）
遺骨収納容器代	**大人**　9,800円または10,900円（税別） **小人**　2,300円（税別）

＊含まれていないもの　ドライアイス、遺影、会葬礼状、生花、ハンカチ、花輪、供物、テント、葬儀場、マイクロバス・ハイヤー代など

危篤・臨終の連絡

危篤を知らせる範囲

病人が危篤状態であることを医師から告げられたら、会わせたい人に至急連絡をとります。

一般に連絡する範囲は、①家族、近親者（三親等くらいまで）、②本人と特に親しい友人・知人、③勤務先や学校、所属している団体などで、つきあいの深い人です。

ただし、これはあくまでも目安です。本人が会いたがっている人、家族が知らせたい人に連絡することが大事です。親族でも日ごろ親しくしていない人には知らせなくてもかまいません。交流は途絶えていても、深いつながりのある人、たとえば親や兄弟姉妹には知らせたほうがいいでしょう。

Schedule スケジュール

危篤

危篤の知らせ
- 家族、親戚、会わせたい人に連絡。

↓

臨終

- 親族その他に知らせる。知らせる目安は三親等まで（下図参照）。
- 仕事関係などに連絡。
- 世話役などを依頼する。
- 死亡届を受け取る。

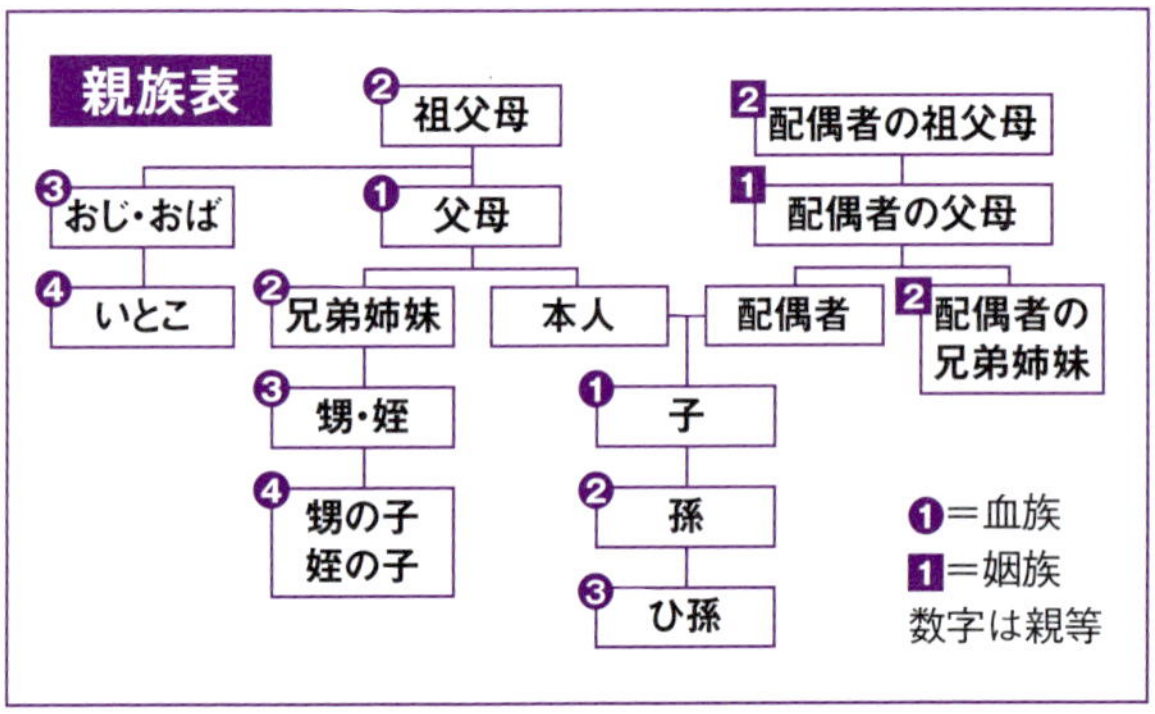

深夜、早朝でも連絡は電話で

緊急事態なので、深夜や早朝であっても電話でかまいません。伝える内容は、●誰が危篤か、●場所はどこか（病院の場合は病院名、住所、道順、電話番号）、●本人の容態、●いつごろまでに来てほしいか、など。できるだけ簡略に伝えます。どうしても連絡がつかない場合はメールやファクスを使います。

キリスト教信者には臨終の儀式を

★危篤になった人がキリスト教信者の場合は、意識のあるうちに所属教会の神父（カトリック）または牧師（プロテスタント）を呼んで、臨終の儀式を行います。

★カトリックでは「病者の塗油の秘跡」という儀式を行います。神父は神に許しを請う祈りをささげ、信者の頭に按手し聖油を額と両手に塗り、神の恵みが授かるよう祈ります。続いて「聖体拝領」（パンとぶどう酒を与える）が行われます。死去は肉体が滅びるだけで、霊魂は永遠の命を与えられるので、死はおそれるものではないのです。

★プロテスタントでは「聖餐式」という儀式を行い、牧師はパンとぶどう酒を与えて、安らかに天国に召されるよう祈ります。

★神父（牧師）が到着する前に息を引きとった場合は、遺体はそのままにし、祈りをささげ、神父（牧師）を待ちます。

病院で死亡した場合、自宅で死亡した場合

人が亡くなったときは死亡届の提出が義務づけられています。死亡届には死亡診断書が必要です。

病院で亡くなった場合は、主治医に死亡診断書を書いてもらいます。

自宅で療養中に死亡した場合は、かかりつけの医師に連絡をして死亡を確認してもらい、死亡診断書を書いてもらいます。

かかりつけの医師がいない場合、突然死や事故、自殺の場合は、110番に連絡して警察医を依頼します。

死亡の連絡と通知

死亡の連絡は、危篤の知らせと同じ範囲、順序で進めます。危篤の連絡がつかなかった人や、至急駆けつけてほしい人にはすぐ連絡しますが、それ以外の人は、通夜、葬儀の日程が決まってから連絡します。

葬儀の日程が決まったら、「訃報」として通知します。内容は、
❶亡くなった人の氏名
❷通夜と告別式の日時・場所
❸会場の住所・電話番号など
❹喪主の名前　などです。

死亡広告は

社葬などのような規模の大きな葬儀で、葬儀までに時間のある場合は、関係者に死亡通知状を出して知らせます。

故人が要職にあった人、知名度が高い場合、交際範囲が広い場合には、個人的な通知ではもれがありがちですから、新聞に死亡広告を出すのが一般的です。

死亡広告は通夜・葬儀に間に合うように、早めに新聞社や広告代理店に直接申し込むか、葬儀社に依頼して手配します。

尊厳死を望む場合

★回復の見込みのない病気で、延命治療を望まず、自然な死を望むとき、医師に「尊厳死」の意思を証明するためにあるのが「一般財団法人 日本尊厳死協会」(☎03-3818-6563)の「尊厳死の宣言書」(リビングウイル)です。
★内容は①無意味な延命処置の拒否、②苦痛緩和のための処置の実施、③持続的な植物状態での生命維持装置の拒否などで、これらの要望に沿った行為の責任は本人にあるとされています。署名、押印して登録します。
www.songenshi-kyokai.com

危篤を知らせる電話通知の例

「たびたびお見舞いをいただきましたが、○○が危篤になりましたのでお知らせいたします」

「私は○○の息子でございます。父が今、重体です。ひと目会ってやっていただければと存じ、お知らせいたします」

死亡を知らせる電話通知の例

「突然の電話で申しわけございません。私は○○の息子でございますが、父が本日○時に死去いたしました。通夜は○日○時で、告別式は○日○時から□□でとり行いますので、とりあえずお知らせいたします」

病院への支払いと謝礼

病院への支払いは遺体を引き取るとき、あるいは翌日にします。このときに、医師や看護師さんなどお世話になった人たちにお礼の気持ちを伝えます。

入院が長期に及んだり、特に手のかかる病人だったりした場合は、遺族としては感謝の気持ちを形であらわしたいと思うものです。しかし、病院によってはお礼の金品を受け取らない規定になっているところもあります。この場合は病院の規定に従いましょう。

一般にはお菓子(小分けにでき、日持ちする)などで気持ちをあらわすことが多いようです。

死亡の法的手続き

死亡診断書（死体検案書）

死亡診断書は医師に書いてもらいます。事故死、自殺、他殺や不審死などの場合は警察医による検視が必要で、検視後に警察から「死体検案書」が交付され、これが死亡診断書になります。死亡診断書（死体検案書）の用紙の左側が、死亡届になっています。

死亡届

人が死亡したとき、死亡届を提出することが戸籍法で義務づけられています。死亡届の用紙は市区町村役所の戸籍窓口、病院、葬儀社に備えてあります。

必要事項を書き込み、役所（どこでもよい）の戸籍窓口に提出します。法律上は死亡した日から7日以内に出せばよいのですが、葬儀の都合上、実際には死亡当日または翌日には提出します。

葬儀社に代行してもらうことがほとんどで、届出人の印鑑が必要です。

火葬許可証・埋葬許可証

死亡届と一緒に死体火葬許可申請書を提出すると、火葬許可証が交付されます。これを火葬場に提出すると、火葬後、埋葬許可証として返却されます。

埋葬許可証は納骨のときに必要になります。たいせつに保管しておきましょう。

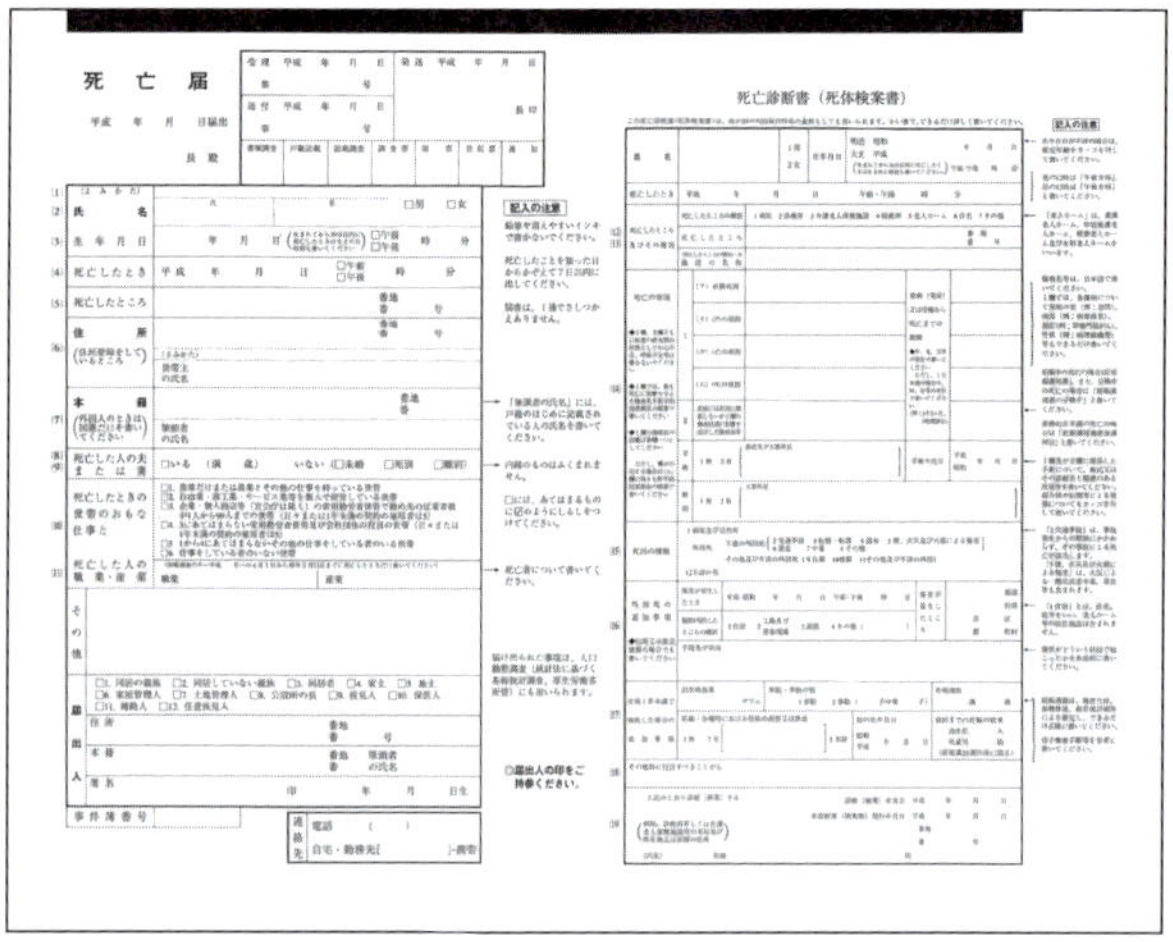

死亡診断書と死亡届

右半分は死亡診断書（死体検案書）で、医師が書く。遺族は左半分に記入し、７日以内に届出人の印鑑を持参して役所に提出。

献体・臓器提供を希望するとき

★献体は医学・歯学の大学での人体解剖学の教育・研究のために、遺体を無条件、無報酬で提供することです。献体は生前の献体登録が必要です。登録には家族（配偶者、親、子、兄弟姉妹）の同意の押印が必要です。死後、家族が一人でも反対をすれば、献体はできません。

★献体は死後48時間内が目安とされているので、通夜、葬儀が行えます。火葬されて遺骨が遺族に戻るまでには1～3年かかります。登録先は献体篤志家団体か、医科大学（大学医学部）および歯科大学（大学歯学部）です。

★臓器提供には「心臓が停止した死後」と「脳死後」があります。臓器提供は本人の意思が不明であっても、家族の承諾があればできます。臓器移植を希望する場合は、「健康保険証」「運転免許証」や「臓器提供意思表示カード」の意思表示欄に記入しておきます。

寺・神社・教会への連絡

いつ連絡する?

宗教に従って葬儀を行う場合は、死亡が確認されたら、寺、神社、教会などになるべく早く連絡し、葬儀社との相談の前に、葬儀に関する相談をします。

菩提寺への依頼

先祖代々おつきあいのあるお寺、つまり菩提寺がある場合は、亡くなったらすぐに連絡をします。

亡くなった人の氏名、死亡日時を知らせ、通夜、葬儀の日程、会場、読経をお願いする僧侶の人数などを相談し、あわせて仏名（戒名・法号・法名）をお願いします。葬儀や戒名についてのお礼（お布施の金額）についても聞いておきましょう。

菩提寺が遠方にある場合は、菩提寺から、近くの同宗派の寺院を紹介してもらいましょう。

菩提寺がない場合は、葬儀社に紹介してもらいます。この場合も葬儀、戒名のお礼の額について確認しておきましょう。

菩提寺にお墓がある場合、菩提寺に相談せずに、近所の寺院や葬儀社紹介の僧侶に葬儀（戒名）を依頼すると、寺院の墓地に納骨できなくなることもあります。

納骨するためには、戒名のつけ直しや葬儀のやり直しを言われることもあるので気をつけましょう。

宗教に従って葬儀を行う場合は、葬儀社との打ち合わせの前に、教会や寺、神社に相談する。

神社への依頼

神道では、故人が氏子となっている神社の神官に連絡し、通夜（通夜祭）や葬儀（葬場祭）の日程を相談します。氏神がわからない場合は、葬儀社に神官を紹介してもらいます。

神道では、死は「けがれ」とされているため、葬儀は神社ではなく、斎場で行われるのが通例です。

教会への依頼

キリスト教では臨終に神父か牧師が立ち会いますので、そのときに所属教会に通夜、葬儀の依頼をし、日程の相談をします。神父や牧師が臨終に立ち会わなかった場合は、死亡確認後、すぐに教会に連絡します。

キリスト教の葬儀では、故人の所属する教会の信者も数多く参列するので、信者仲間にも死亡の通知をしましょう。

「友引」など忌み日の意味は?

★「先勝、友引、先負、仏滅、大安、赤口」は六曜といって、日の吉凶を占う中国の暦です。中国では武将が戦いを占うために用い、友引は「引き分けで勝負なし」という意味です。

★日本には14世紀に伝わり、江戸時代後期には、文字の連想から「友を引く」という意味にとられるようになり、この日に葬儀を出すと、親しい人が冥界に引き寄せられるからと、葬儀を避けるようになりました。

★俗信に過ぎませんが、友引を休業日とする火葬場もあります。また、友引でも葬儀をする地方では、生者を引き寄せることがないように「供人形《ともにんぎょう》」を棺の中に入れるしきたりが見られます。

遺体の処置と安置

「末期《まつご》の水」のとり方

臨終を告げられると、集まっている近親者が血縁の濃い順に「末期の水」をとります。「死水《しにみず》」ともいい、死者が生き返ることを願う気持ちと、あの世で渇きや飢えに苦しむことのないようにという願いを込めた風習です。病院で死亡した場合、看護師が湿らせた脱脂綿を用意してくれます。

本来は仏式の儀式でしたが、現在はカトリック以外、宗教にかかわらず行われています。

Schedule スケジュール

- **末期の水と湯灌**：臨終直後に、家族、親近者の順に末期の水をとる。その後は遺体を清める（看護師などが行う）。
- ↓
- **死化粧と死装**：髪を整え、薄化粧、着替えさせるなど、旅立ちの支度を整える（納棺前に行うことも）。

末期の水のとり方

新しい筆の穂先か割り箸の先に、脱脂綿（口をふく程度の大きさ）を木綿糸でしばったもの、または脱脂綿かガーゼに茶碗の水を含ませて、唇を軽く湿らせる。

遺体の清め

末期の水のあとは遺体を清めます。仏式では湯灌《ゆかん》といって、たらいにさかさ水（水を先に入れ、湯をあとから入れて作る、ぬるま湯）で全身を洗い清めました。

現代では、ガーゼや脱脂綿をアルコールにひたして全身をふく「清拭《せいしき》」が一般的です。その後、体液などが出ないようにするため、耳、鼻などに脱脂綿を詰めます。

病院で死亡した場合は、看護師が処置し、自宅の場合でも葬儀社が行うのが普通です。葬儀社に依頼して納棺前に専門家による現代風の「湯灌」を行うこともあります。

遺体の引き取り

◆自宅で亡くなった場合

自宅で死亡した場合は、医師による死亡の確認が必要なので、医師が来て死亡診断書を書くまでは、遺体に手をふれたり動かしたりしてはいけません。

病気療養中であった場合は、すぐに主治医に連絡し、死亡の確認をしてもらいます。また、突然死の場合も、一刻も早く医師に連絡します。主治医がいなければ、110番に電話して警察医を依頼します。

◆病院で亡くなった場合

霊安室から自宅や通夜・葬儀が行われる会場、安置施設に運びます。搬送は葬儀社が決まっていれば、その葬儀社に依頼します。決まっていない場合は、病院に待機している葬儀社に搬送だけを依頼することもできます。この場合は「搬送のみ」の依頼であることを、はっきり伝えましょう。

◆事故死、変死、自殺の場合

交通事故や自殺、他殺など自然死以外で死亡したときは、警察医による検死が必要です。検死が終わり、警察から死体検案書が交付されるまで、遺体にふれることはできません。自宅で変死したら、警察に連絡します。

死化粧《しにげしょう》を施す

遺体に処置が終わったら、「死化粧」をします。目や口を閉じさせ、髪を整え、爪を切りそろえ、男性ならひげをそり、女性は薄化粧をします。ほおがこけていれば、綿を入れます（含み綿）。ただし、死者に刃物をあてることを嫌ったり、死化粧そのものを行わない風習の地域もあります。

病院で亡くなった場合は、死化粧を施したあと、霊安室に運ぶのが一般的です。

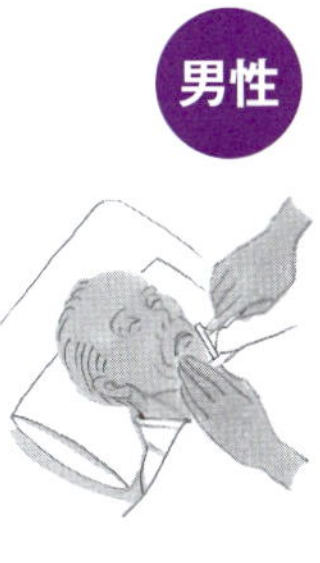

ひげをそる。

薄化粧を施す。

「死装束」は愛用の服でもよい

次に、遺体を安置する前に衣服を着がえさせます。本来、仏教では、僧尼の旅立ちの姿に似せた白木綿の経帷子《きょうかたびら》、手甲《てっこう》・脚絆《きゃはん》、白足袋、わらじをはかせ（左右逆にはかせる）、六文銭《ろくもんせん》（三途《さんず》の川の渡し賃）の入った頭陀袋《ずだぶくろ》を首から下げ、手に数珠を持たせるしきたりがありました。

いまは、浴衣や故人が愛用した服を着せ、その上に納棺前に葬儀社が用意した紙製の帷子をのせる方法が多くなっています。

安置は「北枕」か「西枕」

遺体の寝かせ方はいずれの宗教でも手を胸元で組ませます。仏式では数珠をその手にかけ、キリスト教ではロザリオをかけます。

顔は白い布でおおい、仏式と神式では北枕（頭を北向き）に寝かせます。仏式では北枕にできない場合には、西枕でもよいといわれています。極楽浄土は西方にあるといい、西枕でもよいといわれています。

敷布団は薄いものを1枚敷き、清潔なシーツを掛けます。掛け布団は薄いものを1枚、上下を逆にして掛けます。

遺体の安置の仕方

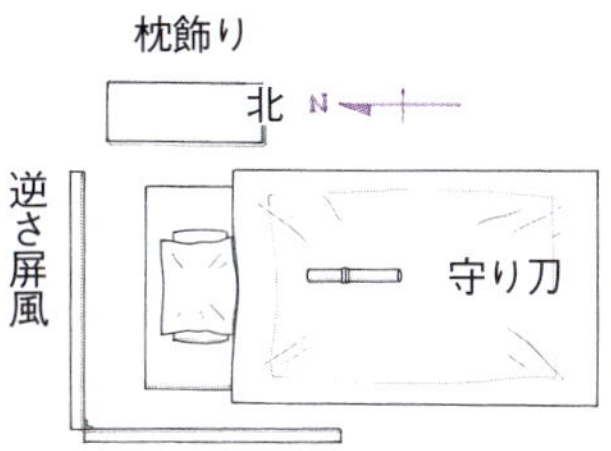

なぜ北枕にするの？

お釈迦様が生涯を閉じたとき、枕を北にし、顔を西に向けた寝姿であったことから、死者を北枕で寝かせる風習が生まれたとされています。この「北枕」「左前」「逆さ屏風」「掛け布団を逆に掛ける」など葬儀の前後に行うことは、日常と正反対のことが多くあります。これは「死」が生き残った人に不幸をもたらさないように、との願いが込められているのです。

◆感染症で死亡した場合

死因が感染症予防法で指定されている感染症（コレラ、腸チフス、赤痢、ジフテリア、新型インフルエンザなど）の場合は、遺体を自宅に運ぶことはできません。

病院の霊安室で簡単な通夜と葬儀をすませ、火葬して遺骨を自宅に持ち帰り、あらためて正式な葬儀をするのが一般的です。

◆遠方で死亡した場合

現地で荼毘《だび》に付すケースが多く、仮通夜や密葬後に火葬して遺骨を持ち帰ります。現地の市区町村役所に死亡届と死体火葬許可申請書を提出し、火葬許可証を交付してもらいます。

◆海外で死亡した場合

遺族が現地で遺体を引き取るには、①現地医師の死亡証明書（日本大使館または領事館の署名入り）、②日本大使館または領事館発行の埋葬許可証、③現地葬儀社発行の防腐処理証明書が必要です。3通の書類と航空会社発行の航空荷物運送状を添えて、日本に搬送します（実際は、現地で火葬し、遺骨で持ち帰るケースが多い）。

◆死産、出産後すぐに死亡した場合

妊娠4カ月以上の胎児（死産）の場合は、医師に「死産証明書」を作成してもらい、死産場所、または居住地の市区町村役所に死産届を出します。

人工妊娠中絶も妊娠4カ月以上の場合は同じ手続きが必要です。出産後まもなくの死亡は出生届を出してから死亡届を出します。

枕飾りから納棺まで

仏式の枕飾り

線香立てと線香、燭台とロウソク、しきみ（または花）を1本さした花立てを供えます。線香は1本立て、ろうそくも1本灯し、どちらも絶やさないようにします。

水
コップまたは湯飲みに入れる。

一本線香
線香立てに、線香を1本だけ立てる。

枕飯《まくらめし》
故人が愛用していた茶碗に、ごはんを丸く山盛りにし、故人の使っていた箸を、まっすぐに突き立てる。

一本しきみ
花立てに、しきみ（葉が抹香の材料になる植物）の枝を1本立てる。しきみが手に入らなければ菊の花1輪で代用する。

一本ろうそく
燭台に1本だけ立てる。

枕だんご
上新粉を蒸すかゆでるかして作っただんご6個を、紙を敷いた三方《さんぽう》にのせて飾る（宗派により数は違う）。

鈴
仏壇に置かれている鈴。

枕飾りとは

遺体を安置したあと、「枕飾り」をします。

宗教や宗派によって飾り方に違いがありますが、仏式では、白い布をかけた小机に、三具足（香灯、燭台、花立て）、枕飯、枕だんごを供えます。枕飾りは葬儀社に用意してもらいます。枕飯と枕だんごは喪家が用意します。

なぜ一膳飯なの？

★「枕飯」は「一膳飯」ともいわれますが、一膳飯とは盛り切りのはんのことです。枕飯はこの世と縁を切る食事といわれ、お米1合をとがずに炊き、一粒残さず盛りつけるのがしきたりです。

★ごはんを残さないのは、生きている人に分けないため、とされています。山盛りによそったごはんのまん中に箸を1膳、まっすぐに立てるのは「これは死者に供えた食べ物であって、生きている人のものではない」ことを意味するとされます。

★地方によっては、一本箸を突き立てたり、箸を十文字に交差させたりするところもあります。

Schedule スケジュール

枕飾り

仏式枕飾り
枕飾り一式は葬儀社が手配。枕飯と枕だんごは喪家が用意する。

↓

枕経・枕勤め

僧侶を迎える準備
部屋を整えて、僧侶を迎え、お経をあげてもらう。通夜のときにあわせて行うことが多い。

遺族と近親者で枕勤め
枕勤めは遺族と近親者が同席するのがしきたり。

↓

納棺

棺に入れるものを用意
故人の愛用品や着せてあげる衣服などを準備。葬儀社が中心となり、遺体を棺に納める。

枕経と枕勤め

枕飾りをしたら、僧侶を迎えてお経をあげてもらいます。これを「枕経」といいます。読経の間、遺族は僧侶の後ろに控えて「枕勤め」をします。

枕経は、死後すぐにあげてもらうお経ですが、最近では納棺や通夜の直前になることもあり、省略されることもあります。

納棺

仏式では枕勤めのあと、遺体を棺に納めることを「納棺」といい、本来は通夜の祭壇ができてから行いますが、最近は祭壇をしつらえる前に行うことが多いようです。

納棺は葬儀社の指示に従い、死装束をつけたままの遺体を近親者の男性3～4人で抱え、あおむけにして静かに棺の中に納めます。

納め終わったら、遺体に経帷子を掛け、手を組ませて数珠を持たせます。故人が愛用していた服などを掛けるときは、死装束の上からおおいます。この場合、裾が顔のほうにくるように逆に掛けるしきたりがありますが、最近はこだわらなくなっています。

次に故人の愛用品を入れ、まわりを生花で飾り、棺の蓋をして七条の袈裟《けさ》という金襴《きんらん》の布や白い布で棺をおおいます。

棺の種類

★棺の材質には、最高級のひのき、もみ、ベニヤ合板の桐張り、プリント板など、さまざまなものがあります。形も棺の蓋に小窓のついたもの、上半身だけが開くもの、三面や五面に彫刻の施されたものなど、いろいろです。

★料金は安いもので5万円から最高級で100万円以上のものもあります。

★仏式、神式では木棺を使うのが一般的ですが、最近は白い布で覆った布張り棺も多く使われています。キリスト教では布張り棺が多く、舟形を使うこともあります。

神式の枕飾り

★仏式同様、遺体の清め、死化粧、死装束が終わると、遺体を別室に移し、北枕に寝かせて安置します。

★安置したあとは、枕元に逆さ屏風を立て、案と呼ぶ8本脚の白木の台を置き、一対の灯明を立てます。案は小机を白布でおおってもよいでしょう。その上に三方を置き、お神酒《みき》、常饌《じょうせん》（日常の食事をいい、故人が生前好んだものを選ぶ）、あるいは水、塩、洗い米の三種を供えます。

★神式では、仏式と違って生ぐさ物を禁じていないので、肉や魚を供えてもかまいません。香は焚かず、榊《さかき》を供えます。

★枕元に守り刀を、遺体に刃を向けないように置きます。枕飾りをしつらえたら、灯明を点じ、遺族、近親者が祈ります。この儀式を「枕直しの儀」といいます。

キリスト教式の枕飾り

★医師から臨終を告げられたら、遺体を清め、死化粧を施し、着替えさせます。北枕にはこだわりません。胸の上で手を組ませ、故人が愛用していた十字架、ロザリオを持たせます。

★納棺は、通夜の前に行う場合と、通夜が終わってから葬儀の前に行う場合があります。納棺の儀はありませんが、納棺の前には、遺体を遺族、近親者が囲み、神父が納棺の言葉をささげます。聖書が朗読され、一同が聖歌を斉唱し、祈りをささげます。

★遺族の手で遺体を棺に納め、まわりを白菊などで埋めます。棺は黒布でおおって祭壇に安置します。枕飾りには決まりはありませんが、小机に白か黒い布を掛け、花や食べ物、十字架や聖書などを置き、ろうそくをともすなどします。

神棚封じ

★神道では死をけがれと見て、神から遠ざけようとする考え方があります。死のけがれが神棚の中に入らないように、忌明《きあ》け（仏式では四十九日、神式では五十日祭）まで神棚を閉ざします。

★神棚封じの方法は、扉を閉じたり、半紙を張ったりします。神棚封じは家族以外の第三者にお願いするのが本来です。また、この期間は、神社の境内に入ることも慎みます。

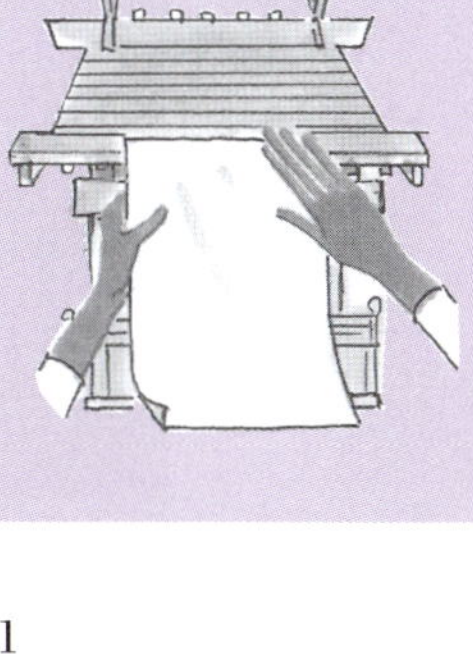

通夜・葬儀の準備

葬儀社の選び方

病院からの遺体の搬送から通夜・葬儀の準備や進行など、一切を葬儀社に任せるケースがほとんどです。葬儀全体が葬儀社によって左右されるので、葬儀社選びは重要です。

自宅や集会所での葬儀なら地域の事情にくわしい近くの葬儀社、寺院や斎場なら出入りの葬儀社を紹介してもらう方法があります。最近は数多くの葬儀社がウェブサイトを持っていますし、葬儀社の紹介サイトなどもあります。パンフレットや料金表の用意があり、葬儀料金が明確かどうかを必ず確認しましょう。

最初に電話をかけたときの対応の仕方、説明のていねいさ、要望にどの程度こたえられるのかなども葬儀社選びのポイントです。神式やキリスト教など、仏式以外の葬儀や家族葬の場合は、経験や知識が豊富かどうかも確認します。

頼み方

葬儀社に依頼する前に、遺族側で葬儀の形式、葬儀の規模、予算、通夜・葬儀の場所について決めておきます。

依頼したいと思う葬儀社数社に、遺族側の要望をはっきり伝え、いくつかのプランを立ててもらい比較検討します。

葬儀料金はセット料金（基本料金）とオプションの別料金の組み合わせになっているところが多いので、セット料金には何が含まれているのか、別料金にはどんな内容があるのかを確認し、見積もりを出してもらいます。

祭壇をしつらえる

祭壇は葬儀社がしつらえてくれますが、遺影選びや供物《くもつ》、供《く》花《げ》の配置については相談しておきます。また、故人の愛用品や勲章、賞状、カップなどは遺影の下に置くのが一般的です。届いた香典や弔電も、棺のほうに正面を向けて祭壇に供えます。

Schedule スケジュール

通夜・葬儀の準備

●喪主を決める
故人と最も血縁の近い人が喪主になるのが一般的。

●世話役を決める
葬儀の実際をとり仕切る世話役を決める。世話役代表は親族、友人、知人に依頼。

●日程を決める
友引の日を避けて調整する。

●葬儀形式を決定する
宗教、宗派による形式を決定。

●葬儀場所を決める
自宅、寺院か教会、集会所、斎場など。

●葬儀社に依頼する
形式、規模、予算をきちんと伝え、見積もりをとって内容を確認してから正式に依頼。

●喪家の準備をする
自宅で通夜、葬儀を営む場合は部屋の準備をする。

喪主を決める

葬儀を主催し、遺族を代表して弔問を受ける立場にあるのが喪主です。昔は、故人の妻や逆縁（親より先に子どもが亡くなった場合）の親は喪主にならないというしきたりもありましたが、現代では故人に一番近い血縁の人がなるのがほとんどです。

一般には、配偶者、配偶者がいない場合や高齢の場合は子ども（長男、長女など）、子どもがいない場合は、親、兄弟姉妹が務めます。喪主が未成年のときは、成人の近親者が後見人となり、喪主を助けます。近親者がいない場合は、身近な人が務めます。喪主は、通夜、葬儀を通じて故人のそばに付き添い、弔問客の応対をしますが、たとえ弔問客が目上の人でも、席を離れて出迎えや見送りはしないのが通例です。

喪主は故人のそばで弔問客の応対をする。

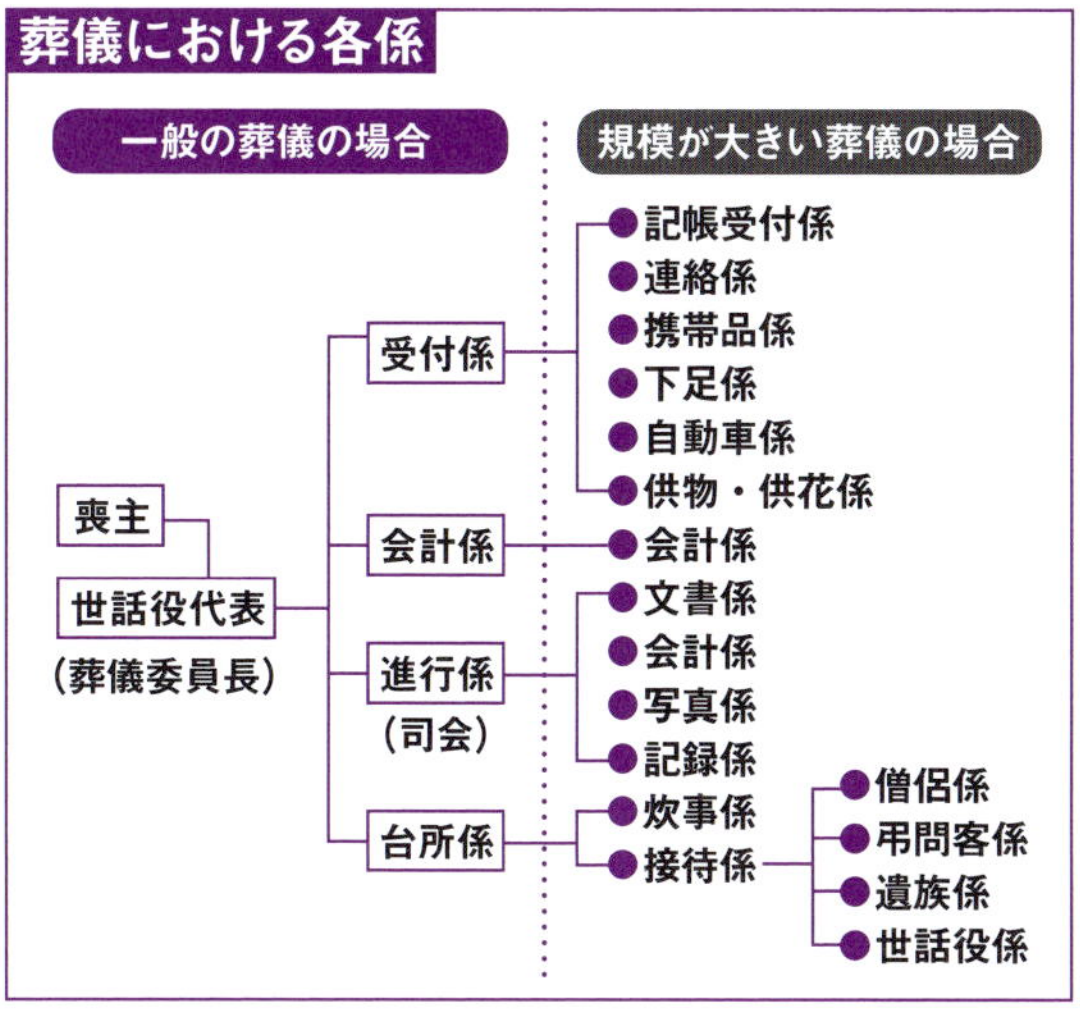

世話役の依頼

葬儀の主催は遺族ですが、すべての日程が滞りなく進むようにするため、雑多な慣れない作業を処理し進行させるためには、喪主と遺族にかわって動ける世話役が必要です。

世話役は葬儀の規模によって各係が必要になります（上図参照）。その中心になるのが世話役代表です。

世話役代表（大規模な葬儀では葬儀委員長）は、故人の仕事関係者、長年の友人、親族の中から依頼します。一般の葬儀の場合、❶世話役代表、❷会計係、❸受付係、❹接待・台所係などの世話役が必要です。

世話役代表（葬儀委員長）は喪家側として葬儀の進行をとり仕切る重要なポスト。

世話役の仕事と服装

◆世話役代表　喪主や親族、葬儀社と相談しながら進行全般を仕切る。各世話役の分担を決める。

◆会計係　すべての出納を扱う。会計簿を作って記帳。心づけ以外の出費は領収証をとる。

◆受付係　弔問客の受付、案内、香典、供物を受け付ける。会葬者芳名帳、香典・供物記帳簿の用意と整理。

◆進行係　僧侶などの案内、弔電の整理、参列者の誘導。葬儀・告別式の司会（葬儀社が担当することも多い）。

◆接待・台所係　人数を推定して飲食物、茶菓、弁当、食器などをはじめ、文房具、座布団その他の雑貨を用意。遺族や世話役の食事の用意も。

服装はどうする？

★世話役は遺族側の立場になります。葬儀の打ち合わせ段階では、地味な平服にします。

★世話役代表は、通夜ではブラックスーツ、葬儀では、喪主と同じ格にそろえます。それ以外の世話役は、通夜・葬儀ともに男性はブラックスーツ、女性は喪服を着ます。

★台所係は、通夜の場合は表に出ないので、地味な動きやすい服装にエプロンで。焼香のときはエプロンをはずし、列の最後に加わります。

葬儀の形式・日程の決め方

葬儀の形式は

日本では葬儀の90％以上が仏式です。ほかに神式、キリスト教式、無宗教式があります。同じ仏式でも宗派によってしきたりが違うので、宗派の確認が必要です。

故人の宗教が家の宗教と違っていたり、同じ宗教でも宗派が違っている場合もあります。故人が生前、自分の宗教による葬儀や無宗教式の葬儀を希望していた場合は、故人の意思に従います。

ただ、故人の宗教や無宗教式で行うと、あとで家の墓に納骨できなくなる場合（寺院墓地などの場合）もあります。また、葬儀後の法要などの追悼儀礼も同じ方式で行うことになるので、慎重に検討しましょう。

◆無宗教の場合

故人の意思や遺族の希望で特定の宗教にとらわれない形で行う「無宗教式葬儀」では、僧侶や神官、神父、牧師を招くこともなく、祭壇の形も自由です。

仏式の祭壇

キリスト教式の祭壇

神式の祭壇

写真協力／メモリアルアートの大野屋

自宅で葬儀を行うとき

★自宅で通夜、葬儀を行う場合は、なにかと隣近所の人たちの手を借りることもあるかもしれませんし、迷惑をかけることがあるかもしれません。ふだん、あまりおつきあいがなくても早めにあいさつに出向きましょう。

★家族葬など、自宅で身内のみで小ぢんまりと行う場合も、必要であれば隣近所にあいさつを。マンションなど集合住宅では、管理人には知らせておきましょう。

葬儀の生前予約とは

★生前予約とは、自分の葬儀のプランを立てて契約書を作成し、もしものときには契約書に従って遺族に故人の意思を尊重し、希望どおりの葬儀をとり行ってもらうというもの。生命保険に加入し、葬儀費用も積み立てるタイプもあります。

★死後は故人の思いどおりに事は運ばないもので、なにかと故人の意思とは違ったりします。自分の意思を書き残しておくことで、自分が安心できるという利点もあります。また、残された者への配慮でもあるといえます。

日程

通夜・葬儀・火葬の日程や時間については、法律で火葬は死後24時間以上たたなければできないと決められていることに留意しなければいけません。

死亡した日の夜に仮通夜、翌日の夜に通夜を営み、通夜の翌日に葬儀が行われるのが一般的です。しかし、寺院（神社・教会）や式場、火葬場の都合でそのとおり進まないこともあります。僧侶、葬儀社などによく相談しましょう。

通夜の翌日が「友引」にあたるときは、葬儀を1日延ばすこともあります（六曜の「友引」は「友を引く」ととられて葬儀を避ける迷信があり、火葬場が休みのことも多いため）。

葬儀の時間

一般に、通夜は午後6時か7時ごろから始めて1～2時間で終え、通夜ぶるまいに移ります。

葬儀は多くの場合、午前中に行い、告別式と合わせて2時間程度で終え、出棺。火葬後に遺骨迎えと初七日の法要、精進落としまで行うケースが増えています。なお、式場の都合などで初七日法要を葬儀後すぐに行う場合もあります。

葬儀の場所

かつては、通夜から葬儀・告別式までを自宅または寺院で行うのがふつうでしたが、自宅で行う葬儀は激減しています。

集合住宅の場合は、祭壇をしつらえ、弔問客を迎えるだけの広さもないことが少なくありません。エレベーターが使えるかどうかの問題もあります。団地の集会所や公民館など公共施設を利用することも考えられますが、斎場（葬儀専門式場）を利用することが多くなっています。

◆斎場を利用する

葬儀社や互助会、寺院所有の斎場も増え、自宅に葬儀ができるスペースがあっても、斎場を使うことが多くなりました。通夜から葬儀・告別式まで、すべて斎場で行うことが多く、病院で死亡したときには病院から直接、斎場や安置施設に遺体を運ぶことも多いようです。

とはいえ、できれば一度は、故人にとって愛着のある自宅に運んで、いっときの間、過ごさせてから斎場に運ぶようにしたいものです。また、祭壇もしつらえず、身内だけで小ぢんまりとした葬儀を行う場合は、自宅で行う選択もあります。

遺言

満15歳以上の人であれば原則として誰でも遺言することができますが、遺言に法的な効力をもたせるためには、遺言書＝文書にしなければなりません。録画や録音などによる遺言は認められていません。遺言書の作成にも民法で決められた方式があります。方式は大きく分けて「普通方式」と「特別方式」があります。

「普通方式」

①自筆証書遺言 全文、日付、署名を自筆で書き、押印する。代筆やワープロで作成されたものは効力をもたない。加除訂正の仕方にも規定があり、一定の条件を満たしていないと法的に無効になる。遺言者の死後、家庭裁判所に提出して検認を受ける必要がある。

②公正証書遺言 公証役場で本人の口述を筆記してもらい、本人および2名の証人、公証人が押印する。手数料は財産の額によって異なる。原本が公証役場に保管されるので紛失や変造を避けることができる。

③秘密証書遺言 作成した遺言を封筒に入れ、遺言書に使った印で封印したうえで公証人役場に持参する。公証人が証人2名以上の立ち会いのもとに、封筒の上に日付と本人の遺言である旨を書いて押印する。

「特別方式」

感染症隔離者や臨終間際など、本人が遺言を希望しても普通方式では作成できない状態で作る遺言。3名以上の証人（遺産相続に無縁な人）が立ち会って口述筆記し、遺言書と各証人が署名・押印する。遺言書は、遺言された日から20日以内に家庭裁判所の検認を受けなければ無効になる。①危急時遺言、②隔絶地遺言がある。

遺族の服装

子どもの喪服

子どもは学校の制服にする。制服がない場合は、黒か地味な色合いの服装でかまわない。

女性の喪服

◆和装

黒無地の染め抜き五つ紋の着物で、帯や小物も黒。

◆洋装

光沢のない素材の黒無地のワンピース、アンサンブル。ボタンは布ぐるみのものを。

女性の喪服

◆洋装

正式礼装は黒一色のワンピース、スーツ、アンサンブルなどです。素材は光沢のない黒無地か綾織りを。デザインは長袖、襟元のあきが少なく、スカートは膝下丈。夏でも半袖は長めのものにし、儀式のときは上着を着ます。

ハンドバッグと靴は、殺生を嫌う仏式の場合、黒無地の布製が正式です。皮革製でも光沢がなく、金具など飾りがないものを選びます。ストッキング、帽子なども黒一色です。

◆和装

黒無地染め抜き五つ紋付きで、帯、帯揚げ、帯締めは黒、長じゅばんと半襟、足袋は白。合わせなら羽二重または一越ちりめんに黒の名古屋帯、夏は着物も帯も絽《ろ》が正式です。通夜、葬儀・告別式、一周忌までは正式礼装で臨みます。

ヘア・メイクのマナー

★ロングヘアはすっきりと上品なまとめ髪にします。髪飾りはできるだけ避けますが、つけるときはつやのない黒のリボンやバレッタを。

★かつては、喪服着用のときに「片化粧」といって、紅は使わないしきたりがありましたが、現在は薄化粧が基本です。口紅はナチュラルカラーを、ファンデーションは薄くつけ、アイメークはできるだけ避けます。

★マニキュアやネイルアートは落とします。

アクセサリー・香水のマナー

★アクセサリーは、結婚指輪以外はいっさい身につけないのが原則です。つける場合は真珠か黒真珠、ブラックオニキスなどの一連（二連は「重なる」ことを嫌う弔事では避ける）のネックレスかイヤリングを。パールは欧米で「悲しみの涙の結晶」とされていることもあり、許されています。

★香水も基本的にはつけないようにします。特に、香りの強いものや動物性のものは避け、つける場合はオーデコロン程度が適切でしょう。

男性の喪服

◆和装
弔事では慶事と違い、扇子は持たない。

◆洋装
遺族や近親者でも通夜、葬儀・告別式はブラックスーツの着用がほとんど。

葬儀では喪主、遺族、近親者、葬儀委員長はモーニングコートが正式。

男性の喪服

◆洋装

喪主は黒のモーニングコートに、黒とグレーの縦縞のズボンが正式礼装です。ベスト、カフス、ネクタイ、靴、靴下はすべて黒です。モーニングコートは昼の礼装なので、通夜では着用しません。通夜には準礼装とされる、ブラックスーツに白ワイシャツ、黒ネクタイを着用します。最近は喪主をはじめ、遺族、近親者も通夜、葬儀を通してブラックスーツを着用することがほとんどです。

◆和装

和服の正式礼装は、黒無地染め抜き五つ紋の着物と羽織に、仙台平か博多平の袴に角帯を締める。半襟、足袋は白が主流。羽織のひも、ぞうりの鼻緒は黒か白。地域や慣習、しきたりによって異なることがあるので、親族や呉服店などに確認すると安心です。

「喪章」は喪家側のしるし

★「喪章」は服喪の期間にあることをあらわすもので、腕章型とリボン型の2種類があります。喪章は遺族がつけるものですが、喪服を着ている場合にはつける必要はありません。

★一般会葬者の中に、ダークスーツなどの略礼装に喪章をつけることで、弔意をあらわすと考えている人がいますが、これは間違いです。一般会葬者は喪章はつけません。

靴下やハンカチ、小物類

★ブラックスーツの足元は必ず黒の靴下をはきます。通夜、葬儀では靴を脱ぐ場面も多く、黒以外の靴下はとても目立つものです。また、タイピンは使用しません。

★ハンカチは、男性の場合は黒かまたは白です。女性の場合も黒か白のフォーマルタイプのものを持ちます。

★コートなどの羽織りものも、地味な色やデザインのものを選び、毛皮や革製品のものは避けます。

★雨の日の参列では、派手な色の傘は目立ちます。できれば黒か紺など地味なものを使いましょう。

通夜の手順

半通夜が一般的

もともとは遺族や故人と特に親しかった人たちが、夜通し邪霊の侵入を防ぎ、別れを惜しんで過ごすためのものでした。現在は半通夜で午後6〜7時から僧侶の読経、遺族、弔問客の焼香、通夜ぶるまいも含めて午後10時ごろには終了するのが一般的。通夜のあとは、線香と灯明の火はできるだけ絶やさないようにします。

席次を決める

席次は喪主が棺のそばにつくという以外、決まりはありません。一般には下図のとおりです。

左右に相対して座れないときは、喪主、遺族が祭壇の近くに座り、ほかの人は到着順に、その周囲に座ります。

焼香の順序

旧民法の家長制度の時代には、法的な相続人（長男）が重く見られ、たとえば父親の葬儀では、長男が喪主を務め、その長男が最初に焼香し、続いて喪主の妻、次が父親の配偶者、喪主のきょうだいと続きました。法律が変わってからもしばらくその名残がありました。

しかし、現在では、父親が亡くなると、その配偶者が喪主になることが多く、最初に焼香し、続いて長男夫婦、長男の子どもたち、長男のきょうだいの順に家族単位に行うのが通例です。結婚して姓の変わった場合も、きょうだい順に焼香します。このときもその配偶者、子どもと続きます。

通夜の席次

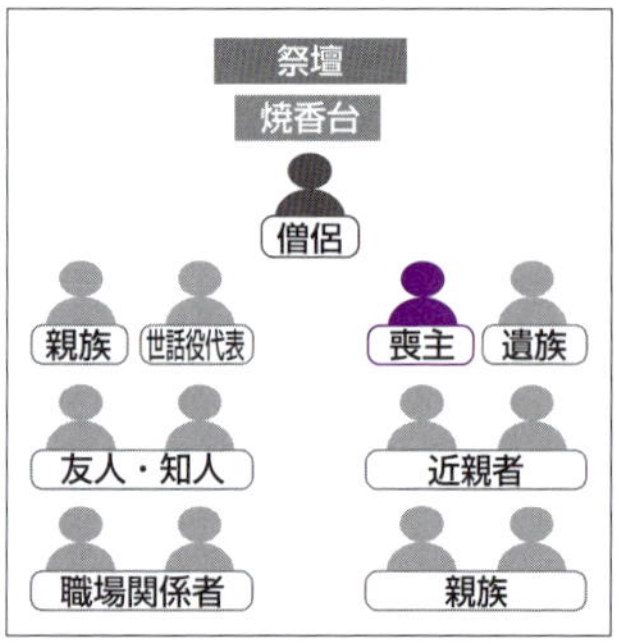

弔問客に喪主と遺族は黙礼を

喪主と遺族は席について通夜の始まりを待ちます。弔問客の出迎えは世話役に任せ、座ったままでかまいません。

通夜が始まり、遺族、親族などの焼香が終わると、一般弔問客の焼香へと続きます。

参列者が多い場合は読経の途中から焼香を行います。僧侶や司会者の「ご焼香をどうぞ」という案内に従います。喪主や遺族は弔問客に黙礼でこたえます。

神式の通夜

神式では通夜は通夜祭と呼ばれ、仏式同様に半通夜が一般的です。神式では通夜祭に引き続いて遷霊《せんれい》祭《さい》が行われます。遷霊祭は移霊祭や御魂移しともいって、これは霊《れい》璽《じ》という仏式の位牌にあたるものに故人の魂を移す儀式です。遷霊祭では家じゅうの明かりをすべて消して、斎主（神官）が霊璽を棺のほうに向けてかざし、霊璽に故人の霊が移るように遷霊詞を奏上したあと、霊璽を祭壇に安置した仮霊舎に納めます。

遷霊祭が終わると故人は、生前の姓名に、女性は「刀自《とじ》」「姫」、男性は「彦」や「大人《うし》」などをつけ、さらに尊称の「命《みこと》」をつけて呼ばれます。

キリスト教式の通夜

カトリックでは仏式や神式のような通夜のしきたりはありませんが、「通夜の儀」として司祭（神父）とともに祈りをささげ、聖歌を斉唱し、司祭の説教を聞き、故人をしのびます。

プロテスタントでは仏式の通夜にあたるのは前夜式です。前夜式は納棺を兼ねて行うこともあります。棺を安置した部屋で喪主、遺族、友人、信者などの参列者が着席し、牧師の前夜式宣言で始まります。

通夜・葬儀をとり行う ▼通夜の手順

僧侶の法話と退場

読経がすみ、参列者の焼香が終わると僧侶は参列者のほうに向き直り、「説教」や「法話」を行うことがあります。話が終わると、僧侶は「これで通夜の法要を終わります」などとあいさつして退場します。

参列者が多い場合、一般弔問客は、読経中に焼香を終えて、そのまま帰る人もあれば、通夜ぶるまいの席に移動することもあります。

喪主のあいさつ

弔問客の焼香が終わり、僧侶が控室に戻ったら、喪主は弔問客にあいさつをします。あいさつは、「通夜に参列してもらったお礼」「故人への生前の厚誼に対する感謝の気持ち」などを手短かに言葉であらわします。そして、通夜ぶるまいの席への誘いと、翌日の葬儀の案内で締めくくります。

喪主が高齢であったり、未成年、そのほかの事情であいさつができないときは、近親者の中から喪家を代表する人が、喪主にかわってあいさつをします。

通夜の焼香を終えた順に通夜ぶるまいの席に案内する場合は、あらためて通夜ぶるまいの席に顔を出してあいさつをします。

通夜ぶるまいの席を設けないときは、あいさつでその旨を伝えお詫びします。

喪主のあいさつ例

「本日は、お忙しい中をお越しいただき、まことにおそれ入ります。そのうえ、ごていねいにお供物まで頂戴いたしまして、故人にかわりまして御礼申し上げます。

○○は昨日、午後○時○分に息を引きとりました。享年○才でした。生前のご厚誼に対しまして深く感謝しております。ささやかではございますが、別室に食事を用意いたしましたので、故人の供養のためにも召し上がっていただきたいと思います。

なお、葬儀・告別式は、明日午前10時より当式場でとり行います。ご参列いただければ、故人もさぞ喜ぶことと存じます。本日はありがとうございました」

Schedule スケジュール

通夜の手順

●席次を決める
まず喪主から、そして血縁の濃い順に。

●供物・供花を並べる
供花は遺族の意向と、社会的な儀礼なども考えて、並べる順を決める。

●戒名(仏名)をつけてもらう
戒名は通夜の前に僧侶からつけてもらう。

↓

通夜の進行

●僧侶到着
祭壇の飾り方、供物などの位置を確認してもらったあと、控室に案内し、喪主と世話役が茶菓でもてなす。通夜の打ち合わせと同時に通夜ぶるまいを受けてくれるかどうかを確認。

●一同着席
祭壇に向かって右側に喪主と遺族、親族が座り、僧侶の入場を待つ。

●僧侶入場
僧侶が入場し、祭壇の前に座る。

●僧侶読経
読経が始まったら、参列者は静かに聞く。弔問客が多い場合は、読経中に焼香することも。

●親族焼香
喪主以下、席順に焼香。祭壇の前で僧侶に軽く一礼してから合掌、焼香、拝礼のあと、参列者に一礼してから席に戻る。

●参列者焼香
参列者が順に焼香。喪主と遺族は参列者に黙礼。

●僧侶退場
焼香のあと、僧侶の「説教」「法話」があることも。

●喪主のあいさつ
僧侶が控室に立ったあと、喪主は遺族を代表してあいさつ。

●通夜ぶるまい
喪主は弔問客を通夜ぶるまいの席に誘う。

通夜後の見送りと通夜ぶるまい

僧侶へのお礼は

通夜が終わって僧侶が控室に戻り、着替えがすんだら、喪主はお礼の言葉を述べて「御車代」を渡します。その後、通夜ぶるまいの席に案内し、上座についてもらいます。

僧侶が通夜ぶるまいを辞退した場合や通夜ぶるまいをしない場合は、「御膳料」としてお金を包み、「御車代」と一緒に渡します。どちらも白封筒を使います。

寺院以外で通夜、葬儀を行う場合は「御車代」を渡しますが、喪家が送迎用の車を用意した場合は「御車代」は渡さなくてかまいません。

通夜・葬儀のお経のお礼としての「御布施」は、葬儀後に一括して渡すほうがよいでしょう。

なお、葬儀社に紹介された僧侶の場合は、通夜と葬儀を分けてそのつど「御布施」を渡すことが多いようです。

世話役へのお礼は

世話役の人たちには、葬儀がすべて終わったらお礼をします（P183参照）。

世話役の人たちは、通夜は弔問客の案内、接待など、それぞれの仕事で忙しく、通夜ぶるまいの席でゆっくり食事をとる時間がないのがふつうです。

したがって、折詰めなどを人数分だけ別に用意しておき、手があいたときや帰宅してから食べてもらえるよう配慮します。

通夜ぶるまい

通夜ぶるまいは、故人の供養とともに、弔問へのお礼のしるしとして設けるものです。最近は、簡単に1～2時間程度ですませることが多いようです。通夜ぶるまいは、「お清め」の意味で日本酒やビールなどの酒を用意します。

食べ物は、かつては肉や魚を避

僧侶が通夜ぶるまいを辞退した場合、白封筒に「御膳料」「御車代」と表書きをして渡す。

僧侶へのお礼の額は

「御車代」「御膳料」とも、白封筒に新札を入れます。金額は御車代も御膳料5000～1万円が目安です。これは、葬儀後に行う精進落としの場合も同じです。

精進落としの席に連なってもらえないとき、または喪家側の都合で精進落としの席を設けない場合も、「御車代」「御膳料」を包みます。

なお、通夜のお経料は、多くは葬儀が終わったあとに、枕経や通夜・葬儀の読経、仏名代などを一括して包みます。この場合は、奉書紙か白い封筒に「御布施」と表書きして包みます。のし、水引はつけません。

香典の保管

★通夜の最中は人の出入りも多く、顔見知りばかりとは限りません。香典の保管には十分な注意が必要です。

★受付係は2人以上とし、1人は親族が加わり、最初に紹介し合って喪家との関係を明らかにしておきましょう。受け取った香典は香典帳に記帳し、整理が終わったら、遺族が保管するとよいでしょう。

けた精進料理を用意しましたが、最近はこだわらずに刺し身やすしなども出します。サンドイッチやおにぎりなどでもかまいません。大皿に盛ったものを、皿にとり分けて食べてもらうことが一般的です。

通夜ぶるまいの料理は葬儀社に依頼することが多いようですが、見込まれる弔問客の人数分を用意する必要はありません。半分程度の量で十分です。

喪家の都合などで通夜ぶるまいの席を設けないときは、通夜の終わりのあいさつで理由を簡略に説明し、お詫びします。

お開きのあいさつ

通夜ぶるまいを受けている弔問客はなかなか帰るきっかけをつかめないものです。また、お酒が回り始めると、宴会のようになって時間を忘れることもあります。

喪主か世話役代表が予定の時間を30分ほど過ぎたころ、お開きのあいさつに立ちます。あいさつは簡単でかまいません。弔問への感謝を述べ、お開きの時間であること、翌日の葬儀・告別式の案内をします。

通夜の弔問客が帰ったあと

あと片づけは、葬儀社や世話役の人が中心になってしてくれます。

自宅や遺族が宿泊できる施設のある式場では、世話役を見送ったあと、本当の意味で通夜をする遺族と近親者は、横になってもいいような服装に着替えてもかまいません。

ろうそくや線香の火をできるだけ絶やさず、交代で故人を見守るようにしたいものです。

葬儀の打ち合わせ

通夜が終わったら、喪主、世話役代表は、葬儀社と葬儀の式次第について、細部にわたる打ち合わせをします。

内容は司会者の選定（司会は葬儀社に依頼することが多い）、弔辞の順番（弔辞の依頼）、紹介する弔電（全文を紹介するもの、名前だけを紹介するもの）などです。

また、喪主や親族代表、世話役代表など、誰がどの場面であいさつをするか、出棺のときに遺族の誰が棺を運ぶか、火葬場に同行してもらうのは誰か、なども打ち合わせます。

遺族や近親者以外で火葬場に同行してもらいたい人がいれば、あらかじめ了承を得ておきます。火葬場に同行してもらう人には、その後の遺骨迎えの法要、精進落としの席にも参列してもらえるかを確認します。

人数が確定したら、火葬場へのハイヤーやマイクロバスの手配もします。

宗派による作法の特徴

仏教は各宗派に分かれています。葬儀の式次第はそれほど大きな違いはありませんが、仏壇の形式、ご本尊、礼拝や焼香の仕方、お経などに違いがあります。

◆密教系（天台宗、真言宗）
天台宗のご本尊は釈迦牟尼如来、真言宗は大日如来。枕飾りは、香炉、灯明、枕飯、枕水、鈴を飾り、花びんに花を1本立てます。焼香は3回。

◆禅宗系（臨済宗、曹洞宗）
ご本尊は釈迦牟尼如来。仏壇は唐木仏壇。通夜では導師による「剃髪」と「授戒」の儀が行われます。読経は僧侶と参列者が「南無三千諸仏」と唱和します。焼香は3回。

◆浄土宗
ご本尊は阿弥陀如来。遺体に浄衣と呼ばれる死装束を着せます。線香は1本立てます。焼香には決まりがありません。

◆浄土真宗
ご本尊は阿弥陀如来。一膳飯は供えません。線香は香炉の大きさに合わせて折り、火をつけ、横に倒して置き、合掌念仏します。焼香は本願寺派は1回、大谷派では2回。

◆日蓮宗
ご本尊は十界大曼荼羅か三宝尊。末期の水がとられている間、まわりの人が「南無妙法蓮華経」の唱題を続けます。通夜では参列者全員が唱題を唱和します。

事前の準備

打ち合わせのチェックポイント

- □ 葬儀・告別式の司会者
- □ 葬儀・告別式の席次
- □ 弔辞の依頼先と内容
- □ 弔電紹介の順番と範囲
- □ 焼香の順序
- □ 会葬御礼のあいさつをする人
- □ 遺影、位牌を持つ人
- □ 棺《ひつぎ》を運ぶ人
- □ 会葬礼状の数
- □ 長引いたときの時間調整

などがあります。当日はこのほか、祭壇の飾りつけ、控室の準備などもチェックします。

席次と焼香順を決める

席次は、基本的には通夜のときと同じです。世話役代表（葬儀委員長）、弔辞朗読者は左側の前列に座り、一般会葬者が続きます。

焼香は、通夜と同様、席の順で行いますが、地域によっては名前を読み上げる指名焼香の場合もあります。

火葬場に同行する人数を確認する

火葬場に同行するのは遺族、近親者のほか、ごく親しい友人など。同行してもらいたい人には世話役代表が前もって声をかけ、人数を確認し、火葬場に向かう車（マイクロバスなど）を手配します。火葬場での納め式に読経をお願いする場合は、事前に僧侶に確認をとり、喪主と同じ車で火葬場に向かいます。

Schedule スケジュール

葬儀 遺族、近親者が参列。導師（僧侶）によって、故人があの世に導かれ、遺族は故人の成仏を祈る。葬儀・告別式で１～1.5時間程度。

⬇

告別式 最近は葬儀とあわせて行う場合が多い。

⬇

出棺 遺族と親族による最後の対面後、棺の蓋を閉める「釘打ちの儀」を行う。棺は男性たちの手で運び、霊柩車に。遺族のあいさつへと続く。

⬇

火葬 火葬場では「納めの式」のあと、火葬が終わるまで（１時間弱）控室で茶菓のもてなしをしながら待つ。骨揚げ後、自宅や法要を行う式場に戻る。

⬇

遺骨迎え 自宅に葬儀社が後飾りをしつらえる。留守役は遺骨を迎え、安置する。僧侶にお経をあげてもらい、喪主から順に焼香する。

⬇

初七日供養 本来は死亡後７日目に行う初七日の法要を、遺骨迎えとあわせて行うことが多い。僧侶が読経し、喪主から始めて全員が焼香する。

⬇

精進落とし 遺族側が主催し、僧侶、世話役やお世話になったかたがたをねぎらう席を設ける。

心づけの目安

葬儀当日にお世話になる人に心づけを渡します（公営の火葬場では受け取らない）。白封筒や市販の小型の不祝儀袋に包みます。

霊柩車の運転手	3000 ～1万円
ハイヤー運転手	3000 ～ 5000円
マイクロバス運転手	3000 ～ 5000円
火葬場の係員	3000 ～ 5000円
式場の係員	3000 ～ 5000円

葬儀・告別式の手順

葬儀と告別式の違い

葬儀・告別式は通夜の翌日に行われ、両方をまとめて葬式ということが多いようですが、本来は別物です。葬儀とは、近親者により営まれるもので、故人を成仏させる儀式。告別式は故人と生前かかわりの深かった人たちが、最後の別れをする儀式です。本来は葬儀後、いったん僧侶が引き揚げてあらためて入堂して行いますが、最近は両方あわせて行うことがほとんどです。

◆席次は

通夜と同じにします。ただ、告別式にだけ特別に来賓者が来る場合は、世話役代表（葬儀委員長）の近くの席を用意します。

定刻の10分前には式場に着席して開式を待ちます。

読経と引導

僧侶による読経、引導は葬儀の中でも最も重要な部分で、宗派や葬儀の規模によっても違いますが、ふつうは30～40分かかります。

死者を死の苦しみや迷いから悟りの世界に導くことを「引導を渡す」といい、残された人々は読経念仏の供養によって成仏を祈るのです。

弔辞拝受と弔電紹介

司会進行の「ただいまより弔辞をちょうだいいたします。初めに○○様、お願いいたします」の言葉で、3人くらい、1人3分くらいで述べます。

弔電は2～3通読み、あとは名前だけを読み上げます。

Schedule スケジュール

葬儀の進行

参列者着席 喪主、遺族、親族は定刻10分前に席につく。続いて葬儀委員長など世話役、一般会葬者が着席する。

↓

僧侶入堂 世話役が僧侶を迎える。僧侶が入堂するときは、一同起立し、軽く頭を下げる。

↓

開式の辞 司会者が葬儀開始のあいさつをする。

↓

読経・引導 いずれも内容、作法は宗派によって異なる。30～40分くらい。

↓

弔辞拝受、弔電紹介 司会者があいさつをし、弔辞をお願いする人の氏名を「○○様」と呼び上げる。弔辞は3人くらい、1人3分が目安。弔電は2～3通を全文紹介し、あとは名前を。

↓

焼香 僧侶が焼香したあと、読経中に、司会者の合図によって喪主、遺族、近親者の順で焼香。

↓

閉式の合図 喪主と遺族は起立し、司会者が葬儀終了を告げる。引き続き、告別式に入る。

告別式の進行

一般会葬者の焼香 喪主、遺族は会葬者のほうを向き、焼香をすませた会葬者に黙礼。

↓

僧侶退堂 会葬者の焼香が終わり、出棺の時刻になると僧侶は退堂。接待係は別室で茶菓で僧侶をもてなす。

↓

閉式のあいさつ 司会者が閉式のあいさつを述べて、告別式終了。出棺準備へと続く。

密葬と本葬

★密葬とは身内だけで故人を弔い、荼毘《だび》に付すことをいいます。告別式、祭壇などは省略します。年末や松の内に死亡した場合や、感染症や海外で死亡してすぐに火葬する場合などに行います。後日、通知を出して本葬を行います。
★密葬とはひっそり行うものと考えている人もいますが、あくまでも本葬があって密葬があるという考え方です。

焼香

僧侶が最初に焼香し、その後、再び読経が始まります。この読経が続く間に、僧侶の「ご焼香をどうぞ」か、司会者の「焼香に移ります」の合図により、喪主、遺族から先に祭壇の前に出て、焼香を開始します。続いて近親者、一般会葬者が焼香します。参列者が多い場合は、一般会葬者用の焼香台を置くこともあります。

閉式のあいさつ

焼香が終わると僧侶は退堂するので、会葬者は一礼して見送ります。椅子席のときは起立します。そのあと、司会者が「これをもちまして故○○○○殿の葬儀並びに告別式を終了いたします」と述べて、閉式を告げます。一般会葬者に対しては「出棺の用意ができますまでしばらくお待ちください」と司会者が案内します。

数珠の扱い

★数珠は念珠ともいい、玉の数は108個が正式。これは人間の煩悩の数をあらわし、仏様に合掌礼拝し、108のけがれた心をはらう意味があります。
★持ち方は、一般的に両手に持ち、合掌するときは、房が真下に下がるように両手の４本の指にかけて、親指で軽く押さえます。
★焼香のときは左手に持ったまま、右手で焼香します。礼拝が終わったら、また左手に持つのが正しい作法です。
★どのような場合でも、畳や椅子の上にじかに置いてはいけません。数珠をもてあそんだり、腕にだらりと下げて持つのも見苦しいものです。

拝礼のとき
両手の親指と人さし指の間にかけて合掌する。

手に持つとき
数珠はいつも左手に、ふさを下にして持つ。

神道の葬儀

★神式の葬儀は「葬場祭」といいます。死のけがれを清め、霊を慰め、死者を命《みこと》とあがめて、祖先の神々とともに守護神としてまつるための儀式です。
★棺が火葬場に向かうときは出棺祭が行われます。本来、夜に行うのですが、最近は省略されることがほとんどです。
★祭壇には遺影、灯明《とうみょう》、榊《さかき》、供物《くもつ》、神饌《しんせん》などを飾り、棺は祭壇の奥に安置します。受付か玄関前に、手水の儀に使う水を入れた桶とひしゃくを用意します。
★参列者は手水の儀をしてから席に着きます。

「手水の儀」の方法

❶１杯の水を３回に分けて行う。ひしゃくで水をくみ、まず左手に、次に右手に注ぐ。

❷最後に水を左手に受けて口をすすぎ、懐紙で口元をふく。

キリスト教式の葬儀

★葬儀は教会堂で行われるのが一般的です。式次第はカトリックとプロテスタントでは違いがありますが、どちらも神父や牧師の指示によって準備を進めます。式次第や歌われる賛美歌などは、プログラムに印刷して参列者に配り、司会者が式を進行します。
★会葬者は先に着席して遺族の入場を待ちます。席次は最前列に喪主、遺族、葬儀委員長、弔辞の朗読者が着席し、2～3列目に親族が、一般会葬者はその後ろから、後方までの席に着きます。
★カトリックでは、故人を神にゆだね、永遠の安息が得られることを祈るミサを中心にした儀式です。
★葬儀は棺が教会につき、祭壇に安置するまでの「入堂式」、聖書朗読や説教の「言葉の典礼」、儀式の中心を成す「感謝の典礼（ミサ）」、「告別式」の順に行われます。
★プロテスタントでは、人の死は天に召され、神に仕えるものとされています。式次第は祭儀の数が少なく簡単で、聖書による祈りが主となっています。

その他の葬儀

増えている家族葬

近年、都市部を中心に「家族葬」と呼ばれる、家族や親族を中心に行う小ぢんまりとした葬儀が増えてきました。

家族葬が増えた要因のひとつとして、故人が高齢で喪主も60代以上の現役を退いた世代では、弔問客も少なく、親族も少なくなっていることがあげられます。また、故人とゆっくりお別れをしたいからと、気を遣うことの少ない身内だけの葬儀を選ぶ人もいます。

ただ、「家族葬」といっても形はさまざまで、家族だけで行う場合もあれば、親しい友人にも知らせて行う場合もあります。

葬儀にかける費用もさまざまで、祭壇も控えめにし費用を抑える形もあれば、費用をかけて、故人が好んだ花をふんだんに飾る花祭壇を用意するスタイルもあります。

なお、家族葬でも僧侶を依頼して、通夜・葬儀を仏式で行う場合がほとんどです。

家族葬を行うとき

最近は葬儀社でも「家族葬」という名前で小さな葬儀のプランを扱っているところも多くなっています。依頼するときにはどのような内容か、希望するような葬儀ができるかを、しっかり確認することが大事です。

また、家族葬は、親族の中に反対する人がいる場合はどう説得するか、友人知人への通知をどうするか、亡くなったことを知って葬儀後に自宅に弔問に訪れる人の応対をどうするか、などを考えたうえで行う必要があります。亡くなった人がまだ若く、故人との別れを希望する友人・知人が大勢いる場合は、その人々がお別れできなかったことを残念に思うこともあります。

そのような場合は家族葬のあとに、故人とかかわりのあった人を招いて「お別れの会」を行うなど、故人が築いてきた社会的なつながりにも配慮が必要でしょう。

自宅のリビングのような家族葬のための専門式場「フューネラルリビング横浜」。
写真協力／メモリアルアートの大野屋

無宗教葬とは

★「無宗教葬」とは、故人の意思や遺族の希望で特定の宗教にとらわれない形で行うものです。僧侶や神官、神父、牧師を招くこともなく、戒名の必要もないので、やり方によっては少ない予算で行える場合もあります。

★無宗教葬を行う場合は、一般的な宗教儀式（読経や焼香）のかわりに、どのような形式や内容で行うか、具体的にプランニングする必要があります。

★たとえば祭壇の形状や会場のしつらえ、献花を行うのか、弔辞や弔電の披露はするのかなど。生演奏を依頼したり、音楽やビデオなどの映像を上映したりなど、さまざまな演出が考えられます。

★準備に時間がかかる場合は、身内だけで密葬を行い、日をおいて「お別れの会」として行うことも考えられます。

★ただし、家の墓が寺院墓地にある場合、菩提寺に知らせず戒名もつけずに無宗教で葬儀を行うと、納骨ができなくなることがあります。菩提寺のお墓に納骨したいのであれば、事前に菩提寺に相談しましょう。

出棺から遺骨迎えまで

「別れ花」と「釘打ち」

告別式が終わると祭壇から棺を下ろし、遺族、近親者との最後の対面をします。故人の頭のほうから喪主、血縁の濃い順にとり囲み、祭壇の供花を一輪ずつ入れて埋めていきます。これを「別れ花」といいます。このあと棺の蓋が閉められ、「釘打ち」が行われます。最近は釘打ちを省略することもあり、釘打ちの必要のない棺もあります。

棺の運び出し

棺は遺族や故人と親しかった男性が担ぎ、遺体の足のほうを先にして運び、霊柩車に納めます。喪主が位牌を持ち、血縁の近い親族が遺影を持ちます。

喪主か親族があいさつをする

火葬場への出発に先立ち、喪主または親族代表が参列者にあいさつをします。●会葬に対するお礼、●生前の厚誼に対する感謝、●今後の遺族に対する支援のお願い、などです。

火葬場での「納めの式」

火葬場に着いたら、係の人に火葬許可証を提出します。火葬場と葬儀社の係員の手で棺を炉の前に安置し、納めの式が行われます。遺影と花を飾り、僧侶が読経します。読経後、僧侶の焼香に続いて一同が焼香。神式では、斎主の祭詞、玉串奉奠《ほうてん》を行います。キリスト教では十字架、生花を飾り、賛美歌斉唱、聖書朗読、神父（牧師）の祈りとなります。

Schedule スケジュール

出棺

最後の対面と別れ花
遺族と近親者は故人と最後の対面をし、供花で遺体のまわりを飾る。

釘打ちの儀式
遺族と近親者の手で棺に釘を打つ。

出棺のあいさつ
喪主か遺族代表が参列者にお礼のあいさつ。

↓

火葬

納めの式と骨揚げ
火葬前に参列者一同が焼香。故人の骨を拾って骨壺に納める。

↓

遺骨迎え

還骨勤行の儀式
後飾りに遺骨と遺影、位牌を置き、お経をあげる。初七日法要も同時に行うことが多い。

出棺時のあいさつ例
(喪主が故人の長男の場合)

「私は故人の長男の○○でございます。本日は、皆様、ご多用にもかかわらず、最後までお見送りいただきましてまことにありがとうございました。

おかげをもちまして、葬儀ならびに告別式を滞りなく終えることができました。父はここ数年、入退院をくり返し、一時は小康を得ましたが、○日○時に、家族の見守る中、眠るように息を引き取りました。

生前は、一方ならぬご厚誼にあずかり深く感謝いたしております。今後とも、私ども遺族に対しましても、変わらぬご支援、ご厚情を賜りますよう、お願い申し上げ、ごあいさつといたします。本日はまことにありがとうございました」

控室から骨揚げへ

火葬を待つ間の1時間前後、遺族は控室で僧侶と同行者をもてなします。

火葬が終わると、炉の前で骨揚げをします。足から順に上半身へと、竹の箸を使って、二人一組になって1片の骨をはさみ、骨壺に入れます。納めたら次の人に渡します。これを「箸（橋）渡し」といい、故人が三途《さんず》の川を渡る助けをする意味があるとされています。

そのあと係員が白木の箱に納めて錦袋などでおおい、喪主に渡します。埋葬許可証（納骨に必要）も入っているのでよく確認します。

遺骨迎えと初七日法要

火葬後、自宅に戻る場合は、自宅に遺骨を迎える準備をします。身を清めるための水と塩を用意し、葬儀社が遺骨を安置する「後飾り」の祭壇を用意します。

火葬場から戻った人は、家に入る前に玄関先で、水と塩でけがれから身を清めます。お清めが終わったら、喪主は後飾りの祭壇に遺骨を安置し、遺影、位牌を置きます。僧侶が還骨勤行《かんこつごんぎょう》のお経をあげ、一同が焼香をして葬儀が終わります。最近は、この還骨勤行と初七日の法要をあわせて行うことが多くなりました。

自宅ではなく斎場に戻って初七日の法要まですませることもあります。

Q&A

Q 火葬場に行く車の順番は？

A 霊柩車が先頭で、棺と運転手、葬儀社の人が乗ります。喪主と遺族代表は、続く車に乗るのが通例で、喪主が位牌を、遺族代表が遺影を持ちます。僧侶は喪主と同じ車に乗ります。

Q 自宅に残るのは？

A 火葬後に自宅に戻る場合、自宅ではお骨を迎える準備をします。家には喪家の事情を知っている人を含めて数人は残りたいものです。片づけや精進落としの準備をし、玄関には、清めの水と塩を用意して待ちます。

Q 分骨したいときは？

A 遺骨の一部を別の墓に納めたいなど、分骨したいときは、あらかじめ葬儀社に伝えて、分骨用の小さな骨壺や錦袋を用意してもらいます。火葬場で分骨証明書（自宅に置く場合は必要ない）をもらっておきます。

Q 葬儀後の弔問客には

A 自宅では遺骨は四十九日の忌明けまで、後飾りの祭壇に安置します。通夜、葬儀に参列できなかった人や、葬儀後に亡くなったことを知った人が自宅に弔問に訪れる場合は、後飾りの祭壇にお参りをしてもらいます。

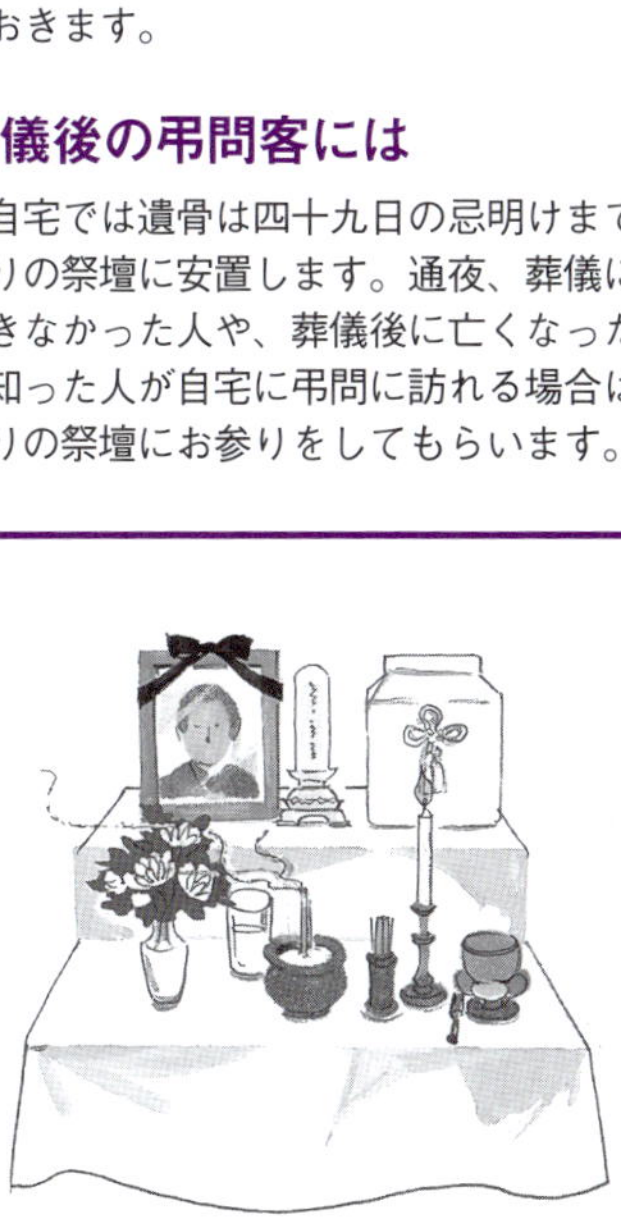

「後飾り」の祭壇は、遺骨が到着するまでに作る。

葬儀後に行うこと

精進落とし

葬儀のあとは精進落としの宴を開きます。昔は四十九日の忌明けまで肉や魚などの生ぐさ物を絶ちましたが、遺族以外は通常の食事に戻る意味から酒肴でもてなし、それを「精進落とし」というようになりました。

現在では、僧侶や世話役など、葬儀でお世話になった人たちの労をねぎらう意味合いで席を設けます。

精進落としの宴では、僧侶や世話役代表などに上座に座ってもらいます。遺族は末席につき、もてなします。

1～2時間で切り上げる

通夜から葬儀・告別式と続き、関係者は疲れていますから、精進落としの宴は1～2時間でお開きにすることが多いようです。ころあいを見計らって、喪主や遺族代表がお礼を述べます。

なお、世話役代表（葬儀委員長）をお願いした人には、帰りに「御礼」「御車代」の形でお礼を包むこともあります。

精進落としの席では、僧侶や親戚と、今後の法要の行い方、日時、納骨の日程などを相談しておきましょう。

僧侶が精進落としを辞退した場合

精進落としを僧侶が辞退したり、こちらの事情で招かないときは、「お膳を召し上がっていただきたかったのですが……」とていねいにあいさつし、「御車代」と「御膳料」を包みます。

白封筒に入れ、表書きは同様に記します。

Schedule スケジュール

精進落とし

僧侶や世話役を接待
告別式が終わったら、僧侶をねぎらい、喪主があいさつをする。

↓

葬儀後のあと始末

事務を引き継ぐ
世話役から事務を引き継ぐ。

↓

支払いをすませる
葬儀費用、その他を早めに支払う。

↓

あいさつ回りをする
お世話になった人などにお礼のあいさつをする。

↓

各種手続きをする
保険、年金、税金などの各種手続きと届け出をする。

精進落としの喪主あいさつ例

「皆様、本日はまことにありがとうございました。まだごゆっくりしていただきたいところですが、皆様のご都合もおありでしょうから、長くお引き止めしては申しわけございません。そろそろお時間でもございますので、このあたりでお開きとさせていただきます。本日はありがとうございました。なお、納骨は○月○日を予定しております。今後ともどうぞよろしくお願い申し上げます」

世話役からの事務引き継ぎ

葬儀がすみしだい、お礼を述べ、世話役代表や会計係から事務を引き継ぎます。

会葬者芳名帳、香典帳、供物・供花の控え帳、弔電、弔辞、会計書類などを受け取ります。立てかえてもらっていることもあるので、こちらから尋ね、少額でも精算します。

各種の支払いチェック

葬儀後の各所への支払いをすませます。葬儀社への支払いは明細と見積もりとを照らし合わせて、確認してから払います。

葬儀にかかった費用は相続税の控除の対象になるので、領収書は大切に保管しておきます。

お世話になった人へのあいさつ

寺、神社、教会などへは、翌日か翌々日にはお礼のあいさつに出向きます。

世話役代表（葬儀委員長）や弔辞をお願いした人などには、喪主があいさつに伺うのが礼儀です。お礼の品を持参し、先方の都合にもよりますが、初七日までには出向くようにします。

各世話役には葬儀当日にお礼（手伝いの内容により3000～1万円が目安）を渡します。

寺・神社・教会へのお礼

仏式は「御布施」と表書きし、奉書紙に包むか白封筒に。金額は葬儀社、檀家総代に相談を。

神式は「御神饌料」「御礼」と表書きし、奉書紙に包むか白封筒に。

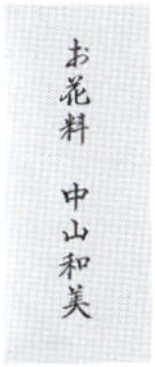

キリスト教は「お花料」「献金」と表書きし、白封筒に。

葬儀後の諸手続き

	手続き	必要なケース	期限	窓口
名義変更	世帯主の変更	故人が世帯主だった	死後14日以内	市区町村役所
名義変更	電気・ガス・水道・NHK受信料	故人が契約者だった	すみやかに	お客様センター
名義変更	住宅の賃貸契約	故人が契約者だった	すみやかに	大家、公社など
名義変更	電話加入権	故人の名義だった	すみやかに	NTTなど
年金関係	受給停止	故人が年金受給者だった	すみやかに	市区町村役所あるいは年金事務所
年金関係	未支給年金	故人が年金受給者だった	すみやかに	市区町村役所あるいは年金事務所
給付金	遺族年金などの請求	遺族が受給できる条件に一致した場合	死後5年以内	市区町村役所あるいは年金事務所
給付金	葬祭費（国民健康保険）	故人が国民年金被保険者	葬儀を行った日から2年以内	市区町村役所
給付金	埋葬料（健康保険）	故人が健康保険の被保険者	死後2年以内	健康保険組合または年金事務所

※その他、必要に応じて、高額療養費の申請、生命保険の死亡保険金の請求、医療費控除の手続き、所得税の準確定申告、クレジットカードや携帯電話などの解約などの手続き、相続税の申告・納税（10カ月以内）など。
※返却が必要なものに、健康保険証、後期高齢者医療被保険者証、介護保険被保険者証、印鑑登録証、住基カード、運転免許証、パスポートなど。

遺品の整理と形見分け

遺品は三つに分類

遺品は、主に三つに分類します。

❶形見分けや寄贈できるもの

故人の愛用品やコレクションなど形見分けができそうなものは、きちんと手入れをして誰に渡すのかなども考えて、リストを作っておきます。寄贈できそうなものもリストを作ります。

❷保存するもの

日記、手帳、手紙、住所録などは、後日必要になることもあるので1年くらいは保存します。

故人が職場から持ち帰っていたと思われる書類などは、職場に連絡して、どうするのかを判断してもらいましょう。

自営業の場合、仕事上の書類など、決算に関するものは7年間、税に関するものは5年間は保存の必要があります。

❸処分するもの

遺族の手で処分します。

形見分けはいつするの？

形見分けとは生前、故人が愛用していたものや趣味で集めていたものなどを、遺族や近親者、親しかった人に分けることです。

ふつう、故人から見て目上の人にはしません。

時期は、一般に忌明けの四十九日ごろに行います。神道では五十日祭、キリスト教では昇（召）天記念日ごろにあたります。

先方の意思を確かめる

形見分けの品は、包装せずにそのまま渡すのがしきたりです。物の価値観は人それぞれなので、先方に受け取ってもらえるかどうか、事前に確かめるようにしましょう。遺族にとっては思い入れのあるものでも、あまりに古いものや傷んだものは控えます。また、高価なものは贈与税がかかることもあるので、その点も配慮が必要です。

形見分けのときのひとこと例

「故人がたいせつにしていたものです。もしよろしければ、これも故人の供養とお考えいただいて、お納めいただければ幸いに存じます」

遺産相続と相続税

★相続は故人（被相続人）の財産上の権利と義務のいっさいを受け継ぐということです。相続財産というと貯金や不動産などのプラスのイメージですが、借金などの債務や損害賠償責任などマイナスの財産も含まれます。

★相続の対象にならない財産は、香典（喪主に贈られたものとみなされる）、死亡退職金、遺族年金、墓や仏壇などの祭祀財産、生命保険金などです。

★故人の財産は亡くなると同時に相続人全員の共有財産になります。遺産の分割は遺言があれば遺言に従いますが、ない場合は相続人の話し合いによって決めます（話し合いがまとまらないときは法定相続分に従う）。

★相続税の申告は死後10カ月以内に行わなければなりません。ただし、相続税は遺産相続をしたすべての人に課税されるわけではありません。課税価格（相続財産から債務や葬式費用、非課税財産などを引き、みなし相続財産や生前贈与財産を足した額）が基礎控除額以下であれば申告の必要はありません。基礎控除額は「3000万円＋法定相続人1人につき600万円」です。また、配偶者には大幅な税額軽減措置があります。

香典返し

香典返しは忌明けに

香典は本来、お返しをするものではありませんでしたが、現代では、忌明けのあいさつ状とともに品物を贈るのが一般的です。仏式では三十五日か四十九日、神道では五十日祭、キリスト教では、1カ月後の昇（召）天記念日や記念式の日に贈るのが一般的です。

葬儀当日に香典返しの品を渡す場合もあります。

仏式の香典返しは「志」の表書きで贈る。

香典返しの目安と表書き

品物の金額は、いただいた香典の半額から3分の1程度が目安です。品物には黒白結び切りの水引を印刷したかけ紙に、表書きは仏式では「志」「忌明志」（関西では「満中陰志」も）などとします。

表書きは神道では「志」「偲草」など、キリスト教では「召（昇）天記念」「感謝」なども使われます。

あいさつ状は、デパートや専門業者に何種類か用意された文面があり、故人の名前や戒名などを入れて印刷することができます。オリジナルの文面を印刷したものでもかまいません。

香典返しをしない場合

故人の意思や遺族の希望で、いただいた香典を福祉施設などに寄付する場合は、忌明けのあいさつ状に趣旨と寄付先を書き添えて送ります。寄付先からの礼状などをコピーして添えてもいいでしょう。

弔電だけをいただいた人には香典返しは送らなくてかまいませんが、お礼状を出します。

香典を寄付したときのあいさつ状例

　○○の葬儀に際しましては、ごていねいなご弔詞をいただき、ご芳志まで賜りまして、まことにありがとうございました。頂戴いたしましたご芳志は、故人の遺志により、社会福祉法人○○に寄付をさせていただきました。なにとぞご了承くださいますようお願い申し上げます。

　生前○○に賜りましたご厚情にあらためてお礼申し上げます。

　今後ともよろしくお願いいたします。

忌服と喪中の期間

★近親者が死亡したとき、ある一定期間、喪に服して身を慎むことを忌服といいます。かつては死のけがれの重い期間を「忌」、けがれが薄くなった期間を「喪」としていました。

★「忌服」に関して、昔は細かい決まりがありましたが、現代では仏式では四十九日で忌明けとなり、服喪は1年とするのが一般的です。服喪中は結婚式などの祝い事への参加は遠慮し、年賀状や初詣など正月行事も控えますが、最近はこだわらないこともあります。また、現代では官公庁服務規程に準じた忌引期間が明ければ仕事に復帰し、通常の生活に戻るのが一般的です。

官公庁服務規程による忌引きの期間

姻族	血族	配偶者
配偶者の父母………3日間	父母…………7日間	10日間
配偶者の兄弟姉妹…1日間	子ども………5日間	
配偶者の祖父母……1日間	祖父母………3日間	
	兄弟姉妹……3日間	
	孫……………1日間	
	おじ・おば…1日間	

納骨を行う

納骨は四十九日を目安に

葬儀後、遺骨はいったん自宅に安置し、その後、納骨（墓地への埋葬や納骨堂に納める）を行います。

納骨の時期に決まりはありません。仏式では、お墓がある場合、初七日から四十九日までの七日ごとの供養の日のいずれかに行うのがよいとされていますが、四十九日に行うことが多いようです。葬儀当日に埋葬をすませる地域もあります。

お墓がない場合は

お墓がない場合は一周忌を目安にお墓を用意して納骨します。自宅での安置が長引くときには、寺院に預けたり一時預かりの納骨堂を利用する方法もありますが、三回忌までには正式に納骨することが多いようです。自宅に安置しておいても問題はありません。

納骨の儀式

仏式では、四十九日の法要を行ったあと、納骨式を行います。僧侶と相談して日時を決め、墓地管理者に連絡し、石材店に墓石や墓誌への仏名の彫刻の依頼もします。参列をお願いする人には案内状を出します。

納骨式では墓前で僧侶の読経のあと参列者が焼香します。

僧侶へのお礼

納骨後は、お寺や霊園の施設、飲食店などに、僧侶と参列者を招いてもてなします。

僧侶には「御布施」「御車代」「御卒塔婆供養料」（「御塔婆供養料」）を、会食を辞退される場合は「御膳料」も包み、墓地関係者には心づけを渡します。

なお、遺骨を埋葬するときは埋葬許可証が必要です。納骨前に再度確認しておきましょう。

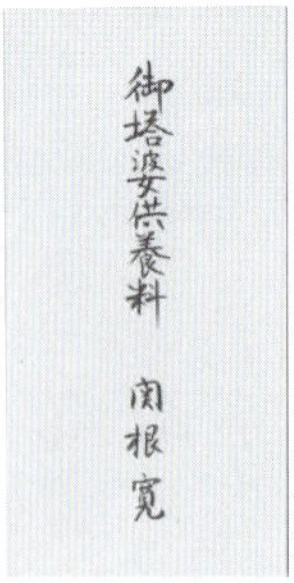

四十九日とは

★仏教では「四有《しう》」という考え方があります。生まれる瞬間が「生有」、生まれてから死ぬまでが「本有」、死の瞬間が「死有」、死んでから次の生に向かうのが「中有」（中陰）といいます。この中有にあたるのが四十九日で、49日目に死者の運命が決まるとされています。
★四十九日までは死者の魂がさまよっているというので、遺族は忌中として死者が成仏するように身を慎むのです。

忌明け後は塗り位牌に

★通夜のときに用意し、後飾りにまつった白木の位牌は、四十九日の忌明け後は菩提寺に納め、かわって塗りの本位牌を用意します。
★仏具店で買い求め、表に仏名と没年月日、裏に俗名と享年を入れてもらい、お寺で入魂供養をしてもらい、仏壇に安置します。

白木の位牌

繰り出し位牌

塗り位牌

お墓と仏壇

墓地の購入とは「永代使用権」を得ること

墓地を買うというのは、墓地の所有権を得ることではありません。墓地の永代使用権を取得することで、支払う代金は「永代使用料（墓地使用料）」です。

永代使用権は子や孫が受け継ぐこともできますが、取得後は毎年、管理料を支払う必要があります。また、第三者への譲渡や墓地以外の目的に使用することは禁じられています。

受け継ぐ人（承継者）がいなくなると、墓地使用権は消滅し、墓地は返還しなければなりません。最近は承継者を必要としない「永代供養墓」が注目されています。

墓石を決めるとき

墓石の形には、和式の角石塔型3段式のほか洋式の横型や壁型、多宝塔型、自然石を使用したもの、オリジナルデザインのものなどもあります。デザインや石の種類、石の使用量などにより、建墓費用は大きく違ってきます。

素材や形、文字の書体などを実際に確かめてから発注しましょう。

開眼式《かいげんしき》の仕方

お墓が完成したら僧侶を招いてお墓に魂を入れてもらう「開眼式（入魂式）」を行います。開眼式は納骨と同時（納骨式の前）に行ってもかまいません。

また、墓地は購入したものの、納骨までに墓石が間に合わない場合は、白木の墓標を立てて納骨をすませ、開眼式は墓石が完成したときに行います。

開眼式の僧侶へのお礼は、白無地封筒に「入魂御礼」の表書きにします。

生前にお墓を建てる「寿陵（逆修墓）」の場合も、完成時に開眼式を行います。

新仏の場合は四十九日までに用意

仏壇がない家で不幸があった場合は、四十九日までに用意します。

仏壇は形も大きさもいろいろあり、畳の上に置いて座って礼拝する型、タンスや棚の上に置いて礼拝する上置き型などがあります。デザインも従来からの塗り仏壇や唐木仏壇のほか、洋間のインテリアにも合うような家具調のものもあります。

宗派によってご本尊や仏具も異なるので、寺院や仏具店によく相談してから求めましょう。新しい仏壇は菩提寺に依頼して開眼供養を営むのが本来です。

仏壇の拝み方と掃除

★拝礼は仏壇に仏飯とお茶か水を供え、ろうそくをともします。軽く一礼し、線香を供え、鈴を鳴らして合掌します。お経を唱え、終わったら鈴《りん》を鳴らして合掌し、軽く一礼します（鈴を鳴らす回数や線香の本数は宗派による）。朝に供えた仏飯などは、夕方までには下げます。夜には扉を閉めます。

★本尊や位牌の掃除は、手の脂がつかないよう白手袋などをして扱い、羽ぼうきでほこりを払います。仏具類はやわらかい布でからぶきし、花立てなどは洗って日陰干しにし、香炉は灰の燃えかすを除き、ふるいにかけます。仏壇の内部は毛ばたきでほこりを払い、やわらかい布でふき、よく風を通してから位牌、仏具を納めます。

〈右〉台つき仏壇（唐木仏壇）。床の間や畳の上に直接置くタイプ。
〈下〉上置き仏壇。タンスや棚の上に置くタイプ。本尊、位牌が目線より上になるように置く。

法要を行う

法要は先祖を供養する儀式

法要は法事ともいい、死者の冥福を祈り、その霊を慰めるために命日に行う儀式です。

仏教では、人が死亡してから7週間は「中陰（中有）」といって、死者が現世とあの世の間をさまよっているといわれ、その間、供養することで死者の霊が無事に極楽浄土に行き、成仏できることを願います。

また、死者が冥土に行くと、7日目ごとに閻魔《えんま》の庁で7回の審判が行われるとのことから、死亡した日を1日目と数えて、7日目ごとに7回行われるのが本来です。

初七日と四十九日

◆初七日法要　死亡した日から7日目に行われる法要。葬儀当日の遺骨迎えの法要とあわせて行うことが多くなりました。

◆七七日（四十九日）　四十九日は「満中陰」といわれ、冥土ではこの日の審判で死者の運命が決まるとされる、忌日でも重要な日です。

遺族、親近者、友人、知人を招いて僧侶にお経をあげてもらって供養し、忌明けの宴（精進落とし）を開きます。また、納骨を行うことが多く、盛大な法要になります。四十九日のあと、忌明けのあいさつ状や香典返しを送ります。

Schedule スケジュール

法要

初七日法要
葬儀当日、還骨勤行とあわせて行うことが多い。
↓
七七日法要（四十九日）
忌明けの大切な法要。五七日に行うこともある。
↓
一周忌法要
盛大に行うことが多いので、２カ月前くらいから準備を。
↓
三～二十七回忌法要
一周忌以降は年を経るごとに内輪に。墓参りは足繁くする。
↓
三十三回忌法要
一般的に、喪主としては最後の法要になる。

仏式の法要

名称	法要の年月日	内容
初七日	死後7日目	近親者、友人、知人を招いて供養
二七日《ふたなのか》	死後14日目	遺族だけで供養
三七日《みなのか》	21日目	
四七日	28日目	
五七日（三十五日）		近親者、知人を招き、忌明けの供養。納骨も
七七日（四十九日）		
新盆		この1年間に亡くなった仏を供養する
百か日		近親者を招いて供養
一周忌	死後満1年	近親者、知人を招き、寺、自宅などで供養。そのあと故人をしのんで会食
三回忌	死後満2年	
七回忌	（以降は死亡した年も入れて数える）	しだいに招く人をしぼっていく
十三回忌		
十七回忌		
二十三回忌		
二十七回忌		
三十三回忌		一般には、ここで終わることが多い
三十七回忌		
五十回忌		
百回忌		

年忌法要と月忌法要

故人が亡くなった日と同月同日の命日を「祥月《しょうつき》命日」といい、毎年、身内で供養します。

区切りの法要としては、死後満1年の命日の一周忌、その後は死去した年も入れて数え、一周忌の翌年、死亡して満2年目が三回忌となり、そのあと、七回忌、十三回忌、十七回忌、二十三回忌、三十三回忌、五十回忌（あとは五十年ごと）などと続きます。

三十三回忌くらいで切り上げる（「弔い上げ」という）のが一般的ですが、最近は高齢で亡くなることも多く、その場合、施主も高齢のため、十七回忌で切り上げることも増えています。

また、毎月、故人の亡くなった日と同じ日が、月の命日といわれる「月忌《がっき》」となります。故人の好物などを供えて供養しましょう。

法要の準備

四十九日や一周忌などに近親者や友人、知人を招いて法要を行う場合は、それなりに準備が必要です。左記の「法要の準備」を見て、もれがないかどうかチェックしましょう。

法要の服装

遺族は、一周忌まで（大きい法要なら三回忌まで）は正式な喪服を着用します。それ以降は地味な平服でかまいませんが、施主側が一般の参列者よりくだけた服装にならないよう気をつけます。

案内状には「平服でお越しください」などと、ひとことふれる心遣いが必要でしょう。

法要は回を重ねるごとに、簡略化していくのが通例です。

神道の追悼儀礼

神道の場合は「霊祭」といい、葬儀の翌日の翌日祭、亡くなった日から五十日まで、10日ごとに霊をまつる毎十日祭、百日祭、一年祭、二年祭、三年祭、五年祭、十年祭と五十年祭までは10年ごとに、その後は百年祭があります。墓前や自宅、斎場で神官を招いて行います。「御礼」「御車代」を包みます。

キリスト教式の法要

★カトリックでは死亡した日から3日目、7日目、30日目、1年目などに神父にお願いして教会で追悼ミサを行います。お礼は「御ミサ料」として教会へ献金します。

★プロテスタントでは、死後1週間目か10日目、1カ月目の昇天記念日に教会などで記念祭を行います。お礼は「記念献金」とします。

Schedule スケジュール

法要の準備

施主を決める
法要の主催者を施主といい、一般的には葬儀で喪主になった人が務める。

↓

日時を決める
法要は命日に行うものとされているが、参集者のことも考えて、命日の前であればかまわない。

↓

会場を決める
法要は仏壇のある自宅か菩提寺、斎場で行う。会食は仕出しや飲食店などを利用することが多い。

↓

招く人の範囲を決める
一周忌までは、近親者、友人、知人、勤務先の関係者まで広くお願いするが、その後は関係が深い人だけに。

↓

案内状を出す
1カ月くらい前に案内状を送り、出欠の返事をもらう。

↓

卒塔婆供養の準備をする
年忌供養では卒塔婆を立てることがある。僧侶に供養を事前にお願いしておく。

↓

引き物の手配をする
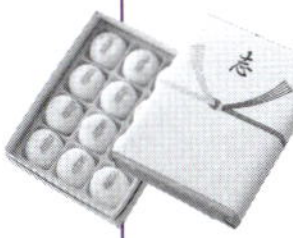
手土産の品を用意する。表書きは「粗供養」「志」、水引は黒白か銀色の結び切りで、水引の下に施主の名前を入れる。

↓

謝礼の準備をする
寺院への謝礼は白封筒に「御布施」と表書きをして、法要の前に施主が僧侶にあいさつするときに渡す。卒塔婆供養を行うときは「御卒塔婆供養料」も渡す。

↓

喪服の準備をする
一周忌（大きい法要は三回忌）までは施主は喪服を着る。回を重ねるごとに簡略化する。

法要の進め方

法要は、葬儀と違って儀式にしきたりはありません。事前に大まかな打ち合わせをしておき、当日の進行は僧侶の指示に従いましょう。次のように進むのが一般的です。

❶ 施主あいさつ

「本日はお忙しいところ、ご参列を賜り、ありがとうございます。ただいまより、○○○○（仏名）の○回忌法要をとり行わせていただきます」と述べ、僧侶に「よろしくお願いします」といって一礼し、席に着きます。

❷ 読経、焼香、法話

僧侶の読経の中、僧侶の合図で施主から焼香を始めます。焼香の仕方は、合掌したあと、遺影を仰いで深く一礼し、お香をつまんで香炉に3回落とし（宗派により、1回や2回の場合も）、合掌してから一礼して席に戻ります。読経後は法話へと続き、法話が終わると僧侶は退場します。その後、墓参りをすませます。

❸ 施主あいさつ

「おかげさまで、滞りなく法要を営むことができました。別室に心ばかりの粗餐《そさん》を用意しておりますので、どうぞお召し上がりください」と会場に誘います。引き物は、席のそばに置くか、お開きのときに、ひとりひとりにお礼を述べながら手渡しします。会食の席には故人の写真や位牌を飾り、陰膳を据える風習もあります。

法要案内状の例

謹啓　初秋の候、皆様にはますますご清祥のこととお慶び申し上げます。

早いもので、○○が他界しましてから二年、○月○日で三回忌を迎えます。

つきましては、左記のとおり法要を営みたいと存じます。

ぜひご出席いただきますようお願い申し上げます。

謹白

記

一　日時　平成○年○月○日（日）午前十一時

一　場所　東京都△△区△△町○-○-○　□□寺

なお、法要後、○○にて粗餐をさし上げたく存じますので、ご出席の有無を○月○日まで、お知らせくださいますようお願い申し上げます。

平成○年○月○日

○○花子

一周忌のあいさつ例

「本日はお忙しいところ、亡き○○の一周忌の法要にお集まりいただきまして、ありがとうございました。このように大勢のかたにおいでいただいて供養できますこと、故人もさぞ喜んでいることでしょう。本日は、たいしたおもてなしもできませんが、どうぞ時間の許す限り、存分に故人の思い出話などをしていただきたく存じます。本日はまことにありがとうございました」

僧侶へのお礼

◆表書き・水引
「御布施」「御礼」とし、奉書紙または白封筒に包む。

◆渡す時期
法要の前、施主が僧侶にあいさつするときに。

◆金額の目安
3万～5万円程度。僧侶を招く場合は「御車代」も必要。

法要が重なった場合

★1年のうちに二つ以上の年回忌が重なるというケースも少なくありません（祖父と父など）。そのような場合は「併修」または「合斎」といって命日の早いほうに合わせて同時に法要を営んでもよいことになっています。

★しかし、故人の記憶が強く残っている一周忌や三回忌は、できるだけ単独で行うのがよいとされています。

★併修の法要で供物や供花をいただいたらお返しをしますが、その際の表書きは「志」の右側に「亡祖父十三回忌」、続いて「亡父七回忌」と、亡くなった順番に右から書きます。

永代供養とは

★菩提寺にお墓があっても、さまざまな事情でなかなかお墓参りに行けないなど、供養できない状況のときに、菩提寺に縁者のかわり

法要のあと

法要後は僧侶にお礼を述べ、次の法要についても頼んでおきます。

◆お寺とのつきあい方

現代でもお寺は、複数の檀家を持っていますが、この檀家制度は、室町時代後期の郷村が成立する過程で、そこに進出した仏教寺院の経費を、葬祭を委託した支持者に負わせるために発生したと考えられています。

今日でもお寺は檀家の葬祭をつかさどり、檀家は経済面を後援する間柄にあり、檀家側は、常日ごろも頻繁にお寺と交流をもち、そのつど、お布施を納めるというのが基本です。

とはいえ現代では、お寺と檀家とのつながりも薄くなってきています。菩提寺から遠く離れて生活している場合は、お墓を近くに移して檀家を離れる、ということも増えています。

また、都市部では、お寺とのつきあいのない家も多く、葬儀のときには葬儀社に僧侶を紹介してもらうことも多くなっています。

お盆の迎え方

仏壇
きれいに掃除して扉を閉め、位牌は供物とともに精霊棚に並べる。

お供え
野菜・果物、だんご、そうめんなど。

きゅうりの馬となすの牛
先祖の霊は馬に乗ってきて、牛に乗って帰るといわれる。

1年に一度、死者の霊が家に戻ってくるといわれるのがお盆であり、各家庭では精霊棚を作り、迎え火をたいてお迎えします。

また、人が亡くなったあと、初めて迎えるお盆を新盆または初盆といって、特にていねいに供養を営むしきたりがあります。新盆には、決まった供物のほかに、故人の好物などを供えます。親族や故人に縁のあった人を招き、僧侶に読経してもらい、精進料理でもてなします。新盆には、親族などは盆提灯を贈るしきたりもあります。

法要ができないときは

★年忌にあたるときに、施主側の事情で法要ができないことがあります。しかし、法要というのは必ずしも一般的に行われている形式をとらなければいけないというものではありません。

★たとえ一人か二人でも、僧侶に読経をお願いして、自宅の仏壇や、遺影の前で祈り、故人をしのぶことができれば、それも立派な法要です。

★海外に滞在しているため、僧侶に来てもらうことができないようなときは、現地で家族だけでその日に祈りをささげるのも法要です。

★親戚づきあいも薄くなっている現代では、法要を省略することも増えているようですが、お墓参りなど、故人をしのぶ機会はもちたいものです。

に供養をしてもらうことをいいます。

★菩提寺に永代供養料としてまとまったお金を納めます。金額は、お寺によってさまざまです。永代供養をお願いしたい場合は、菩提寺に相談をしましょう。

卒塔婆供養とは

★卒塔婆は梵語のスツーバ（方墳、霊廟）がなまったもので、塔を意味します。インドでは、釈尊の遺骨は八つの国に分骨され、それぞれ塔を作り、供養したと言い伝えられています。その塔が五輪塔になり、卒塔婆になりました。

★卒塔婆供養をしたいときは、僧侶に申し出て、料金も確認しましょう。招かれた人が卒塔婆供養したいときは、施主にその旨を伝えて料金を聞き、白封筒に「御卒塔婆供養料」として包み、法要の当日に施主に渡します。施主はまとめてお寺に渡します。

お彼岸

★3月の春分の日と、9月の秋分の日を「中日」とし、その前後3日間ずつを合わせた1週間を、それぞれ「春の彼岸」「秋の彼岸」といいます。「彼岸」とは極楽浄土の意味で、あの世とこの世が交流できる日とされています。彼岸の入り（初日）には仏壇を掃除し、おはぎなどを供え、灯明と線香をあげて礼拝します。期間中、朝晩に中日の前後には、お墓参りして、故人をしのぶとよいでしょう。

訃報を受けたら

弔問するかしないか

◆**近親者の場合**　連絡があったら、すぐに駆けつけます。到着日時を知らせます。

◆**友人の場合**　親しい間柄なら、すぐ駆けつけます。それほどの関係でない場合は、通夜か葬儀に参列します。

◆**近隣の場合**　親しくしている家なら、地味な服装でとりあえず弔問し、手伝いを申し出ます。

◆**会社関係**　上司に指示を仰いで対応を決めます。

ここを確認

訃報（死去の知らせ）を受けたら、簡潔にお悔やみを述べて、以下の点を確認します。

◆**亡くなった人の名前と亡くなった日時**

◆**通夜、葬儀・告別式の日程、場所、葬儀の宗旨**

◆**喪主**

必ずメモをとり、次に伝える先があるかどうかも聞きます。

弔問できないときは

遠方など、やむをえない事情で葬儀に参列できないときは、代理を立てるか、手紙や電報で弔意を伝えます。葬儀後に先方の都合を聞いたうえで、弔問に出向きます。どうしても参列できないときは、お悔やみの手紙を添えて香典を郵送します。

電話でのお悔やみは避ける

遺族は、通夜、葬儀の準備に追われて忙しいので、電話の応対は相手に迷惑をかけることにも。ほかの重要な連絡のじゃまになるので、電話でのお悔やみは控えます。

ここで差がつく

弔問のポイント

★親しい間柄なら、すぐ駆けつける。
★親交の深さを考えて、弔問時期を考える。
★電話を受けたら必要事項を確認し、メモする。
★電話でのお悔やみは避ける。
★近隣なら、お手伝いを申し出て、エプロンなどを持参する。

お悔やみの言葉

＊一般的なお悔やみの言葉

◆このたびは、まことにご愁傷さまでございます。心からお悔やみ申し上げます。

◆このたびは、思いがけないお知らせに、本当に驚きました。いまだに信じられない気持ちでございます。

＊長患いの場合

◆ご病気と伺っておりましたが、ご家族の皆さまも、さぞ、お力落としのことと存じます。謹んでお悔やみ申し上げます。

◆ご病気と伺いながら、お見舞いにも参りませんで、失礼いたしました。本当に心残りでございます。

＊急死（事故死など）の場合

◆突然のご不幸で、さぞお力落としのこととお察しいたします。どうぞ、お気をしっかりおもちください。

◆本当に思いがけないことで、言葉が見つかりません。ご遺族の皆様のお悲しみはいかばかりかと拝察いたします。

＊故人にお世話になった場合

◆ご生前には、○○様にはひとかたならぬお世話になりました。本当に心残りでございます。

弔問するときは

友人関係などで、とりあえず駆けつけるときは、玄関先でお悔やみを述べて辞去します。焼香ができるようなら焼香して、すぐに引き上げます。

遺族から遺体との対面をすすめられたら、慎んで対面しますが、そのような場合でも、長居はしないよう注意します。

服装は、アクセサリー類ははずしますが、地味な平服でかまいません。この場合、香典は持参せず、通夜や葬儀に持参するのが一般的です。

手伝いを申し出るとき

日ごろから親しくつきあってきた場合は手伝いを申し出ます。すでに手伝いの人がそろっている場合もあるので、「私にできることがありましたら、おっしゃってください」と申し出ます。

対面の仕方

❶「お別れさせていただきます」とあいさつし、遺体の枕元ににじり寄って、軽く両手をつき、一礼する。

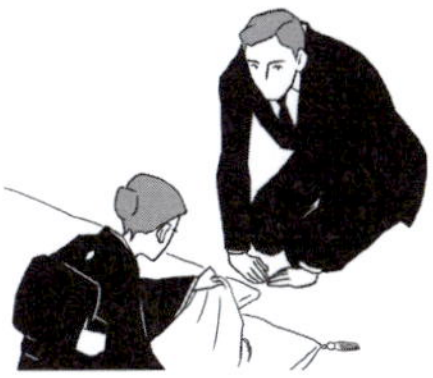

❷遺族が白布をとってくれるのを待ち、対面する。白布は自分ではずさないのがマナー。

❸「安らかなお顔ですね」などと述べ、合掌して冥福を祈る。

弔電の打ち方

●申し込み方法

電報はNTTやKDDIなどで扱っています。NTTの場合は一般契約電話・携帯電話からは局番なしの「115」にかけて申し込みます。インターネットでは24時間申し込むことができます。葬儀・告別式の前日までに届くように手配しましょう。

●打つときの注意

あて名は喪主で通夜、葬儀の会場あてに送ります。本文最後に差出人のフルネームと肩書などを入れます。喪主がわからない場合は、「故○○様御遺族様」とするか、亡くなった人が友人の家族であれば友人あてでもかまいません。

電報のメッセージは自分で作成するか、用意されている文例の中から選びます。「弔電」であることを告げると、弔電用の台紙が使われますが、別料金（500～1万500円・税別）で押し花や刺しゅうを施したものなど、さまざまな台紙が選べます。

電報は葬儀のときに読み上げられることもあるので、忌み言葉を避け、わかりやすい言葉を使いたいものです。

弔電文例

◆ご尊父様のご逝去を悼み、謹んでお悔やみ申し上げますとともに、心からご冥福をお祈りいたします。

◆ご生前のご厚情に深く感謝するとともにご生前のご功績を偲び、謹んでお悔やみ申し上げます。

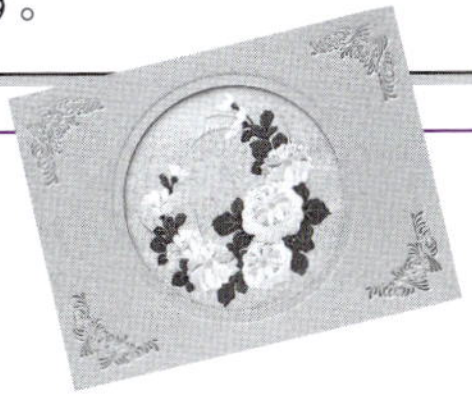

忌み言葉

弔問の際に遺族に言葉をかけるとき、弔電やお悔やみ状を送るときは、以下のような忌み言葉を使わないようにしましょう。

❶苦しみ、死を連想させる「九」「四」の文字。

❷不幸が重なるのを嫌って、「重なる」「重ね重ね」「くれぐれも」「たびたび」「返す返す」「しばしば」「まだまだ」「いよいよ」「皆々様」など。

❸不幸が再び訪れるのを嫌って、「また」「再び」「再々」「次々に」「追って」「続いて」など。

そのほか、直接的表現の「死亡」「死去」「死ぬ」も避けます。「死亡」は「ご逝去」「永眠」「世を去る」などに言いかえます。

香典のマナー

香典の意味としきたり

香典とは、死者の霊に手向《たむ》ける香の料（代金）を包むもの。昔は葬儀のための米や麦などの現物はすべて弔問客が持ち寄りました。現代は香をはじめとして葬儀に関するいっさいのものを喪家がそろえるので、弔問客は、その料として現金を包んで持参し、霊前に供えるようになったのです。

香典は、通夜か葬儀・告別式のどちらかに持参し、受付で渡します。受付がなければ礼拝のときに霊前に供えるか、遺族に手渡します。通夜に香典を供えた場合は、告別式には持参しなくてかまいません。

香典を入れる不祝儀袋は相手の宗旨に添ったものにします。また、香典を持参するときは、ふくさや小さな風呂敷に包みます。そのままバッグやポケットに入れるのは避けます。

香典を郵送するとき

葬式が遠方であったり、さまざまな事情で通夜・葬儀に出席できない場合は、不祝儀袋に入れて手紙を添え、できるだけ早く現金書留で郵送します。

不祝儀袋は水引が印刷されたものでもかまいません。手紙には、お悔やみの言葉と参列できないお詫びをつづります。

ここで差がつく

香典のポイント

★通夜か葬儀・告別式に香典を持参する。
★香典を郵送するときは手紙を添える。
★額は遺族との関係を考えた額に（多すぎても相手が困惑する）。
★持参するときはふくさに包む。
★中袋に住所、氏名、金額を書く。

香典の金額の目安

（単位：円）
上段は最多回答額・下段は平均額

贈り先	年代別				
	20代	30代	40代	50代	60代以上
祖父母	10,000	10,000	10,000	10,000	10,000
	9,386	14,201	17,018	37,646	21,667
親	―	50,000	50,000	100,000	―
	―	32,164	33,715	52,171	―
兄弟姉妹	10,000	30,000	30,000	50,000	50,000
	13,833	21,400	24,737	51,920	42,568
おじ・おば	10,000	10,000	10,000	10,000	10,000
	7,214	11,552	12,291	21,475	23,442
上記以外の親戚	5,000	5,000	10,000	10,000	10,000
	6,617	7,462	8,926	13,298	17,285
職場関係	5,000	5,000	5,000	5,000	5,000
	4,177	5,541	4,984	5,648	5,525
友人・その家族	5,000	5,000	5,000	5,000	5,000
	5,130	5,162	5,533	6,000	6,353
隣人・近所	3,000	5,000	5,000	5,000	5,000
	5,118	4,443	4,139	4,849	5,047

「―」はサンプルが少ないため、集計していません。
「一般社団法人全日本冠婚葬祭互助協会 平成28年度調査」より

香典を郵送するときに添える手紙例

○○様ご逝去のお知らせに接し、心からお悔やみ申し上げます。

皆様のお悲しみは、いかばかりかと、お察しいたします。すぐにお参りに伺えず、申しわけなく思っております。どうぞお許しください。

失礼ながら、心ばかりの香料を同封いたしました。ご霊前にお供えくださいますよう、お願い申し上げます。

謹んで、ご冥福をお祈り申し上げます。

香典の表書きと中袋の書き方

キリスト教式

水引のない白無地の包みか白封筒。表書きは「お花料」。花の絵柄に「お花料」と印刷された市販の袋でも。カトリックは「御ミサ料」としてもよい。

神式

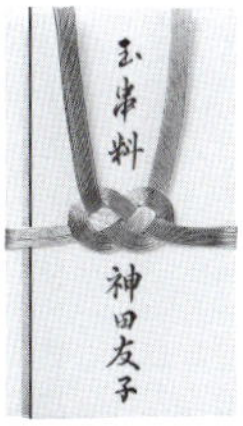

白無地の包み。表書きは「御霊前」「玉串料」「御榊料」など。水引は黒白、双銀、双白。

仏式

白無地か蓮の絵柄の包み。蓮の絵柄は仏式に限る。水引は黒白、双銀。表書きは「御霊前」「御香典」「御香奠」「御香料」など。四十九日法要以降は「御仏前」。

各宗教共通

「御霊前」は、通夜・葬儀ではどの宗教にも使える。名前は水引の下、中央にフルネームで書く。

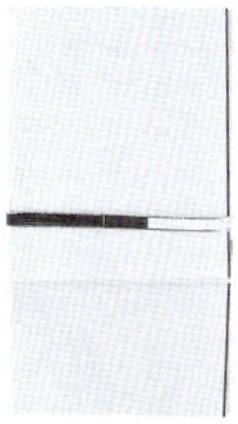

裏側は、下の折の上に、上の折を重ねる。慶事とは逆なので注意する。

中袋

表に金額を書き、お札は方向をそろえて入れる。裏に住所、氏名を書く。

中袋に使われる漢数字

金額は漢数字で書くのが基本。「壱、弐」などの大字を使うが、普通の漢数字でもかまわない。

漢数字	一	二	三	五	十	千	万	円
大字	壱	弐	参	伍	拾	仟（阡）	萬	圓

人数が多い場合

御霊前

佐山和人
小川輝夫
加賀実
須田ミキ
田中雅史
渡辺幸江

表には「○○会社有志」「○○　外一同」と書き、中に氏名を記した紙（便箋など）を入れる。この場合も右端が目上。

連名の場合

下段の中央に目上のかたの氏名を書き、左に目下の人の氏名を順に書く。

香典は地味な色のふくさに包んで持参する。左のような簡易ふくさも便利。

供物《くもつ》・供花《くげ》の贈り方

通夜・葬儀の供物・供花

亡くなった人の霊を慰めるために霊前に供える品物を供物、花を供花（供花《きょうか》）といいます。

通夜や葬儀の祭壇に飾る供物は地域によっても違いますが、親族など故人や喪家《そうか》とかかわりの深い場合に贈ることが多いようです。

品物は仏式では果物、干菓子類などで、葬儀社に依頼して供えるのが一般的です。

供花には花輪や生花などを贈ります。会場の外に並べる花輪は会社や団体が贈ることが多く、祭壇の脇に飾る生花は親族や故人とかかわりの深い友人などが贈ることが多いようです。

生花にはかご花とスタンド花があります。スタンド花は一つを一基、二つを一対といい、以前は一対で贈ることが多かったのですが、最近は1基で贈ることもめずらしくありません。

生花は白一色か白い花を中心に淡い色の花を加えることが一般的です。生花の金額はスタンド花1基で1万～1万5000円が目安です。

ここで差がつく　供物・供花のポイント

★通夜・葬儀に供物、供花を贈るときは、喪家側の意向を問い合わせる。
★祭壇用の供物や供花は葬儀社に依頼する。
★最近は白い花だけでなく淡い色合いの花なども使われる。

喪家の意向を聞く

葬祭壇によっては供物を置けないこともあります。また、会場によっては花輪や生花が並べられないこともあります。喪家が供物や供花を辞退することもあります。贈りたいときは、まず喪家（または葬儀の世話役）に問い合わせてからにします。

そのうえで、葬儀をとり仕切っている葬儀社に依頼します。喪家と連絡がとれない場合は、会場に問い合わせて日程と喪家名を伝え、担当の葬儀社を教えてもらいます。

担当の葬儀社を通さずに送ってしまうと、会場によっては飾ってもらえないこともあるので注意が必要です。

なお、供花は遅くても通夜が始まる3時間前まで、あるいは葬儀の前日には届くように手配します。

祭壇の両側などに飾るスタンド花（右）とかご花。

神式やキリスト教式の供物・供花

通夜・葬儀では、仏式では「焼香」をし、神式では「榊」をささげます。それぞれ宗教に合った供物が決められているので、贈る際には注意が必要です。

●神式　果物、和菓子、海産物などのほかにお酒を供えることも。花は花輪、生花などが一般的で、線香や抹香は供えません。

供え方や飾り方にしきたりがあるので、供物より現金を包んだほうがよいでしょう。

●キリスト教式　カトリックの場合は、祭壇への供物はいっさいできません。カトリックの葬儀で花を贈る場合は、教会ではなく、自宅に届けるとよいでしょう。プロテスタントの場合、生花のみを霊前に飾ります。

いずれも名札ははずして飾るのが基本です。

白い花がメインの弔事用アレンジメント。
写真協力／日比谷花壇

供物・供花の代金

供物や供花の手配を葬儀社に直接申し込んだ場合や、葬儀の世話役、喪主を通じて葬儀社に依頼した場合は、手配する際に代金の支払い方法を確認しておきます。

喪主がまとめて葬儀社に支払うこともあるので、その場合は、葬儀当日、世話役か喪主に供物・供花の代金を渡します。

代金は白封筒に入れて、表に「お供物代」「御花代」と氏名を書いて渡します。くれぐれも渡し忘れのないようにしましょう。

自宅に供物を送る

自宅に供物を送る場合は、仏式ではろうそくや線香などが一般的ですが、故人が好きだった菓子などを贈ることもあります。

供物は、お店で弔事用の包み紙を使い、黒白結び切りの水引が印刷されたかけ紙をかけてもらい、表書きは「御霊前」「御供物」として、水引の下に贈り主の氏名を書きます。

持参する場合は地味な色の風呂敷に包み、喪家では風呂敷から取り出して渡します。

自宅に供花を送る

自宅に供花を送る場合は、生花店などに供花であることを伝えて、お悔やみにふさわしい花を選んでもらいます。故人の好きな花がわかれば、入れてもらってもいいでしょう。形は花束やアレンジメント、かご花などがあります。

最近は葬儀の際、花を使った祭壇に故人が好んだバラの花を飾ることもあるようですが、供花として贈る場合は、トゲのあるバラは避けたほうがいいでしょう。また、真っ赤な花や派手な印象の花も避けます。

供花は、近くの生花店に依頼する以外に、インターネットの花店を利用する方法もあります。花に線香や菓子などを組み合わせたものもあり、カードを添えて贈ることもできます。

自宅に花を贈る場合はお悔やみ用のカードを添えても。

葬儀後に贈るとき

諸事情により葬儀に参列できなかったときは、香典ではなく供花や供物を贈ってもいいでしょう。

葬儀後に供花を贈るときは、なるべく後飾りの祭壇に故人がまつられている初七日から四十九日の間に贈ります。

Q&A

Q 「ご厚志ご辞退」の場合は？

A 「供物・供花の儀はご辞退申し上げます」などという場合は、供物・供花は贈らず、香典を持っていきます。
「ご厚志ご辞退申し上げます」という場合は、香典も受け取らないということですから、香典も贈りません。

Q 供物を「粗末なものですが」と言ってもよい？

A 供物を持参するときは、香典のときと同様、一般的なお悔やみに続けて「ご霊前にお供えください」と言って渡します。「粗末なものですが」「つまらないものですが」などとは言いません。

Q 供花を贈ったら香典はいらない？

A 遠方に住んでいるなどの理由で葬儀に参列できず、供花を贈った場合は、香典は贈らなくてもかまいません。会社や団体が香典がわりに供花を贈ることもあります。葬儀に参列する場合、故人や喪家と親しい関係であれば供花とともに香典を贈ることが多いようです。

弔問の装い

女性の装い

一般会葬者の場合は本来、通夜はグレー、紺などの地味な色のスーツ、ワンピースや黒のブラウスやジャケットに黒のスカートの組み合わせなどの略礼装でかまわないのですが、最近は通夜もブラックフォーマルで参列する人が多くなっています。

葬儀・告別式はブラックフォーマルで参列する人がほとんどです。一般会葬者は、そのときの流行を適度にとり入れたデザインの準礼装のブラックフォーマルでかまいません。

和装の場合は地味な色無地の三つ紋か一つ紋付きに黒の喪帯を締めます。足袋と半襟は白、帯締め、帯揚げ、ぞうり、バッグは黒にします。色はグレーや地味な藤色、水色などを。無地でもおめでたい

女性

準礼装（和装）

紋付きの色無地に喪帯。ぞうりとバッグは黒。四十九日までの法要もこれに準じる。地味な小紋に一つ紋付きの黒の羽織でもよい。

略礼装（洋装）

一般会葬者として参列するときは、濃紺や濃いグレーなどのダークカラーのスーツに黒のブラウスなどでもかまわない。パンツスーツはカジュアルでなければOK。

準礼装（洋装）

長袖、襟元の詰まった黒のフォーマルなワンピースやアンサンブル、スーツ。スーツはブラウスも黒。スカート丈は膝下。ストッキングは黒。通夜は肌色でもかまわない。

メイクは？

かつては喪服を着るときは、「片化粧」といって、口紅を使わないしきたりがあった。現在では、ノーメイクはむしろ失礼にあたるとされているので、控えめなメイクを。

メイクは控えめに。マニキュアはしないのが原則だが、透明な色ならかまわない。

ヘアスタイルは？

ロングヘアはすっきりと上品にまとめる。髪飾りはできるだけ避けるが、つけるときはつやのないリボンやバレッタなどでとめる。

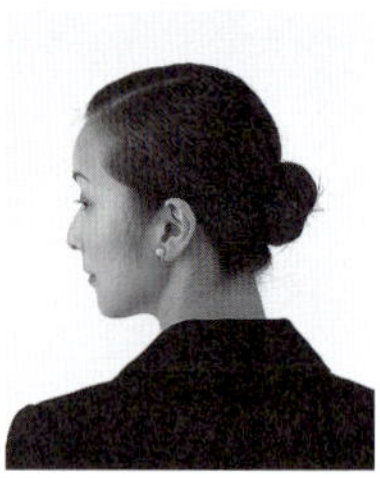

ロングヘアはすっきり整える。

吉祥紋の地紋は避けます。

色無地は紋があると準礼装、紋がないと略礼装になります。

男性の装い

一般会葬者も通夜、葬儀にブラックスーツを着用することがほとんどです。略礼服とされるブラックスーツですが、礼服として通用するくらい広く着用されています。本来は一般会葬者は略礼装のグレー、紺などのダークスーツでもかまいません。

ワイシャツは白無地。ネクタイ、靴下、靴は黒で統一します。タイピンはつけません。

ここで差がつく

弔問の装いのポイント

★洋装はすべて黒で、基本的に肌を出さない配慮を。
★毛皮や光沢のある革製品は避ける。
★アクセサリーは基本的につけない。派手なマニキュアやネイルアートは厳禁。
★和装の場合は黒か地味な色の着物を。帯は必ず黒にする。

男性

ブラックスーツ

黒無地のダブルまたはシングルのスーツ。ネクタイは黒無地でタイピンはつけない。

ダークスーツ

一般会葬者は濃紺、ダークグレーなどの無地か、地味なピンストライプのスーツでもかまわない。

小物のマナー

◆アクセサリーは？

身につけていいのは白や黒のパール、オニキスなどの一連のネックレス、シンプルな一粒イヤリングなど。指輪は結婚指輪のみOKです。二連のネックレスは重なることを嫌う弔事ではしないのが基本。アクセサリーで迷ったら原則としてつけないこと。「おしゃれ」を意識させる装いは不向きといえます。

二連のネックレスはしない。指輪も結婚指輪以外ははずして。

白や黒のパールのシンプルなものならOK。

◆ハンカチは？

色柄物は目立つので、白の無地や黒のフォーマル用のものを用意しておきましょう。

◆香水はつける？ つけない？

お香のにおいが立ち込める通夜や葬儀の場に、華やかな香水の香りはふさわしくありません。できるだけ避けたいものです。どうしてもという場合は、オーデコロンくらいにし、つけるのも膝の裏や足首の内側などにします。

◆足元は？

ストッキングは黒かナチュラルな肌色を。タイツはカジュアルなイメージなので避けましょう。

◆傘は？

意外と困るのが雨の日の参列。派手な傘は、場にそぐわず目立ってしまいがち。黒地の傘や地味な色合いの傘を用意しておけば、いざというときに慌てなくてもすみます。

Q&A

Q コートは着ててもいい？

A コートやショールは葬儀式場はもちろん、故人を見送る場でも脱ぐのがマナーです。極寒の時期、屋外での待ち時間に着るのはやむをえませんが、出棺の際は必ず脱いで見送りましょう。

弔辞を頼まれたら

依頼されたら引き受ける

弔辞は、故人との思い出を語りながらその死をいたみ、別れの言葉とするものです。遺族は、故人と特に親しかったと思われる人に弔辞を依頼します。

遺族から弔辞を頼まれたときは、よほどのことがない限り断らずに引き受けるのが礼儀です。

ここで差がつく

弔辞のポイント

★依頼されたら引き受ける。
★故人を追慕し、遺族を慰める内容にし、忌み言葉に注意する。
★記念に残るものなので、ていねいに書く。
★弔辞を読み上げるときは、心を込めることを第一に。

弔辞の文例（友人への弔辞）

○○くん、君の突然のご他界を僕はまだ信じることができません。ましてや今、このような喪服を着て、お別れの言葉を述べなければならないとは、思ってもいないことでした。できることなら、これが夢であってほしいという気持ちでいっぱいです。

君と知り合って十年。振り返れば学生時代の友人たちは、みな社会に出てそれぞれの道を歩んでおります。この二、三年は、君と僕とはお互い社会人であることを忘れて、よく会い、よく飲んだものでした。学生時代以上に君が近くなり、親しい友人となりました。

それにしても、僕たちが驚いたのは、君が青年海外協力隊員となって、発展途上国へ行きたいと言ったときでした。建築家として将来を嘱望されていた君が、何もかも捨てて、恵まれない人たちのために尽くそうと志した心情を知ったとき、僕たちは、そんな君を思いとどまらせる言葉が見つかりませんでした。

しかし、運命の女神は、君からその夢を奪い去ってしまったのです。なんという残酷なことでしょう。でも、僕たちは、君から、無償の愛とはどんなに美しく、そして強いものであるかを学びました。

残された僕たちは、君の志の十分の一も実行できないかもしれませんが、その心だけでも受け継いでいこうと思います。

お母様やお父様の悲しみは、いかばかりかと思いますが、これからも、君の家にときどき伺って、君の遺志を継ぐ僕たちの活動をご報告するつもりです。どうか、そちらから見守っていてください。心からご冥福をお祈りいたします。

1 「○○さん（くん）」と呼びかけの形式で

呼びかけ形式で始まるのが一般的。キリスト教では、故人は神に召され、安らかに眠ることを祈るという意味から、呼びかけはしない。

2 故人の死への驚きを述べる

故人の死に驚く言葉としては、「突然のご訃報に、ただ呆然とするばかりです」「突然の悲報に接し、残念でなりません」などとする。

3 故人との関係を述べる

続いて、参列者に故人と弔辞を読む人の関係がはっきりわかるような一文を入れる。

4 故人の人柄や功績をたたえる

故人の人柄や功績をたたえ、感謝の気持ちを伝えるエピソードを。わざとらしいほめ言葉は避け、素直に心情をあらわす。

5 遺族への心くばりとお別れの言葉で結ぶ

残された遺族への心くばりの言葉を入れる。最後は故人へのお別れの言葉を。

内容のポイント

葬儀・告別式で読み上げられる弔辞は、故人との思い出を語りながら、死を悼み、別れの言葉とするものです。

弔辞の内容は、故人の人柄をしのび、功績をたたえ、追慕と感謝の気持ち、残された者の決意などを述べ、遺族への慰めと励ましと続け、故人への別れの言葉で結ぶのが一般的です。

弔辞を依頼されたときは、友人、先輩、後輩、恩人など、自分の立場を考えて、故人とのつきあいを思い出しながら、ふさわしい内容を考えます。

弔辞は遺族が記念として保存するので、ていねいに書きましょう。巻紙に薄墨で楷書の筆書きをするのが正式ですが、市販の弔辞用紙を使用してもかまいません。

巻紙の場合は書き終わりから巻いて奉書紙《ほうしょがみ》で包み、「弔辞」と表書きをします。

便箋を使うときは、万年筆や筆ペンなどを使って白便箋に書き、白無地封筒に入れ、表に「弔辞」と書きます。

奉読時間は3分、原稿にして1200字が目安です。

市販の弔辞用紙。奉書紙（上包み）には「弔辞」と表書きする。

書くときの注意

書くときは、次の点に注意しましょう。

◆忌み言葉（P219参照）を使わないようにする。宗教によって独特の表現があるので注意が必要。結びの言葉は「ご冥福をお祈りいたします」や「安らかにお眠りください」が一般的だが、仏教用語の「冥福」は、神道、キリスト教では使わないようにする。

◆故人の人柄や功績をたたえる内容は、美辞麗句を並べたり、形式的なものにならないように気をつける。故人の死を悼む気持ちを素直につづる。

◆故人の生前の言葉や印象に残る人物像など、弔辞のメインとなるエピソードは具体的に書く。

読み方は

弔辞をささげるときは、弔辞は左手に持つか、上着の内ポケットなどに入れて祭壇前に進み、遺族と司会者に一礼し、上包み（または封筒）から出して、読み上げます。読み終えたら祭壇に供えます。

弔辞は、書いたものを読む形ですが、本来は書いたものを読み上げるのではなく、残された者の思いを故人に伝えるためのものです。

その思いが参列者にも伝わるように、大きめの声で、ゆっくりと心を込めて故人に語りかけるように読みましょう。

時間の確認なども含め、前もって声に出して読み、練習をしておきます。

弔辞のささげ方

❶遺族に一礼し、祭壇の前に進む。遺影に一礼したのち、弔辞をとり出す。

❷上包みを開いてとり出し、たたんだ上包みの上に弔辞を置き、右手で弔辞を開き、胸の高さで読む。

❸読み終えたら包み直し、表書きを祭壇のほうに向けて供える。遺影に一礼して席に戻る。

通夜の席でのマナー

通夜とは

通夜は本来、遺族や近親者、故人と特にかかわりの深かった人たちが集まり、故人の霊を夜通しなぐさめるためのものです。特に親しい関係でなければ、通夜ではなく故人に別れを告げる儀式である告別式に参列するのが、本来の形です。

最近は昼に行われる葬儀・告別式より、通夜のほうが時間的にも出席しやすいこともあり、さほど親しくない人でも通夜に参列する人が多くなりました。

故人との関係にもよりますが、時間が許すなら告別式に参列したいものです。もちろん、親しい間柄では、通夜と告別式の両方に参列します。

ここで差がつく

通夜のポイント

★親しい間柄では、通夜と告別式の両方に参列する。
★遺族に長々と話しかけない。死因や病状を尋ねない。
★通夜ぶるまいは、ひと口でも箸をつけ、そのあとは長居しない。

通夜への参列

最近の通夜は半通夜といい、午後6時ごろから始まり、読経、焼香のあと、別室で通夜ぶるまいの席がもたれて、9時か10時ごろにはお開きになるのが一般的です。

通夜には開始10分前くらいには着くようにします。

通夜の服装

本来、一般会葬者の通夜の参列には正式な喪服ではなく地味な服装（略礼服）でかまわないのですが、今は一般会葬者でも喪服（男性はブラックスーツ、女性はブラックフォーマル）で参列する人がほとんどです。

略礼服で参列する場合、男性は濃紺や濃いグレーのダークスーツに白のワイシャツ、ネクタイは黒を締めます。靴、靴下は黒にします。

女性は地味な色合いのスーツやワンピース、黒無地のブラウスやスカートの組み合わせを。スーツのインナーは黒のブラウスやシャツにします。ストッキングは黒かナチュラルカラーにします。

受付で香典を渡し記帳をする

通夜の式場の受付では、係の人に「このたびはご愁傷さまです。どうぞ、ご霊前にお供えください」などと簡単にお悔やみの言葉を述べて香典を差し出し、芳名帳に記帳します。香典はふくさからとり出し、表書きを先方に向けて両手で渡しましょう。

受付がなければ、遺族にお悔やみを述べて手渡すか、拝礼の際に祭壇に供えます。

代理出席の場合

やむをえない事情で、本人が通夜、告別式に出席できない場合、家族などで代理を立てることがあります。

代理人として参列する人は、受付であいさつする際に、誰の代理で来たのか、簡単に事情を話してから、香典を差し出します。記帳するときは、出席できなかった本人の名前を書き、その左横に小さい文字で、代理の意味の「代」（妻の場合は「内」）と書き添えます。代理ではなく香典を預かってきた場合も、同様に預けた人の名前を書きます。

通夜の焼香は

通夜の会場に入ったら、席に座って静かに開式を待ちます。通夜では一般弔問客は先着順に座ってよいのですが、自分より年配者が多い場合は、なるべく後方に控えているのがよいでしょう。ただし、弔問客が多い場合や込んできて席をすすめられたら、遠慮せずに座ります。

通夜の儀式が始まったら、僧侶の読経、遺族の焼香、一般弔問客の焼香と続きます。自分の順番がきたら、次の人に軽く会釈して進み、僧侶と遺族に一礼して焼香をします。焼香がすんだら席に戻るか、案内に従って通夜ぶるまいの会場に移動します。

通夜ぶるまいには箸をつける

通夜では、故人の供養のためと弔問へのお礼のために通夜ぶるまいの席が設けられます。喪家からすすめられたら、固辞せずに席について、ひと口でも箸をつけるのが礼儀です。

通夜ぶるまいのお酒は、お清めのためのもの。飲みすぎないようにし、長居はせずにタイミングを見計らって静かに辞去しましょう。

辞去するときは、周囲の人に「お先に失礼します」と述べて、静かに退席します。

遺族へのお悔やみ

遺族は多くの弔問客に対して、同じように接しなければなりません。遺族にお悔やみや慰めの言葉をかけたいと思っても、長々と話しかけたりするのは避け、お悔やみの言葉は簡潔を心がけましょう。

忌み言葉（P219参照）に気をつけて、故人の病状や死因についてあれこれ尋ねることはしません。また、たとえ高齢で亡くなった場合でも、たいせつな身内を失った遺族の思いは複雑です。「天寿をまっとうして」や「年に不足はない」といった言い方は避けましょう。

仏教以外の葬儀では「冥福」「成仏」「往生」「供養」といった仏教用語は控えます。キリスト教では「お悔やみ」「哀悼」なども使わないとされています。

お悔やみの言葉例

◆夫を亡くした相手に

「このたびは、思いがけないお知らせを受けまして、本当に驚きました。どんなにかお力落としのことと思いますが、お子様のためにも、どうぞお気をしっかりお持ちになってください。ご冥福をお祈り申し上げます」

◆妻を亡くした相手に

「奥様には親しくおつきあいをいただきました。ご心中をお察しいたします。お慰めの言葉もございません」

◆若い人が亡くなった場合

「このたびはご愁傷さまでございます。ご家族の皆様のお嘆きはいかばかりかと存じます。本当に残念でなりません。ご冥福を心よりお祈り申し上げます」

◆高齢者の場合

「もっと長生きしていただきたかったのですが……。本当に残念なことでございます。心からお悔やみ申し上げます」

葬儀・告別式でのマナー

早めに会場に行き、受付をすませる

葬儀・告別式に参列するときは、定刻より早めに会場に到着し、開式の10分前には席に着きます。告別式のみに参列する場合も、開式10分前には受付をすませます。

受付でのマナーは、通夜と同じです。係の人に「このたびはご愁傷さまでございます」と簡単に弔意を述べ、ふくさから出した香典を差し出し、会葬者芳名帳に住所と名前を記帳します。

通夜に出席してすでに香典を供えている場合は、記帳だけをすませ、「お参りさせていただきます」と述べて式場に入ります。

着席して開式を待つ

式場では一般会葬者は親族や関係者などの後ろの席に着きます。席の指示がない場合は、控えめな席に着きます。

焼香などの拝礼は喪主から始まり、遺族、近親者と続き、最後に一般会葬者となります。

出棺はできるだけ見送る

告別式のあと、遺族や近親者による最後の対面がすむと、喪主のあいさつのあと、出棺になります。一般会葬者は式場の外で静かに待ちます。

特にやむをえない事情で時間がとれないとき以外は、見送るのが礼儀です。

棺が運び出されたら、コートやショール類は脱いで持ち、霊柩車が動き出したら、冥福を祈って合掌し、ていねいに頭を下げて棺を見送ります。

ここで差がつく

葬儀・告別式のポイント

★始まる10分前には受付をすませる。
★受付で簡単なお悔やみの言葉を述べ、香典を先方に向けて差し出す。
★遺族へのあいさつは黙礼にとどめる。
★出棺は合掌し、頭を下げて見送る。

受付での作法

❶コートや帽子などは脱ぎ、大きな荷物があれば一緒に預ける。預けられない場合は会場に持ち込み、椅子の下に置く。

❷簡単なお悔やみの言葉を述べたあと、香典をふくさからとり出す。ふくさを軽くたたんで手前に置き、「ご霊前にお供えください」と香典を先方に向けて差し出す。

❸会葬者名簿に住所、氏名を記帳する。通夜に参列している場合は、「昨日も参列いたしましたので」とひとこと述べて記帳する。

❹記帳をすませたら、「お参りさせていただきます」と述べて一礼し、式場に向かう。

葬儀・告別式でのQ&A

Q 遺族へのあいさつは

A 遺族へのあいさつは控えます。わざわざ遺族のところに行ってまであいさつするのはマナーに反します。喪主や遺族は会葬者に対しては、同じように接しなければならない立場だからです。目が合ったら黙礼する程度にとどめましょう。

Q 香典袋にお金を入れ忘れたら

A 実際の葬儀で香典袋にお金が入っていない、ということはめずらしくありません。香典袋にお金を入れたかどうか心配な場合は、そのままにせず、喪家の世話役に問い合わせましょう。入れ忘れていた場合は、ていねいに詫びて、あらためて香典を持参します。

Q 遅れて不幸を知ったときは

A 旅行中などで告別式が終わったあとで知った場合などは、不幸を知った時点で、すぐに相手の都合を聞いてお悔やみに出向きましょう。「ご不幸を存ぜず失礼いたしました。お悔やみが遅れて申しわけありません」と、知らなかった事情を話してお詫びします。相手の都合が悪いときは、香典にお悔やみ状を添えて郵送します。

Q 香典に新札を使ってもいい?

A かつては、相手の不幸を予測して準備していたととられるため新札は使わないとされていました。いまはすぐに新札が手に入る時代です。汚れたお札よりきれいな新札のほうが受け取るほうも気持ちがいいものです。新札を包んでかまいませんが、気になる場合は、一度折って折り目をつける方法もあります。

Q 火葬場へ同行を求められたら

A 火葬場へはふつう、遺族や親族、故人とかかわりの深い人が同行します。遺族から声をかけられたら、同行するのが礼儀です。
やむをえない用事がある場合は「申しわけありませんが、どうしても時間の都合がつきませんので、式場で見送りさせていただきます」とお詫びを述べて断ります。

Q 子連れの参列はOK?

A 子どもの年齢や性格にもよりますが、小学校の低学年までは参列はできるだけ避けましょう。特別な事情で子どもを連れていく場合は早めの時間に行き、お焼香がすんだら引き上げます。また、出かける前に子どもには悲しみの席であること、静かにすることを言い聞かせておきましょう。

また、子どもを亡くした通夜・葬儀では、子連れの参列は心ない行為です。

ただし、子どもの友だちが亡くなった場合は、状況に応じて連れていきます。

Q 妊娠時の弔問は

A 地方によっては「縁起が悪い」と妊婦は通夜・葬儀に参列するのを避けるところもあります。また、妊婦は魔除けとなる鏡を、おなかに入れて参列するとよい、といわれることもあります。いずれも、妊婦の体を気遣うことからくる迷信でしょう。どうしても故人とのお別れがしたい場合、体調がよければ参列してかまいませんが、無理はしないようにしましょう。

拝礼のマナー

仏式

焼香とは

焼香は、香気によって霊前を清め、その香を霊に手向けるものです。お香には抹香と線香があり、弔問や通夜では線香を、告別式では抹香が使われます。

通夜の参列者が多くなった最近では、通夜でも抹香が使われることが多くなりました。

抹香焼香の作法

抹香焼香は、抹香を指でつまんで額に押しいただき（かざすようにする）、香炉に入れます。宗派によってはおしいただかず、そのまま香炉に落とします。

回数は、仏、法、僧にささげるという意味で3回とする宗派、焼香、従香の2回など、宗派によって違います。会葬者が多い場合は1回でかまいません。

線香焼香の作法

線香の火はろうそくでつけ、香炉に立てます。息を吹きかけて炎を消すのは厳禁。消えないときは、すっと手前に引いて消します。

線香立てには、隣の線香につかないように立てます。本数は1本が一般的。浄土真宗の場合は香炉の幅に合わせて折り、寝かせておきます。

ここで差がつく

仏式拝礼のポイント

★抹香焼香では香は右手で香炉に落とす。回数は式場での指示に従う。

★数珠を持っていれば持参する。必ず左手に持つ。

抹香焼香の仕方

❶遺族と僧侶に一礼してから焼香台の前に立ち、遺影に一礼し、数珠を左手にかけ、右手の親指、人さし指、中指の3本で抹香をつまむ。

❷頭は軽くおじぎするように下げ、抹香をつまんで、右手を額の高さにかかげる。

❸つまんだ抹香を、香炉に静かに落とす。回数は一般的には2回、会葬者が多いときは1回でもよい。

❹遺影に向かって合掌し、故人の冥福を祈る。遺族、僧侶に一礼し、自席に戻る。退出順路があれば順路に沿って下がる。

回し焼香

仏式では読経中に、盆にのせた香と香炉を参列者に回して焼香する、回し焼香が行われることがあります。自宅での通夜や葬儀など、会場が狭い場合に行われます。

基本的には祭壇前の焼香と同じです。前の人から盆を受け取ったら正面に置いて抹香焼香をし、拝礼がすんだら次の人に盆を回します。

盆を前に置くスペースがない場合は、膝の上に置き、左手で支えて焼香します。

回し焼香は、香炉を床に置いたまま焼香する。

回し焼香の仕方

❶香炉が回ってきたら、黙礼して、正面に置く。

❷香を右手の３本の指先でつまみ、目の高さまでかかげたら、香炉に落とす。

❸祭壇の遺影に向かって合掌し、冥福を祈る。

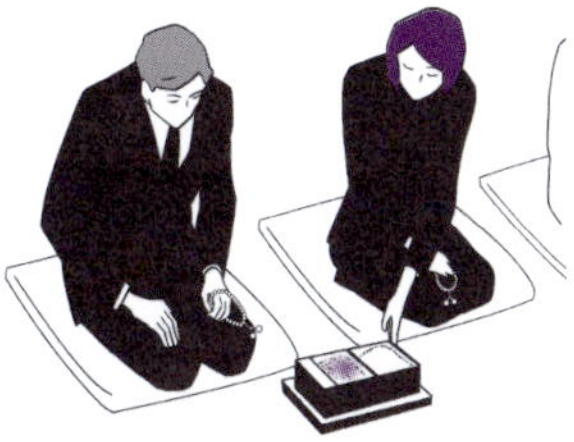

❹次の人に香炉の盆を回す。

知っておきたい数珠のこと

★数珠は念珠ともいい、厄除けやお守りの意味もあって仏教徒には欠かせない仏具です。二重にして持つものを「二輪念珠」、数を減らした略式のものを「単念珠」といいます。現在は短念珠が多く使われています。

★宗派によって形や用い方に違いがありますが、会葬には自分の持っているものでかまいません。

★持参するときは念珠入れなどに入れ、使わないときはポケットかバッグにしまいます。畳や椅子の上にじかに置かないようにしましょう（Ｐ２０４参照）。

★なお、神道やキリスト教の葬儀には持参しません。

儀式の日程と進行

神道の場合、通夜は通夜祭、葬儀は神葬祭と呼びます。通夜祭のあと、引き続き遷霊祭《せんれいさい》という、故人の霊を霊璽《れいじ》（仏式の位牌にあたる）に移す儀式を行います。

葬場祭は通夜祭の翌日に行います。葬場祭は、祭式に入る前に身を清める「手水《てみず》の儀」があり、会葬者は式場で着席して、神職、遺族、近親者などが順に着席するのを待ちます。全員が入場すると、「修祓《しゅばつ》（おはらい）」「捧弊・献饌（お供え）」「祭詞奏上」「奏楽」「弔辞・弔電朗読」と続き、「玉串奉奠《たまぐしほうてん》の儀」で終わります。

その後、仏式と同様、故人との最後の対面のあと「出棺」となります。神道では焼香は行わず玉串をささげます。

ここで差がつく

神式葬儀のポイント

★参列者の身を清める手水の儀がある（P204参照）。
★玉串の持ち方（右手が根元、途中で逆に持ちかえる）を間違えない。
★音を立てない、しのび手で手を打つこと。

玉串奉奠の儀

玉串とは榊の枝に四手《しで》（紙垂《しで》）と呼ばれる紙片をつけたものです。喪主、遺族、近親者、一般会葬者の順でささげます。

順番がきたら前に進み、遺族、神官に一礼し、神官から玉串を受け取ります。次に案と呼ばれる玉串を置く台の前に進み、玉串をおしいただいてから、右記の手順でささげます。このあと三歩退いて深く二礼し、二拍手、一礼（二礼二拍手一礼が神式礼拝の基本）をします。

このときの拍手は「しのび手」といって、神社参拝のときとは違い、実際には手を合わせず、両手を打つ寸前で止めて、音を立てません。

玉串のささげ方

❶神官から根元が右にくるように渡されるので、胸の高さに右手は上から根元近くを、左手は下から支えるように受け取る。

❷受け取った形のまま案（玉串を置く台）の前に進み、玉串を胸の高さから下げないようにして一礼し、時計回りに根元を手前にした形に90度回す。

❸左手を右手と同じように根元のほうに持ってきて左手に持ちかえ、右手を添えて時計回りに180度回す。

❹根元を祭壇に向けて玉串を案に置き、三歩下がり深く二礼する。しのび手で二拍手し、深く一礼して席に戻る。

キリスト教式

葬儀の進み方

キリスト教では「死がすべての終わりではなく」、「死は神のみもとに召される」ということを意味しています。

葬儀はたいてい、故人が所属していた教会で行われます。

葬儀では柩《ひつぎ》を教会の祭壇に移し、賛美歌、聖書朗読、神父（カトリック）や牧師（プロテスタント）による追悼説教、弔辞・弔電の朗読、献花などが行われます。

ここで差がつく

キリスト教式葬儀のポイント

★葬儀は教会で行われる
★「ご愁傷さまで」といったお悔やみは禁句。
★信者以外は十字を切らない。
★花以外の供物は贈らない。
★焼香のかわりに献花がある。
★服装は仏式と同じでかまわない。

献花は

キリスト教の葬儀では献花が行われるのが一般的です。

祭壇の前に進み、一礼して花を両手で受け取り、左記のようにささげます。献花のあとは頭を少し下げて黙祷し、祭壇に向かったまま2〜3歩退き、遺族と神父（牧師）に一礼して席に戻ります。

献花の仕方

❶順番がきたら係の人から花が右側にくるように両手で受け取り、祭壇に向かって一礼する。

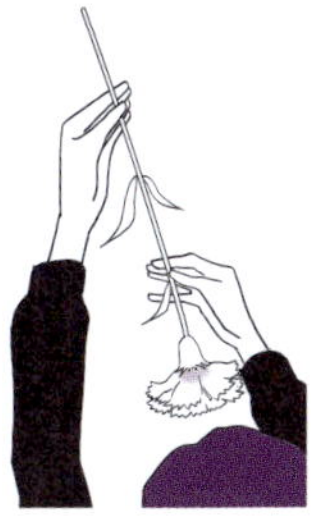

❷献花台の前で花の根元が祭壇に向くように回転させる。

❸左手の甲を下にし、右手を下から支えるようにして花を献花台に置く。

❹軽く頭を下げて黙祷し、一歩下がって深く一礼したあと、数歩下がって遺族と神父（牧師）に一礼し、自分の席に戻る。

自由葬やお別れの会に参列するとき

特定の宗教や形式にとらわれずに行うのが自由葬です。葬儀のスタイルにルールはありません。故人が好きだった音楽を中心にした「音楽葬」や、故人の遺影を飾り、献花をしたあと、遺族が参列者を食事でもてなす「お別れの会」のような形もあります。最近は家族葬のあと、日をおいて「お別れの会」を設けることも増えています。

参列者は香典などをどうすればよいのか迷いがちですが、基本的には案内状に、参列者に対して香典や供物・供花を辞退する記載があれば、それに従います。服装も礼服（喪服）、平服（男性はダークスーツ、女性は地味な色のワンピースやスーツなど）の記載があれば、それに従います。

特に記載がなければ、香典や供物・供花の贈り方や服装、会葬のマナーに関してもほかの葬儀スタイルと同じと考えてよいでしょう。

焼香があるのか、献花だけなのかなど会葬の形式については、当日にならなければわからないことも多いのですが、焼香の仕方、玉串のささげ方、献花のマナーがわかっていれば慌てることはないでしょう。

葬儀・告別式のあとで

帰路のマナー

霊柩車が火葬場へと向かうのを合掌で見送ったら、会葬者は自然解散となります。そのまま帰路に着きます。

知人などと帰る場合に、葬儀の感想や故人の噂、死因についてなど、大声で話をしたり、故人とは関係のない話でも笑い声を立てたりするのは避けましょう。同じ葬儀に参列した人がそばを通っているかもしれません。

お清めの塩は

通夜や葬儀の会葬礼状に塩の小袋がついていることがあります。これは「お清めの塩」といって、死のけがれを清めるためのもの。しかし、死をけがれと考えない宗教、宗派もあり、必ずしも使わなければならないものではありません。

使う場合は自宅の門を入る前、集合住宅では玄関ドアの外で、胸元、背中、足の順に塩を振ります。自宅に人がいる場合は、その人にかけてもらいます。

形見分けの申し出があったら

故人の愛用していたものや趣味のものなどを親しい人に分けるのが形見分けです。形見分けには、故人が生前お世話になったことへのお礼の意味もあるので、申し出があったら遠慮せずに受け取りましょう。

とはいえ、あまりに高価なものや、かえって故人を思い出してつらいと思うような場合は、相手の気持ちを傷つけないように辞退してもかまわないでしょう。

香典返しを受け取ったら

あいさつ状とともに香典返しが送られてきたときには、お礼を述べるということはしません。

しかし、送られてきた品物を、確かに受け取った旨の連絡をしたい場合は、喪中見舞いを兼ねた手紙を出すようにします。この場合、「ありがとうございました」とは書きません。

親しい間柄であれば、遺族の近況を気遣い、励ましの電話などもよいでしょう。

ここで差がつく

葬儀のあとのポイント

★帰路では、故人の噂や死因の話はしない。

★香典返しのお礼は必要ないが、品物が届いた報告は出す。

★形見分けを断るときはていねいに辞退理由を伝える。

清めの塩は胸元、背中、足の順にかける。
自分でかけるときは肩越しにかける。

受け取るときのひとこと例

ありがとうございます。思い出として大切にさせていただきます。

断るときのひとこと例

ありがとうございます。ただ○○さんを思い出してつらくなりますので、辞退させていただいてよろしいでしょうか。

こんなときどうする？ Q&A

Q 喪中の相手にお中元やお歳暮を送ってもいい？

A お中元・お歳暮はお祝いの贈り物ではないので、相手が喪中であっても贈ってさしつかえありません。ただし、四十九日が明けていない場合は、明けてから「暑中見舞い」「寒中見舞い」として贈るといいでしょう。その場合、紅白の水引のついたのし紙ではなく略式の無地の短冊をつけてもらうとよいでしょう。

Q 年賀欠礼状をいただいたらどうする？

A 年賀欠礼のあいさつ状をいただいたら、こちらからも年賀状は送りません。年賀状を出したあとに届いた場合は、不幸を知らなかった旨を記して、お詫びとお悔やみの手紙を出します。

通夜や葬儀に参列せず、年賀欠礼状で不幸を知った場合、お悔やみの気持ちを伝えたいのであれば、線香などの供物を贈ってもよいでしょう。

また、寂しい正月を迎えているに違いない遺族を慰める意味で、松の内が過ぎてから心を込めた「寒中見舞い」を出すとよいでしょう。

Q 喪服がないので喪章をつけてもいい？

A 喪章は遺族や葬儀の世話役などがつけるもので、一般会葬者はつけません。一般会葬者として参列する場合、喪服がなければ通夜も葬儀・告別式も濃紺やグレー、黒など地味な色のスーツやワンピースなどの平服でかまいません。ただ、社会人のマナーとして喪服は持っているとよいでしょう。

Q 告別式から仕事に向かう場合、お清めの塩はどうする？

A 仕事先に向かう場合は、告別式後、斎場を出るときに足元に塩をまき、３回踏む方法でよいでしょう。男性はそのあとネクタイをとりかえます。

Q 葬儀の帰りは別の道を通ると聞くが…

A 不祝儀などに出向いた道をなぞらないという迷信です。

気にする必要はありませんが、気になるようでしたら、縁起直しをするつもりで別の道を帰ってみてはいかがでしょう。

服喪中と知らずに年賀状を出したときの詫び状（例）

御令室様がご他界され、ご服喪中とのお便りをいただき驚いております。遅ればせながら、謹んでお悔やみ申し上げます。

少しも存じませず年始状をお送りし、たいへん失礼いたしました。ご容赦いただきたくお願い申し上げます。

ご家族の皆様には、さぞお力落としのことと存じます。

寒さ厳しき折から、ご自愛くださいますようお祈りいたします。

喪中見舞い状（例）

立秋とは名ばかりで、まだまだ暑い日が続いておりますが、○○様には何かとお心せわしくお過ごしのこととお察し申し上げます。

おひとりになられて、さぞお力落としのことと存じますが、一日も早くお元気になられますよう祈っております。

残暑厳しき折から、くれぐれも御自愛のほどお祈り申し上げます。

なお、お送りいただきましたお品、昨日到着いたしましたので、ご報告申し上げます。

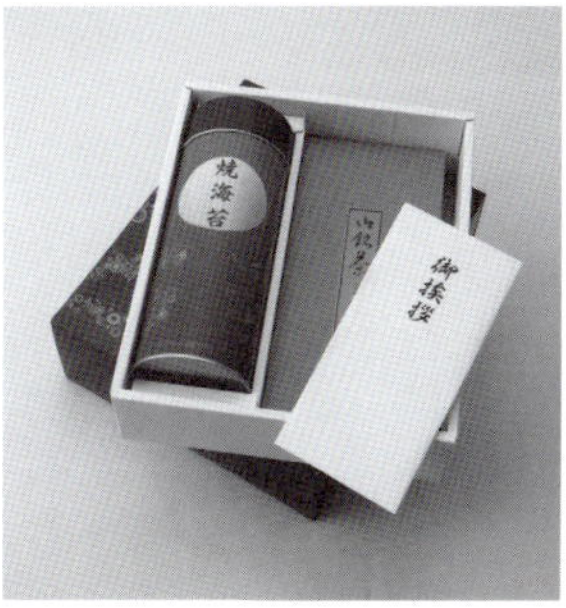

香典返しは四十九日の忌明けごろに送られてくる。

お悔やみの手紙

はがきではなく封書で

お悔やみの手紙は、親しかった人の死をいたみ、遺族を慰めるために出すものですから、はがきではなく、必ず封書で出します。便箋と封筒はシンプルな白無地を使います。

「不幸が重なる」を避ける意味で、できれば便箋1枚におさめ、一重仕立ての封筒を使います。

◎前文は省略する

「拝啓」などの頭語や時候のあいさつなどの前文は省略し、「○○様のご逝去のお知らせに言葉もありません」などと、本文に直接入ります。

というのは、お悔やみの手紙は訃報を聞いたら時間をおかずに、とり急ぎ出す性質のもので、故人を悼む気持ちがまず先にあって書かれるものだからです。

お悔やみの手紙の文例

お母様が旅立たれたとの悲しいお知らせを受けて、いまだに信じられない気持ちでおります。

お母様には、学生時代、よくおいしい手料理をごちそうになりました。私は下宿生活でしたので、お母様の笑顔に接すると、心も体も元気にしていただきましたのに、ご恩返しもできないままで残念です。遠くにおりましてお参りに伺えず、申しわけございません。

○○さんには、いまは心も体もさぞお疲れのことと思います。どうかお体をたいせつになさってください。少しお元気になられたら、きっとお会いしましょう。

なお、心ばかりの供花を別送いたしましたので、ご霊前にお供えください。

心からお悔やみ申し上げます。

① 頭語、時候のあいさつは不要

お悔やみの手紙は頭語や時候のあいさつを省き、すぐ本文に入るのが原則。お悔やみの言葉を述べる。

② 故人との思い出を簡潔に

故人の思い出を書き添えると、形式的になりがちなお悔やみ状が心のこもったものとなる。参列できないお詫びも書く。

③ いたわりの気持ちを

遺族あての手紙なので、心からのいたわり、励ましの気持ちを表現する。

④ 供物《くもつ》・供花《くげ》・香典を贈るときは明記する

香典や供物・供花などを贈る場合は、必ずお悔やみ状にそのことを明記する。

法要に招かれたら

案内状の返事はすみやかに

法要（法事）の案内状を受け取ったら、すぐに出欠の返事を出すのが礼儀です。返信用はがきを出すとともに、電話であいさつすると、よりていねいです。

忌明け法要の返信には、出欠の返事とともに、喪中見舞いの言葉を添えて出しましょう。

参列者の服装は

仏式では、初七日、四十九日、一周忌までは告別式と同様に喪服を着用するのが一般的です。それ以降は平服でかまいません。法要は回を追うごとに略式にしていきます。

迷うときは親戚や年配者に問い合わせて、それに準じます。

供物料のマナーは

法要に招かれたら、供物を持参するのがしきたりですが、同じような花や供物が数多く重なることもあるので、現在は供物料として現金を持参するのが一般的です。

供物料の金額は地域によっても違いますが、香典の半額程度を目安にするのが一般的です。金包みは黒白または双銀、双白（神道）の結び切りの水引の不祝儀袋を使います。表書きは四十九日以降は「御仏前」「御供物料」「お香料」などとします。京都など地域によっては黄白の水引の不祝儀袋を使う場合もあります。

供物料はふくさに包んで持参し、当日、法要が始まる前、遺族にあいさつするときに「ご霊前にお供えください」と手渡します。

ここで差がつく

法要に出席するときのポイント

★招かれたらできるだけ応じ、出欠の返事は早めに出す。
★一周忌までは喪服、それ以降は地味な服装で。
★欠席する場合は、お詫びと慰めの手紙と供物(料)を送る。

返事に添える言葉（出席の場合）

ごていねいな案内状をいただきまして恐れ入ります。当日はご一緒にご供養させていただきます。

返事に添える言葉（喪中見舞い）

お招きいただき恐れ入ります。日増しにお寂しいことこととお察しいたします。どうぞご自愛なさってください。

女性

一周忌までは準礼装、それ以降は地味なスーツかワンピースなど。案内状に「平服で」とあるときも地味なスーツかワンピースを。

男性

一周忌まではブラックスーツかダークスーツに白ワイシャツ、黒ネクタイ。それ以降はネクタイ、靴下を地味なものに。

仏式の四十九日以降の法要は「御仏前」とする。四十九日より前は「御霊前」。ただし浄土真宗は葬儀から「御仏前」を使う。

法要でのあいさつ

葬儀と異なり、法要の出席者は少人数なので、法要の始まる20～30分前には到着し、供物料を渡します。遺族にあいさつをし、供物料を渡します。

「本日はご法要にお招きいただき恐縮です。ご一緒にご供養させていただきます」

「ごていねいにご通知をいただき恐れ入ります。ご法要の席に参列させていただきます」など。「ありがとうございます」という言葉は避けます。

会食の席でのマナー

法要のあとは会食の席が設けられます。死去から間もない法要ではしんみりとした席になりますが、年数がたつにつれて悲しみも薄らぎ、故人とゆかりの人たちが一堂に会する、なごやかな雰囲気になってくるものです。

だからといって、故人と関係ない話に夢中になったり、お酒を飲んで騒ぐなどということは慎みたいもの。故人をしのぶ気持ちがたいせつです。

法要に欠席する場合は

やむをえない事情で出席できないときは、なるべく早くお詫びの言葉を添えて返事を出すとともに、電話でお詫びをします。

そして、法要当日より前に届くように、供物（線香や菓子、果物など）や供花、供物料などを送ります。供物料は現金書留で送ります。供物は黒白または双銀の結び切りの水引のかけ紙（のしなし）をかけます。

供物料を持参するときはふくさに包んで。

法要に欠席する場合に添える手紙（例）

〇〇様の一周忌のご案内をいただきながら、ご法要に出席できないこと、まことに心苦しく思っております。

母の体調がすぐれず、一日も家をあけられなくなってしまいました。どうかお許しください。

なお、心ばかりのお香料ではございますが、同封いたしましたので、ご仏前にお供えくださいませ。

当日は、この地より、皆様とともに心を込めて合掌させていただきます。

神式・キリスト教式法要に招かれたら

＊神式（霊祭）に出席するとき

神式の法要は、「霊祭」と呼ばれ、葬儀の翌日の翌日祭に始まり、10日ごとの毎十日祭、そして五十日祭、百日祭、一年祭と続きます。招かれたときのマナーは、仏式と同じにでかまいません。霊祭では玉《たま》串奉奠《ぐしほうてん》を行います。供物料は双銀または双白の結び切りの水引の不祝儀袋に、表書きは「玉串料」「御榊料」とします。服装、あいさつは仏式とほぼ同じですが、「供養」という言葉は使いません。

＊キリスト教の記念祭や追悼ミサに出席するとき

カトリック、プロテスタントともに、供物としては花のほかには贈りません。花の贈り方は、葬儀と同じです。現金を包む風習はありませんが、食事のもてなしがある場合は「お花料」として持参します。服装については仏式に準じます。

PART 7

手紙のマナー

- 知っておきたい手紙の構成
- 封筒・はがきの書き方を再確認
- 目的別・手紙の文例集

手紙の基本構成

手紙には、「頭語《とうご》」から始まり、「結語《けつご》」で終わる、という書き方の基本ルールがあります。めんどうなようですが、基本を知っておくと、目上のかたやあらたまった手紙などもスムーズに書くことができます。

手紙は、①前文（頭語・時候のあいさつなど）、②主文（起語・本文）、③末文（結びの言葉・結語）、④後づけ（日付・署名・あて名）、⑤別記（追伸・添え書きなど。これらはない場合もある）の5つのグループで構成されています。

拝啓

新緑の候、

皆様にはますますお元気でお過ごしのことと存じます。

おかげさまで、私ども家族一同、変わりなく暮らしております。

さて、このたびは、ご新邸がご完成と伺い、心よりお喜び申し上げます。

緑に囲まれた閑静なところとの由、さぞかし快適な毎日をお過ごしのことと思います。

Ⓐ 頭語

行頭から書く。

Ⓑ 時候のあいさつ

頭語に続ける場合は、改行して1文字分下げる。

Ⓒ 先方の安否・こちらの安否・お礼あるいはお詫びなど

安否とお礼・お詫びの両方を入れるときは、それぞれ行を変える。

Ⓓ 起語・本文

改行して1字分下げる。本文は用件ごとに改行する。

① 前文

初めのあいさつ

手紙の書き出し部分が前文。頭語のあと、時候のあいさつを書き、先方の安否を問い、自分の安否を知らせるスタイルでまとめる。

② 主文

本文（用件）

手紙の本題、「さて」「ところで」などの起語をつけて書き始めるとスムーズ。

③ 末文

結びの言葉

締めくくりの言葉。相手の健康を祈り、今後のいっそうの指導や引き立てを願う気持ちをあらわす。

ここがPOINT

★文字の大きさは、罫線の内側に少し余裕をもたせる程度がベストです。

★相手の名前を行の終わりに書いたり、「御、貴」など、相手を尊敬する言葉を行の終わりに持ってきたりするのはマナーに反します。自分に関係する文字（私、妻が、夫が）などを、行の頭に持ってくるのもタブーです。

完璧にしようとすると無理が生じるので、相手に失礼にならない程度の気くばりを。

★単語（特に人の名前、地名、数字、おめでたい言葉）や熟語などが2行に渡りそうなときは、その前で改行します。

G 日付

行頭から３文字分くらい下げて書く。ただし、年号を入れる場合は行頭から書く。

E 結びの言葉

改行して１字分下げる。

I あて名・敬称

文字を間違えないように書く。自分の署名よりも字を大きく。書き出しは本文の頭にそろえるか１字分下げるくらいが美しい。

J 添え書き

後づけから１行あけ、行頭から３字分くらい下げて小さめの文字で書く。

H 署名

日付の次の行の下にやや小さめの文字で書く。代理の文字を入れるときは左脇に小さく「内」や「代理」と書く。

F 結語

やや小さめの文字で書き、ほかの文末より１字分上げる。

　すぐにでもご新居を拝見したいところではございますが、まだ何かとお忙しいことと拝察いたします。つきましては、本日とりあえず心ばかりのお祝いの品をお送り申し上げます。お気に召すかどうかわかりませんが、ご笑納いただければ幸いに存じます。

　ご家族の皆様にどうぞよろしくお伝えください。

ご自愛のほどお祈り申し上げます。

敬具

平成○年○月○日

山田一郎

○○○○様

追伸　六月上旬に上京します折、

新居訪問に伺いたく存じます。

よろしくお願い申し上げます。

4 後づけ

日付・署名・あて名

日付、署名、あて名の順に改行して書く。

5 別記

追伸・添え書き

主文にかかわる特記事項や必要事項をまとめる。後づけと別記は入れかわっても、さしつかえない。

頭語と結語の組み合わせ

		頭語	結語
一般的な手紙	男性・女性とも	拝啓・拝呈・啓白	敬具・敬白・拝具
	女性	一筆申し上げます	かしこ・ごめんくださいませ
儀礼的な手紙	男性・女性とも	謹啓・謹呈・恭啓	謹言・謹白・頓首
	女性	謹んで申し上げます	かしこ
前文省略の手紙	男性・女性とも	前略・冠省	草々・不一
	女性	前略ごめんください	かしこ

封筒の書き方

和封筒

封筒には一重のものと二重のものがあります。一般に目上の人への手紙やあらたまった手紙の場合は二重の白封筒を使い、あて名も縦書きにするのが基本です。

ただし弔事には、二重封筒が「くり返す」ことを意味するとして嫌う人もいるので、避けるのが通例です。

表面

❶ 住所

相手の住所はあて名より少し小さめにし、郵便番号の右端の下から書き始め、区切りのよいところで行を変え、団地・マンション名、様方などは1行目より下げて、小さく書く。

❷ あて名

中央に、住所から1字分下げて大きめに書く。敬称は「様」が一般的。連名の場合はそれぞれに「様」をつける。「殿」は目上には使わないこと。「様」は住所の下端より下にくるようにすると、バランスがよくなる。

裏面

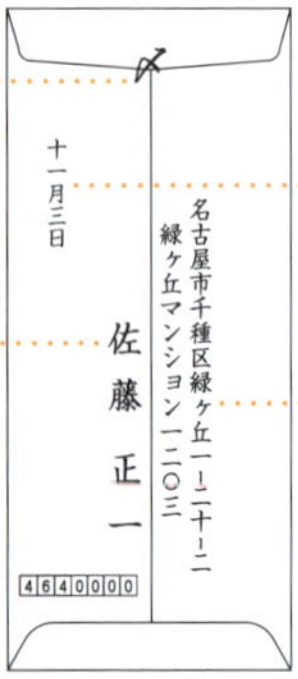

❶ 日付

右側か左側の上に漢数字で入れる。

❷ 住所

封筒の中央より少し上から書き始める。2行目は継ぎ目を避けて書く。

❸ 封字

慶事には「寿」「賀」などの封字や、「〆」「封」など。きちんと糊づけする。シール、セロハンテープは使わない。

❹ 署名

差出人の氏名は中央より左側に、住所の行末にそろえるか、1字分上げる。なお、住所と氏名は左側に両方書いてもかまわない。

便箋を折って封筒に入れる

文章が書いてある側を中にして、横三つ折りにします。封を開けて、相手が一番読みやすいように入れるのが鉄則。封筒に入れるときは、便箋の書き出しを上にし、②の折り山が封筒の裏から見て左にくるように入れる。

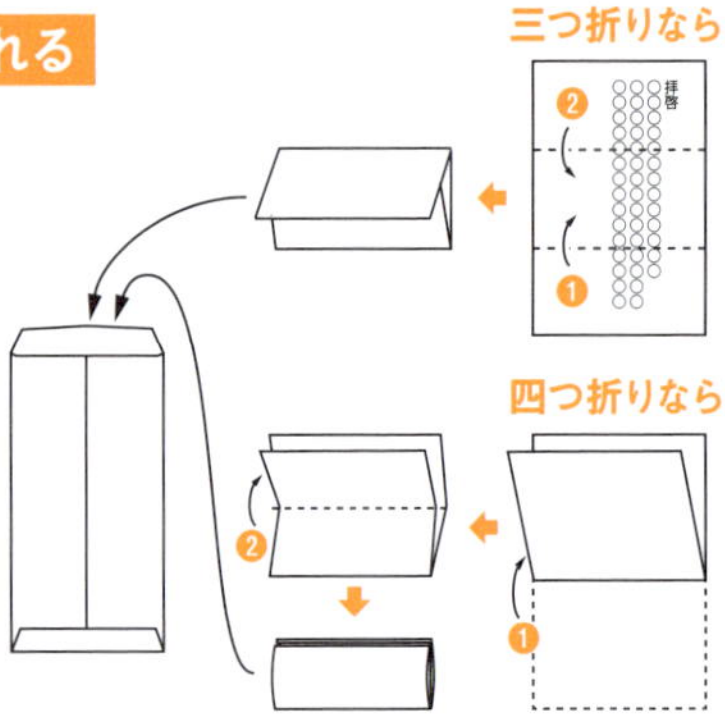

洋封筒

書き方は、基本的には和封筒と同じです。封筒の使い方は横書きでも縦書きでもかまいません。目上のかたへの手紙やあらたまった手紙には、封筒を縦に使って縦書きにします。

表面

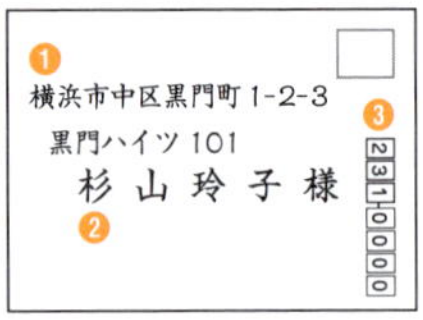

❶ 住所

相手の住所は封筒の中心より上に書く。

❷ あて名

住所より少し右寄りに大きめの字で書く。

❸ 郵便番号

番号の枠がないときは住所の上に書く。

裏面

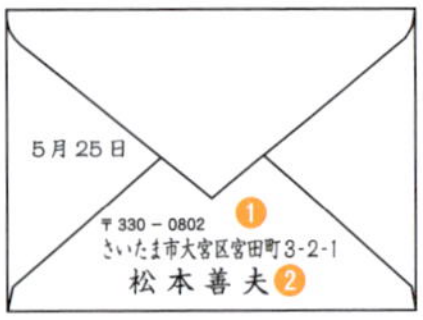

❶ 住所

住所は左右中央に書く。

❷ 署名

住所より右寄りに書く。

住所、氏名ともに封じ口の下の、三角の部分になるべくおさまるようにする。

便箋を折って封筒に入れる

便箋は縦半分に折ったあと、さらに横半分に折る。便箋の四隅が封筒の表から見て、左上にくるように入れる。

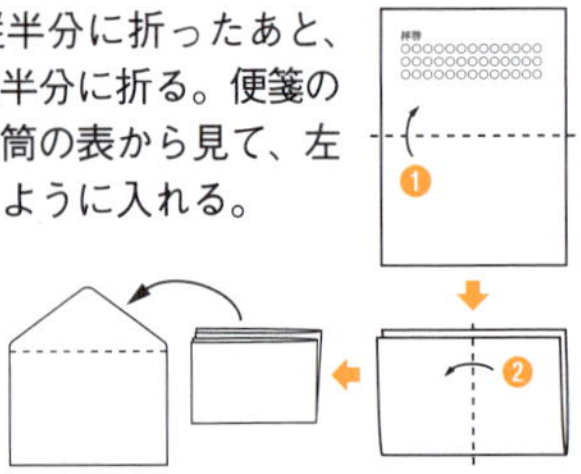

折々の手紙の文例

お祝いの手紙

友人へ 出産祝い

ご出産おめでとうございます。

母子ともにお元気と伺いまして、とても安心いたしました。

初めてのお子様誕生に、ご家族の皆様のお喜びはいかばかりかと存じます。

にぎやかでほのぼのとしたご家庭の様子が、目に浮かぶようです。春風のようなほのぼのしたお便りに、私も心うれしくなっております。
○○さんは、しばらく育児にお忙しい日々を送られることになろうかと存じますが、どうか、くれぐれも産後のお体にさわらないよう、ご自愛くださいませ。
いずれあらためて、お子様のお顔を拝見したいと存じますが、とりあえず書中にてお祝いのごあいさつを申し上げます。

なお、心ばかりのお祝いの品を別便でお送りいたしましたので、お納めくださいますよう、お願い申し上げます。

かしこ

お祝いの手紙の中でも出産祝いは、最もうれしいものの一つです。季節感をあらわすときも、誕生を祝福するような明るい言葉を使いたいものです。また、産後を気遣う言葉や、早く赤ちゃんの顔を見たい気持ちを素直にあらわす言葉を入れましょう。

知人へ 入学祝い

だいぶ春めいてまいりました。

皆様にはお健やかにお過ごしのことと存じます。

このたびは、○○君のご入学おめでとうございます。

先日久しぶりにお会いした際、しっかりしたあいさつができているのに驚かされました。

入学祝いにお約束の靴を贈らせていただきます。まずは、お祝いまで。

かしこ

子どもの成長を具体的にたたえる言葉を入れると心がこもります。親あてには礼儀正しく、本人には親しみを込めた文面で。

義父へ 長寿祝い

お父様、このたびは古稀をお迎えになり、お慶び申し上げます。日ごろのご活躍から、まだまだお祝いは先のことと存じておりました。これを機にますます若返られ、長寿を重ねられますよう、お祈り申し上げます。

ささやかではございますが、お祝いの品を別便でお送り申し上げましたので、ご笑納ください。

末筆になりましたが、お母様にもよろしくお伝えください。


いたわりと励ましの言葉を明るく、上品にあらわしましょう。人によっては、老人扱いされているようだといやがる人もいるので、「そのようなお年には見えない」などの直接表現は避けます。

ここがPOINT

赤ちゃん誕生、入園、入学、お世話になった人の昇進などのうれしい知らせが届いたら、お祝いの手紙を送りましょう。
★お祝いの手紙は、前文は短くまとめ、気持ちを述べる主文から入ります。
★日ごろ使い慣れた言葉で「おめでとう」の気持ちを伝えて。誕生日や婚約など、お祝いの手紙はタイミングよく出しましょう。

そのほかのお祝い事の手紙のポイント

◆**就職を祝う手紙** 新しいスタートに対する心からの祝福と励ましの言葉とともに、先輩社会人としてのアドバイスをひとこと入れると効果的。
◆**新築を祝う手紙** おおげさにほめない、羨望の言葉を使いすぎないことがポイント。
◆**開店を祝う手紙** 商売は縁起をかつぐので、落ちる、滑る、衰る、減る、傾く、赤（赤字）などの表現は避ける。
◆**結婚記念日を祝う手紙** 日ごろの苦労をねぎらい、健康と末永い幸せを祈り、感謝の気持ちを照れずにあらわす。

お礼の手紙

知人へ　入学祝いをいただいたお礼

拝啓

桜花とともに春の日ざしが暖かいこのごろです。こちらは皆、変わりなく過ごしております。

このたびは○○の入学に際し、ランドセルを頂戴しまして、本当にありがとうございました。

○○もいよいよ小学生との自覚があるのか、いただいたランドセルを背負ってみたり、ノートや筆箱を出してみたりと、それは待ち遠しくてたまらない様子です。入学したら少しはお兄さんっぽくなるのではないかと期待している、親ばかですが……。

四月八日の入学式には、夫ともども出席します。ビデオができたらお送りします。

本格的な春を間近に、ぐずついた天気の続く日も多いかと思います。どうぞお体に気をつけて、お元気でお過ごしください。

また夏にお会いできる日を楽しみにしております。

敬具

品物をいただいたら、どのように使っているのか、その様子を書くのがベター。

小学校入学くらいならば絵や字も書けるので、できれば子どもからのお礼のカードを添えるのもほほえましいもの。

夫の部下へ　お中元をいただいたお礼

涼風がほしいこのごろですが、皆様、ますますご健勝のこととお慶び申し上げます。

さて、本日お心のこもったお品を拝受いたしました。

ふだん何も行き届きませんのに、恐縮でございます。今後は、このようなお気づかいはどうぞご無用にお願い申し上げます。

まずはとり急ぎ、お礼のみにて。

かしこ

○○和雄

内

先方の第一の気がかりは、品物が届いたかどうかということ。到着の知らせを兼ねて早く出します。

夫の代理で書く場合は、夫の姓名の左脇に小さく「内」「代」と入れます。

知人へ　もてなしへのお礼

昨日は久しぶりにお訪ねして、大変楽しいひとときを過ごさせていただきまして、ありがとうございました。

伸び伸びしたご家庭の雰囲気に、とてもあたたかい思いで家路に着きました。いただいたバラの苗は、さっそく庭に植えました。花が咲くのが楽しみです。

末筆ながら、ご主人様にもどうぞよろしくお伝えくださいますように。

目上のかたを訪問した場合は、翌日にお礼状を。親しい間柄なら、はがきでもOK。

訪問した際の感想をひとこと添えるとよいでしょう。

ここがPOINT

「お祝いを頂戴いたしました」「お世話になりました」と、最初から感謝の言葉を書き、率直に謝意をあらわします。目上のかたにあてるものなどは、ときには形式にならって時候のあいさつから始めますが、一般には前文を省略します。

★目上のかたには必ず封書で出すのがマナーですが、早く出すことが最大のポイントのお礼状は例外。めんどうで延び延びになってしまいがちな封書よりは、短時間で書けるはがきで早く出すほうがベター。3日以内を心がけて。

★現金でお祝いをいただいた場合は、お祝いで何を買ったか（買うつもりか）を具体的に示すと、相手も充足感が得られるもの。未定の場合は、「有効に使わせていただきます」などとします。

★就職、縁談などでお世話いただいた場合は、相手の配慮、思いやり、親切などへの感謝をあらわすこと。「一方ならぬご尽力をいただき……」「多大なるお骨折りのおかげで……」など、相手の力添えを強調します。

依頼したことの結果が不首尾でも、報告を兼ねたお礼状は出すのがマナーです。

お詫び・断り・苦情の手紙

友人へ お詫び

先日はお招きいただき、ありがとうございました。

　久しぶりにお会いできて楽しいひとときでしたが、うちの子の不注意でグラスを割ってしまい、本当に申しわけなく思っております。

　あなたが食器をたいせつになさっていることは、よく存じています。

　私がもっと気をつけていればよかったのに、本当にごめんなさい。

　息子にも厳しく言い聞かせました。それにしましても、粗相を笑って許してくださったことに、心から感謝しております。弁償させていただこうと思いましたが、選ぶ自信がありません。気持ちばかりですが、商品券を同封させていただきます。

　これに懲りず、変わらぬおつきあいをお願いいたします。

　とり急ぎ、お詫びまで。

かしこ

子どもの粗相や家族が迷惑をかけたなどのお詫びの手紙は、すみやかに出したいもの。前文は省いて本文に入ります。子どもが不始末をした場合は、「本人も反省している」など子どもの様子も伝えます。

友人へ 借金を断る

お手紙拝見しました。お申し出の件ですが、日ごろからいろいろとお世話になっているあなたからのご相談ですので、私も悩みました。

　でも、私も住宅ローンや子どもの教育費で手いっぱい、とてもゆとりのない状態です。お役に立てなくてごめんなさい。これに懲りず、これからもおつきあいいただけますよう、よろしくお願いいたします。


借金依頼の期待にこたえられない場合は、はっきり断るようにします。出すタイミングを逸すると、お互い気まずい関係になってしまいがちなので、早めに返事を出すこと。

隣人へ 苦情を言う

折り入ってお願いがございまして筆をとりました。

　実はご子息のオーディオの音に困っております。

　私どもでは、母が体が弱く、昼間はともかく、夜分に響く音に睡眠が満足にとれない状態です。

　ご子息にも事情がおありでしょうが、ぜひご考慮くださいますよう、お願い申し上げるしだいです。


苦情の手紙は、感情的にならないよう気をつけること。まずは、要点を整理して簡潔にまとめます。相手の気持ちを逆なでしないよう、慎重に言葉を選ぶようにしましょう。

ここがPOINT

★お詫び・断り・苦情などの手紙は書きにくいもの。まず気をつけたいのは、それを受け取る相手の気持ちになって一度考えてみてから書くこと、いわゆる主客転倒してみることです。自分が受け取って不愉快にならない文面を心がけます。

★お詫びの手紙では、弁解せずに素直に非を詫びる姿勢がたいせつです。断りの手紙の場合も、こちらの事情を簡潔に説明するようにします。「次回は……」というように、次の機会での可能性を残した表現にしてもよいでしょう。
　手紙を出したあとで、あらためてお詫びに伺う場合は、その旨を手紙に書き添えておきましょう。

★子どもや、夫などの不始末を妻が代理で謝る場合は、必ず本人の様子をきちんと相手に知らせるようにします。

時候のあいさつ

1月 睦月

- 南天の赤が雪景色にひときわ映える候、寒中にしてはうららかな日が続いております。
- 三寒四温の候、暖かい日にはほっと一息つくこのごろです。
- 例年になく厳しい冷え込みが続いております。
- 底冷えする毎日ですが、いかがお過ごしですか。
- 酷寒の日々、ひたすら春の訪れを待ちこがれております。
- 梅の蕾が楽しみな季節です。

2月 如月

- 立春とは名ばかりの寒さです。
- 春とは名のみ、寒さがぶり返したような今日このごろです。
- 雪消月の名のとおり、日に日に春めいてまいります。
- 早咲きの梅を見つけ、うれしくなりました。
- 雪解け水もようやくゆるみ、春の兆しが見え始めました。
- 立春が過ぎたかと思うと、心なしか気分も明るくなります。

3月 弥生

- 春寒の候、皆様にはいかがお過ごしでしょうか。
- 桃の節句が過ぎて、いよいよ春がやってまいりました。
- 春一番が吹き、さすがにしのぎやすくなってまいりました。
- 弥生の候、花も蕾をふくらませております。
- 春まだ浅き候、ご機嫌いかがでしょうか。
- 春陽の候、日だまりの暖かさが増してくる季節になりました。
- 花の便りが聞かれるころになりました。

4月 卯月

- 花冷えの肌寒い日が続いております。
- 花の便りが新聞をにぎわす候……。
- 木の芽の萌える季節となりました。
- 若葉の萌え立つころとなってまいりました。
- 桜花爛漫の候、お変わりなくお過ごしのことと存じます。
- 春眠暁を覚えずと申しますが、お元気ですか。
- 花曇りのおだやかな毎日ですが、いかがお過ごしですか。
- 花散る景色に春の趣を感じます。

5月 皐月

- 立夏の候、いかがお過ごしでいらっしゃいますか。
- 若葉がやさしい日ざしの中で輝いております。
- 青葉若葉を渡る風もすがすがしく感じられます。
- 風薫るさわやかな季節です。
- 緑映え、風光るよい季節になりました。
- 余花のみぎり、行く春の惜しまれる今日このごろです。
- 新茶の味が待ち遠しい季節となりました。

6月 水無月

- 梅雨入りも間近な様子です。
- 梅雨が明ければ、待望の海、山の季節です。
- 紫陽花の色の変わりゆく様子に思いをはせております。
- 黄梅の候、梅の実の様子が気になる季節となりました。
- 菖蒲の紫が目にしみる思いです。
- くちなしの甘い香りが、どこからともなく漂ってくるころです。
- 梅雨寒ですが、皆様お元気でいらっしゃいますか。

折々の手紙の文例

▼時候のあいさつ

7月 文月

●ほおずき市の季節、浴衣姿も風情ある季節です。
●夏は始まったばかりというのに、暑さが思いやられるこのごろです。
●蝉時雨の季節、夕方の涼しさを待ちわびています。
●夏の日ざしをのがれる木陰が恋しい今日このごろです。
●蝉の声がにぎやかになってまいりました。
●風鈴の音に心なごむ思いです。
●お祭りのおはやしが懐かしく思い出される季節となりました。
●七夕飾りが揺れる季節になりました。

8月 葉月

●初秋とは名ばかりの、厳しい残暑が続きます。
●高原の涼しさをこの便りに包んでさし上げたい気持ちです。
●残暑厳しき折、皆様つつがなくお過ごしでしょうか。
●立秋とはいえ、まだまだ猛暑が続きそうです。
●盆踊りの季節、今年もさぞにぎやかなことでしょう。
●暑さも峠を越し、朝夕は過ごしやすくなりました。
●花屋の店先ですすきを見かけました。もう秋ですね。

9月 長月

●日中はまだ暑い日が続いております。
●朝夕はたいそうしのぎやすくなりました。
●一雨ごとに涼しさが増して、秋のけはいが感じられます。
●コスモスが風に揺れる風情が心地よい季節です。
●日ごとに秋色が深まり、物思いにふけるこのごろです。
●月の光が冴え渡る秋を迎えて、皆様いかがお過ごしですか。
●すっかり秋めいてきました。
●都会の街路樹を渡る風にも秋の深まりを感じます。

10月 神無月

●気持ちのよい小春日和に心なごむ思いです。
●きんもくせいの香る季節となりました。
●秋晴れの空が高く澄み渡っています。
●秋日和の好季節を迎えております。
●実りの季節。自然の恵みに感謝するこのごろです。
●青空が目にしみます。秋はすばらしい自然をつくりだします。
●秋の長雨が続いておりますが、いかがお過ごしですか。
●木々の梢もだいぶ黄みを帯び、秋の深まりを感じます。

11月 霜月

●秋も一段と深まってきました。
●樹木の葉もみごとに色づく季節となりました。
●しおりにぴったりな落ち葉を道端で見つけました。
●いよいよ立冬、冬が駆け足でやってきますね。
●いちょうの葉が町を黄金色に変えています。
●朝夕はめっきり冷え込む季節となりましたが、お元気でしょうか。
●夜寒の身にしむ今日このごろです。
●落葉焚く細い煙がたゆたう里の秋です。

12月 師走

●カレンダーも最後の一枚になってしまいました。
●師走の風がひとしお身にしみる今日このごろです。
●街頭に早くもクリスマスの飾りが見られます。
●師走も半ば、なにかとせわしい毎日です。
●冬至を迎え、道行く人もどこか早足です。
●木枯し寒き今日このごろ、いかがお過ごしですか。
●年の瀬はなんとなく心せわしい毎日となります。

お祝い・お礼

暮らし

こんなときどうする?

恥をかかない参列マナー 拾い読み

5 どう伝える?
手紙やあいさつの文例

結婚

本人・親族編

接待客編

葬儀

喪家・親族編

弔問客編

3 こんなとき 何を着る?

結婚

葬儀・法要

行事

4 いくらかかる? いくらもらえる? 結婚・葬儀・子どもにかかるお金

結婚

葬儀

子ども

2 こんなとき 何を贈る？

あ

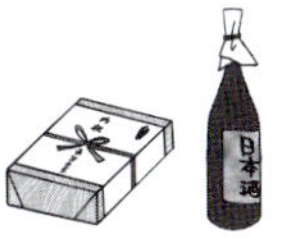

か

さ

た

な

は

や

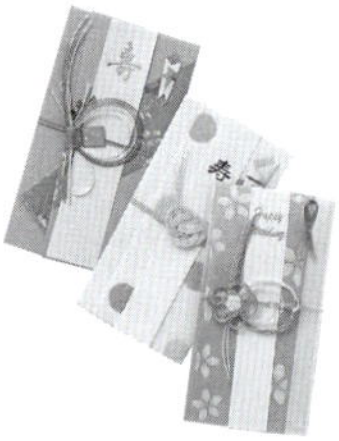

さ

た

な

は

ま

や

これって何だっけ？

恥をかかない慶弔のお金基本ルール

知りたいことがすぐわかる

困ったときに即・解決！「お助け索引」

1 いくら？ どう贈る？ 贈答金の目安や袋・表書き

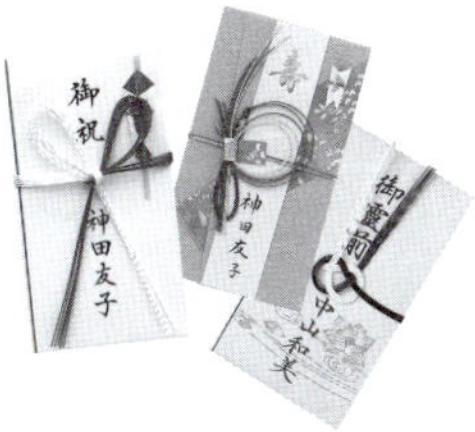

あ

か

協力
久月浅草橋総本店　TEL03-5687-5185
ゼクシィ　http://zexy.net/
全日本冠婚葬祭互助協会　http://www.zengokyo.or.jp
日比谷花壇　http://www.hibiyakadan.com
ホテル椿山荘東京　TEL03-3943-0417　http://hotel-chinzanso-tokyo.jp/wedding/
メモリアルアートの大野屋　☎0120-02-8888（大野屋テレホンセンター）　http://www.ohnoya.co.jp/

staff

装丁	細山田光宣、山本夏美（細山田デザイン事務所）
切り絵	山本祐布子
本文デザイン	ohmae-d
イラスト	岩崎 隼（２章、６章）、おぐらきょうこ（３章）、おのでらえいこ（６章）、すぎやまえみこ（２章）、花島ゆき（４章）、原ゆき（６章）、渡部伸子（３章、５章、７章）
撮影	主婦の友社写真課、目黒
構成・文	志村美史子（１章、２章、５章）、池田純子（３章）、荒木晶子（４章、７章）、田﨑佳子（６章）
校正	荒川照実、佐藤明美
編集担当	志岐麻子（主婦の友社）

実用No.1シリーズ
最新《さいしん》ビジュアル版《ばん》　冠婚葬祭《かんこんそうさい》お金《かね》とマナー大事典《だいじてん》

編　者　主婦の友社
発行者　大宮敏靖
発行所　株式会社主婦の友社
〒141-0021 東京都品川区上大崎3-1-1 目黒セントラルスクエア
電話　03-5280-7537（内容・不良品等のお問い合わせ）
049-259-1236（販売）
印刷所　株式会社DNP出版プロダクツ

■本のご注文は、お近くの書店または主婦の友社コールセンター（電話0120-916-892）まで。
※お問い合わせ受付時間　月～金（祝日を除く）　10:00～16:00
※個人のお客さまからのよくある質問のご案内 https://shufunotomo.co.jp/faq/

ISBN978-4-07-418248-0

の-062020